EAT SWEAT PLAY
吃饭，流汗，玩耍

HOW SPORT CAN CHANGE OUR LIVES

[英] 安娜·卡塞尔（Anna Kessel）——著 费智华——译

贵州出版集团
贵州人民出版社

献给利昂（Leon）、埃拉（Ella）
和马拉伊卡（Malaika）。

前　言

我从没想过自己会写一本关于女人和运动的书。因为我不参与运动，整个学生时代的体育课我都会逃掉，就算是一个球从我面前经过，我都会无意识地眨眼。每次路过足球比赛场地，我都格外紧张，生怕要我把球踢给球场上的某个球员，因为我通常都踢不准。然而我却做了 12 年的体育记者，这不能不说是一种事业上的折磨。

起初，我的经纪人提议我写书时，我断然拒绝了。因为除了那些有冒名顶替综合征的家伙，我实在想不出还能向谁说教。那些本身就是铁杆体育迷的观众吗？我能向她们说什么呢？这些人已经在运动中自得其乐，不在说教的范围之内。可问题是这些人总共加起来在所有女性当中也只是很小一部分，女性群体中的大多数并不会真正投身体育运动，她们顶多只是健健身或看看比赛，为什么会这样呢？

我越想这个问题就越觉得矛盾。我的大多数女性朋友并不会自诩体育迷，但是她们却十分热衷于观看温布尔登网球锦标赛、世界杯或奥运会。她们可能不会经常锻炼，却能够完成10千米长跑，还会打羽毛球、乒乓球。她们只是不那么喜欢体育课，记不得是谁赢得了英格兰足总杯。然而那些热衷于体育运动的女性也并不好过，因为社会总是随意诋毁她们不够温柔，在体育方面毫无价值，又或是不如男性体育爱好者那么狂热。所以作为女性，无论热爱运动还是讨厌运动，我们常常会被认为跟运动不相干。女人和运动的关系甚至会被形容为"格格不入"或"稀奇古怪"之类的词。

对于男性来说，运动和锻炼同属一个范畴，但是对于女性来说，它们是两个截然不同的东西。为21世纪女性所青睐的锻炼，往往是以塑造美好形体为最终目的。从英国奢侈品电商"颇特女士"（Net-A-Porter）上线运动子频道，为时尚达人推出运动服饰，到照片墙（Instagram）上"平板支撑""健身运动"成为热门话题，锻炼对于女性来说已经成为主流风尚。以前女性名人们往往被迫从健身房后门遮遮掩掩地溜走，而现在像维多利亚·贝克汉姆（Victoria Beckham）和歌手埃莉·古尔丁（Ellie Goulding）这样的明星都乐于让人们知道自己每天跑4千米或是在公园练拳击。过去的"流汗可耻论"现在转而在八卦杂志上被大肆宣扬，汗水成了值得崇敬的标志。

然而，运动对于女性来说却是另外一个层面的东西。人们不会称赞在运动中大汗淋漓的女人美丽动人。流汗的意义远远超过人们所能看见的表层含义，而这恰恰是运动对于女人而言极其重要的原因。当我们的注意力投入运动，沉浸其中时，那一刻就是生命中难得的时刻。它关乎决心和毅力——运动不仅仅意味着减掉几磅赘肉或是让自己看上去更精干，而是在于可以跟对手进行同台较量。所有的动作都关乎胜利、进取、竞争、欣喜和自豪，当然也关乎乐趣。其实，仔细想想就会发现，女人除了随大流地去买广告鼓吹的卫生棉条、去烫头发或买厨房用品以外，就没有多少乐趣可言了。

那么为什么运动一直以来都被视为男性的专属领域呢？谁决定了摄像机要复刻男性视角，总是习惯性地在人群中搜寻最漂亮的女人？什么时候女人也会成群结队去看足球比赛、橄榄球比赛或拳击比赛，或是跟朋友在星期天早上去公园四处走走？我们还要等多久才能见到第一个身价千万的女性足球运动员或篮球运动员？成为一名顶尖女运动员的真实感受是什么？不考虑训练制度，在生理期参与温网决赛会怎样？确切地说，有人研究过如何处理运动和生理期的冲突吗？又有哪位科学家关注过运动对女性乳房的影响、女性性高潮对赢得比赛是起到促进作用还是阻碍作用，以及女性是否能够摆脱经前紧张？我们是否已经弄明白身体每个部分的名称？当必须要选用一个词来向女儿描述"阴道"时，我发现妈妈们往往会用一些稀奇古怪、含糊不清的词来指代，诸如"哞哞"（moomoo）、"妞妞"（nunnie）、"前臀部""小妹妹"（bits）、"花朵"或"闪烁"（twinkle），这着实让我震惊。难怪成年男女在谈论女性身体时仍会支支吾吾。

所有这些有待回答的问题说明了一切。让我们直面这个现实吧——社会仍然不欣赏真实的女性身体，尤其不接纳那些喜欢运动、健康结实的女性身体。虽然我们崇拜英国女子七项全能冠军杰茜卡·恩尼斯-希尔（Jessica Ennis-Hill）——一位拥有六块腹肌的奥运女神，但遗憾的是，许多女人和年轻女孩并没有把她视为榜样模范。那是因为女人们仍然深信运动有损女性的娇柔气质（除非是穿着性感内衣，参加美国内衣橄榄球联赛①）。其根源就在于，社会不断向我们灌输女性应该嫁给体育明星，而不是让自己成为体育明星的观念。

哈利路亚！慢慢地，变化终于悄无声息地发生了。从米歇尔·奥巴马（Michelle Obama）在白宫劈扣勒布朗·詹姆斯（LeBron James）②，掀起了谈论体育活动的浪潮，到2014年莫内·戴维斯（Mo'ne Davis）在少年棒球联赛中第一次打败男孩子，一夜之间家喻户晓，加上英国女子英式橄榄球队赢得世界杯，这迫使英国新闻界（Fleet Street）③最保守的体育记者也不得不把她们的照片放在头版头条，英国女子足球运动员战胜了一个国家，不断涌现的女性杂志为了吸引读者，终于开始把运动作为一个严肃的话题。

---

① 也称美国内衣美式足球联赛（Lingerie Football League，简称为LFL）。所有球队的女性球员只穿内衣裤、头盔和护肩比赛。
② 指2014年勒布朗·詹姆斯访问白宫时，配合第一夫人米歇尔搞怪表演扣篮。
③ 弗利特街，旧译舰队街，为英国几家大报馆所在地，代指英国新闻界。

尽管如此，我在向出版商推介这本书时，还是担心他们是否接受。因为这本书的全部设想看起来就是自相矛盾的：我想要吸引那些不运动也不买运动相关书籍的女性来参加体育运动，方式就是通过写一本关于运动的书。《时尚形体》杂志（Cosmo Body）[1]的编辑曾说过她的读者"害怕"运动这个词，她的话一直在我耳边回响。诚然，通过写书吸引女性参加体育运动这个想法确实存在缺陷。

令人惊讶的是，麦克米伦出版社并不这么认为。他们放手一搏的想法得到了回报——2015年1月英格兰体育理事会（Sport England）发起了以"这个女孩能行"为主题的大型活动，采访了那些无社会归属感的女性观众，这些人正是我想要接触的人群。当我第一次看见那支广告片，伴随米西·埃利奥特（Missy Elliott）的那首《让你疯狂》（"Get Ur Freak On"）表现出的一系列强有力的动感画面时，我不禁落泪。因为这个片子展现出了一种真实感，这种真实正是屏幕上平时极度缺失的一种女性形象。我们在片中可以看见不同体形、种族、年龄的

---

[1] 女性杂志《时尚》（Cosmo）的子刊。

女孩做着不同类型的活动。最重要的是,还能够看见她们流汗、微笑、气喘吁吁、头发凌乱,尽管如此她们却并不在意自己形象的状态。这些形象通常会被描述成不完美,但是此刻她们确实正自得其乐。我知道并非所有人都喜欢"这个女孩能行"活动,有些批评者认为这个活动不够多样化,或是觉得活动主题中的"女孩"这个词对于所有女性来说并不够恰当。我不否认他们的顾虑,但是对我来说这次活动打开了新世界的大门。它很酷,并不居高临下,这是最重要的。没有关于健康和幸福的说教,"这个女孩能行"只关乎乐趣和友谊。实际上,他们选米西来提供配乐就说明了一切。米西·埃利奥特,在被女性物化倾向吞噬的音乐行业中,本就是充满力量且极其罕见的女性形象,对于我自己这一代女性来说,米西就代表着悦纳女性身体("我就喜欢大快朵颐,去他的腹部整形"[①])、支持其他女性艺术家、支持赋予女性权力的形象。她在歌曲中毫不避讳地说唱可以让自己达到性高潮的方式,还在视频中大方赞美女性的身体。而且,通常情况下,她在视频里都只随意地穿着运动装。

---

① 出自米西·埃利奥特的歌曲《加油》("Pump It Up")中的一句歌词。

热门美剧《衰姐们》(*Girls*)的导演兼主演、金球奖获得者莉娜·邓纳姆(Lena Dunham)最近提出：锻炼关乎头脑，无关翘臀。这已经成为21世纪妇女和女孩的专属口号。那句话是莉娜在谈论跑步时说的，她说是跑步帮助她克服了焦虑，而16年的药物治疗从未奏效。但她并不把锻炼等同于减肥、保持健康或是诸如此类无聊又单调的事情。相反，她说锻炼的真谛就在于，当你迟到的时候，你可以在街上奔跑，实际上就是用自己的身体来达到想要的目的。

莉娜身上有着主流媒体中缺少的真实。她对"所有身形高大的女人一定有着丰满曲线"这种胡话并不买账。她说自己身形高大，但是胸部却并不丰满，臀部也并没有那种会在MV中让异性为之倾倒的优美曲线。这种身形在我们的文化中不被认可，更不会被赞美。然而，这就是我们身边的女性中最常见的体形。莉娜反对女性身体被披上政治色彩或是处于监管之下。"人们再也不能阻止女性拥有财富，也不能阻止女性投票选举。但是他们会想办法来管控压制那些强大的女人，让她们觉得自己无关紧要，也无法掌控自己的命运……然后女人就会认同这样的安排，因为这是她们从出生以来就一直被灌输的说法。她们甚至不会意识到自己已经成了自我压迫的代理人，也不被允许听信太多诸如'我如何如何'或安德里亚·德沃金（Andrea Dworkin）[①]的言论……"

同样，这本书也是想要挑战现状。社会上的陈词滥调告诉我们女性不喜欢运动，但是只要我们仔细想想就会发现，这种说法根本毫无道理。从我们开始走路的那一刻起，身体的活动对我们来说不就自然而然地成了基本原则？难道我们都忘了，自己儿时也曾一遍遍从小坡上跑下，开怀大笑，直到气喘吁吁为止？我们不是也曾挑战自己——爬树、第一次翻跟头、第一次倒立？我们究竟怎么了？我们什么时候开始变了？又是什么时候失去了乐趣，失去了玩耍的心情？运动终归就是玩耍啊，锻炼也只是让身体动起来，并不是痛苦的自我惩罚。

为什么运动如此重要呢？正如纳尔逊·曼德拉（Nelson Mandela）[②]所言："体育有改变世界的力量。"在某些情况下，确实如此。全球范围内，涉及体育的项目正在改变女性的生活。无论是教印度南部的妇女游泳的教育——2004年的南亚海啸中，女性因为不会游泳，其

[①] 美国激进女权主义战士、女作家，美国反色情出版物发起者。
[②] 南非首位黑人总统，被尊称为"南非国父"。

死亡人数是男性的四倍之高，还是通过倡导女性领导力、提高对艾滋病的认识、提供卖淫的替代途径、阻止家庭暴力，从而实现以运动作为媒介的改变。为什么运动可以承担此项要任呢？因为它教会女性掌控自己的身体，让她们获得肉体的力量，也让她们在视运动为男性专属活动的文化中获得身份地位和前所未有的尊重。

现在是时候让全世界的女性重新将想法跟自己的身体建立联系了，让她们从深受赘肉困扰的日子中解脱出来。要记住，我们的身体生来是要享受乐趣的。趁着为时未晚应该再多学习一些运动课程，不要等到身体虚弱时回顾一生，后悔自己没有尝试过野外游泳、无挡板篮球、蹦床运动，那时候再想体会在橄榄球场跟人相互碰撞或学习如何出拳，恐怕已经太晚了。我们还在等什么？几千年来，我们都不乏勇气和胆量：从古希腊女子参加赤脚竞跑，到中世纪的修女打板球，再到都铎王朝的妇女们观看网球、热爱高尔夫，无论被视作女英雄还是反叛者，千百年来她们一直在违逆潮流享受运动。而我们现在所处的时代，世界上最引人注目的一些女性也已经爱上了运动——从蕾哈娜（Rihanna）到 J. K. 罗琳（J. K. Rowling），再到玛丽·贝瑞（Mary Berry），尽是如此。

吃饭，流汗，玩耍

这本书鼓励妇女和女孩按照自己的意愿参加运动。它不是一本关于健康的讲义，而是要号召大家去发现体育活动中的乐趣和成就感，以及它带来的其他意义——更稳定的情绪和更融洽的人际关系。这本书不是要告诉女人应该成为谁，或应该做什么。上帝知道，我们的生活中已经有了太多这样的教条。它也不是要让女人去取代男人，毕竟有很多男人由衷欢迎女人用一种全新的方式参与运动和锻炼。

实际上，这本书是要敦促我们重新思考与真实的自我疏离的那部分空间。写成这本书的过程中，最深刻的采访来自一位两个孩子的母亲，尽管讨厌体育运动，她还是学习了拳击。在从事了多年耗费脑力的文职工作之后，她终于发掘了自己潜在的能力，成了一名考古学家。运动确确实实改变了她的生活。因为她分析，自己如果能鼓起勇气打人，那么实际上她就能做任何事。在体育运动中她发现了一个空间，在这个空间她可以逃离作为女性所要承受的种种压力和期待——不管是关于保持完美形象，还是平衡事业和家庭。最重要的是，她发现自己真正爱上了一项体育运动。

归根结底，无论我们热爱与否，运动无处不在。在学校要上体育课做运动,体育赛事也会影响电视节目的播出——"什么?《东区人》(*EastEnders*)①又延播?"运动存在于人际关系中,存在于工作场合,也存在于世界上拥有最大权力的掮客的交谈之中……所以我们为什么不开始掌控它呢?现在,妇女和女孩的运动得到了重视,被视为具有改变生活的重要作用,联合国甚至认为运动会在世界女性平权过程中发挥重要作用。那么,我们首先要做的是参与体育运动。

---

① 一部英国电视肥皂剧,1985年2月19日在英国广播公司第一频道首播。

目录

第一章　如何逃掉一节体育课：简易指南 / 001

第二章　当下流汗正时髦，但它不一定能让你收获完美身材 / 039
　　　　——为何我们在21世纪痴迷运动的方式大错特错

第三章　有运动经验的女性为何能在职场中脱颖而出 / 091

第四章　运动与禁忌 / 131
　　　　——月经、性与更年期

第五章　如何避免孕期停顿 / 171

第六章　产后马拉松，或腾出时间运动吧 / 193

第七章　"你是茶水助理吗"及其他常见问题 / 221

第八章　女人在运动中的声音听起来像什么？ / 257
　　　　——我们什么时候可以不再假装是男人？

第九章　女人的运动：改变比赛 / 295

后　记 / 329
致　谢 / 339
授权致谢 / 343
参考资料 / 345
出版后记 / 349

第一章

如何逃掉一节体育课：简易指南

对我来说，所有让人讨厌的校园运动项目中——包括无挡板篮球、曲棍球、越野——游泳绝对是最让人讨厌的项目。坐在公共泳池边，双臂举过头顶，随时准备练习坐姿入水。而以这个姿势你只能看见自己的大腿，我记得当时盯着自己的大腿，只见布满裂缝的泳池瓷砖上是我苍白的皮肤和松弛的赘肉，我感到非常难过。不幸的是，我的大腿好似正不停地长成粗壮且毫无线条的肿块，布满了蓝色的静脉。当时人们还没有用"大腿缝"这个标准来衡量身材，但是不用别人告诉，我也知道我的大腿之间根本没有缝隙。除了该死的潜水技术，我唯一能想到的就是自己的双腿看上去有多么可怕。

当然，游泳本身也很糟糕——会呛入用氯消毒的泳池水，水里甚至有人撒尿，眼睛会被刺激得通红，水花飞溅，手忙脚乱。游到30分钟后体育老师就会冲我们大喊，让我们快点上岸，这时候就又得从水里出来，赶快抢着用毛巾胡乱擦擦，皮肤又湿又黏，还得费劲地套上衣服，顶着湿漉漉的、根本梳不开的头发冲上校车，校车的晃动已经让人极为难受，还得忍受头发上的水不断滴到后脖子上，还会把衣服弄湿。游泳就是让人出丑——也是我所能想象的游泳的目的。

所以，我们会想方设法逃掉体育课。寒来暑往，到了九年级，我们经常缺勤，而且颇为自豪。有段时间，甚至还想了一个折中的办法——伪造父母的假条。我拿出最好的钢笔，特意用左手写，好让老师认不出是我的字迹。但是随着时间的推移，我们越来越不觉得羞耻，也越来越胆大妄为，很快就在逃课期间走出校门，向后瞥一眼见没人发现，拔腿就跑去享受自由。我们坐在公共网球馆（多么讽刺）的矮墙上，朋友们抽着烟，大家都沉浸在自由的时光里。

吃饭，流汗，玩耍

全国上下，同样的反体育课浪潮在十几岁的女孩当中兴起了。我的朋友萨曼莎（Samantha）回忆起她在伯恩茅斯读中学时的情况。她们并没有逃课，只是在上课时抽烟。在学校的休闲活动中心，她和朋友们挤在厕所里，在公共场所强制安装烟雾报警装置的前几天，她们得到了一杆水烟筒和一些烟叶。"进入游泳池，只觉得神志有些恍惚，飘飘然。'这水好像果冻啊，这真是太爽了！'我们没游多远，就走着去最深处，胳膊在水面上做出蛙泳的姿势，假装自己在游泳。我们当时觉得自己太聪明了，把老师都骗了。其实她一定注意到了，当时她就站在岸边俯视水面。显然，她只是一点儿也不在乎而已。"

体育课的可取之处就是教我们跳舞。舞蹈老师法利（Farley）小姐就是我的女神。她留着金色的波波头，穿着灰色紧身裤和细肩带上衣，她还会放首惠特尼·休斯顿（Whitney Houston）版本的《我是每一个女人》（"I'm Every Woman"）作为热身开场，这首歌让我激动不已。伴着那首歌跳舞是一堂课中我最喜欢的部分。我也不明白是为什么，但是体育课上的舞蹈到现在仍然影响着我。就算是有人给我钱，我应该也不会逃掉舞蹈课。

抛开舞蹈不谈，体育课往往侧重于去女性化。当时的口号响亮而清晰：女人运动，水火不容。要运动就要束胸，扎起头发，忽略月经周期。大概只有上帝才会解救那些说自己在经期不能游泳的女孩。我们的体育老师会大声嘲笑那些女孩，从体育教室壁橱的盒子里拿出脏兮兮的卫生棉条扔给她们。但是本来经期就已经够糟糕了，哪个13岁的女孩愿意在体育课上拿着卫生棉条大摇大摆地走开呢？这样看来，女人似乎确实不是运动的料。

或许这也就是为什么弗洛-乔（Flo-Jo）——美国短跑选手弗洛伦丝·格里菲思·乔伊纳（Florence Griffith Joyner）——在我成长过程中如此鼓舞人心。弗洛-乔是世界纪录和奥运会纪录双项纪录保持者，但最重要的是——对于那时还是一个年轻女孩子的我来说——她是一位追求时尚的女性体育偶像。她有着飘逸的及腰长发，喜欢涂鲜艳的口红，戴硕大的珠宝，涂指甲油，还会穿她那标志性的单腿短跑套装。弗洛-乔不只是在赛道上所向披靡，她真的很酷，因为她重新定义了女性运动健将的形象。我经常和哥哥斯特夫（Stef）还有他的美国爸爸弗兰基（Frankie）在电视上看她的比赛。弗洛-乔就是现实生活中迷人的宇宙公主希瑞（She-Ra）——20世纪80年代卡通超级英雄希曼（He-Man）的双胞胎妹妹。矫健的希瑞能够抛掷男人、机器人和石头。我喜欢希瑞，虽然我承认现在以成年人的眼光看是会感到有点不可思议：她居然有乳沟，还穿着齐臀迷你裙和长筒高跟靴！

当时，希瑞对我而言象征着叛逆和不羁，她让我意识到强壮的女人也可以很性感。但是很快一个时代过去了，现在看来希瑞的形象已经非常过时。不幸的是，我们却并未超越她所代表的形象。你只要用谷歌输入一下"女运动员"，就会发现最靠前的建议搜索词条是"最火辣的"。擅长运动、热辣性感在很多方面而言都是积极向上的，但是在21世纪还远远不够让人耳目一新。女运动员的基本准则往往还是要得到主流社会的认可。当然，最理想的境界是人们可以接受女运动员强壮有力却不性感，或者她们展示性感的一面只是出于自己的意愿，而不是为了博取媒体报道的重视。

在我成长的过程中，并没有女孩会在墙上贴女运动员的海报。20世纪90年代，你想在卧室墙上贴什么海报，往往是由如今已不存在的连锁商店"雅典娜"决定的。卖给女孩子的海报上面通常是打着赤膊的肌肉男，抱着一丝不挂的婴儿——孩子和身形健美的男子，这正是每个年轻女孩都向往的未来。卖给男孩子的海报上标志性的画面就是一个掀起网球短裙的女人，露出她那光洁性感的臀部。女孩子不会把女运动员作为励志偶像，所以如果你真的在卧室的墙上挂了一张体育明星的海报，那上面多半是某个英俊魁梧的足球运动员，这样的海报通常来自女孩子最喜欢的杂志《恰逢17岁》（*Just Seventeen*）的海报页——上面是瑞安·吉格斯（Ryan Giggs）、杰米·雷德克纳普（Jamie Redknapp）或李·夏普（Lee Sharpe）这样的足球明星。我遇到的仅有的例外就是挂了体操运动员的海报或是马的海报。我个人不喜欢随大流，在自己的卧室墙上挂的是喜剧女演员莫琳·李普曼（Maureen Lipman）的海报，一位犹太老奶奶，也是我曾梦想过拥有的祖母形象。

在我们这代人心中，有三位女运动员格外突出：弗洛-乔、玛蒂娜·纳芙拉蒂洛娃（Martina Navratilova）和施特菲·格拉夫（Steffi Graf）。我妈妈一般对体育运动不感兴趣，却被穿短裤戴眼镜的纳芙拉蒂洛娃迷住了。当时对于我这个假小子来说，在大家普遍认为女性应该穿短裙的情况下，任何一个敢于穿短裤的女性在我心中自然就成了英雄。温网期间，每天下午我都会回家跟妈妈一起看比赛（平常几乎没有这种情况），在沙发上一坐就是几小时，除了家里的几只狗抓门时让它们进来出去，我跟妈妈几乎一句话也不说，就这样深深痴迷于球场上那抹飒爽身姿和午后网球被拍来拍去的簌簌声响。

接着施特菲·格拉夫崭露头角，开始包揽各个奖项。她无疑是一名出色的运动员，但是对于当时年仅12岁的我来说，她是一个叛徒。我只是无法理解，为什么在纳芙拉蒂洛娃已经打破常规穿起短裤的情况下，居然还有人会逆潮流而穿回短裙。在我看来，施特菲让我们所有人都失望了。

她们共同的体育精神在今天的女运动员身上得以传承——塞雷娜·威廉姆斯（Serena Williams），以及诸多表现令人赞叹的田径明星，如屡获金牌的短跑运动员阿莉森·费利克斯（Allyson Felix），美国400米健将桑亚·理查兹-罗斯（Sanya Richards-Ross），斩获两届奥运冠军的牙买加短跑运动员谢莉-安·弗雷泽-普赖斯（Shelly-Ann Fraser-Pryce），还有英国运动员克里斯廷·奥胡鲁古（Christine Ohuruogu）等人。现在我最喜欢的运动员就是美国中长跑选手阿莉西娅·蒙塔尼奥

（Alysia Montaño）。2014年，她在怀孕34周时参加了全国锦标赛，一时间成为头条新闻。她很快成为人们的偶像，就连《每日邮报》（*Daily Mail*）的专栏作家都对她赞赏有加。早在那之前我就很喜欢蒙塔尼奥，还曾在做体育记者的时候报道过她的比赛。这位美国跑步运动员总是头上戴一朵花，格外引人注目，我喜欢她对此的解释，她说："人们在看待女性参与体育运动时总会评论'你跑起来像个姑娘似的'，这听起来确实是很负面的评价，我就在想这究竟是什么意思呢？为什么不能跑起来像个姑娘？我们也有勇气和毅力，所以我就在头上戴一朵花，表明我既能展现柔美，同时也能展现力量。"

这些运动员跟我成长在同一时代，但是谢天谢地，她们经受住了对女性和运动的负面言论攻击，成了卓越的女运动员。但是她们当中也有很多人并没有得到应有的认可——比如谢莉-安·弗雷泽-普赖斯在100米短跑项目上获得了三次世界冠军和两次奥运冠军，但是跟同胞尤塞恩·博尔特（Usain Bolt）相比，又有多少人知道她的成就呢？然而，这些运动员还是给年轻女孩树立了榜样，许多人在性别平等的问题上直言不讳，或者就像阿莉西娅，挑战我们对女性与体育事业的偏见。

几年后，作为一名体育记者，我亲身采访了玛蒂娜·纳芙拉蒂洛娃，还是在出租车后座进行的。她脾气很暴躁，我当时非常紧张。事实证明，那是我职业生涯中最离奇的一次采访，我们谈到了乳腺癌、美国的军事政策、嘎嘎小姐（Lady Gaga）、一只法国猫的神秘事故，还有巴特西狗之家（Battersea Dogs' Home）[①]。采访进行到一半，纳芙拉蒂洛娃显然对我的问题感到厌烦了，她突然从车窗里探出身子，只见一只法国斗牛犬气喘吁吁地往帕特尼的一座小土丘上爬，她冲那只斗牛犬喊——

"嘿，太可爱了！你叫什么名字？"

"史努比。"狗主人说，显然十分震惊。

"史努比？"纳芙拉蒂洛娃用小宝宝似的声音说道，"我看你一点也不像史努比。我也有一只法国斗牛犬，它叫斯派克（Spike）。嘿，史努比，看这！天哪，它真是太可爱了！"史努比的主人，仍然很震惊，难以相信世界著名网球运动员正在跟自己的狗说话，她最终鼓起勇气亲自问了一个问题。

"你喜欢网球吗，玛蒂娜？"她问道。

[①] 英国著名的猫狗收容所。

"是的。"玛蒂娜轻描淡写地说,随着车流向前移动,她迅速把车窗关上了。

在为采访做准备的过程中,我惊奇地发现,作为一名运动员,纳芙拉蒂洛娃在网球观众中并不那么受欢迎。就像塞雷娜·威廉姆斯一样,纳芙拉蒂洛娃也经常被一些古怪的词汇形容,人们嘲笑她肌肉太过发达,在运动中太过强势。"塞雷娜的体形太健壮了,人们都替她的对手感到难过,"说到两人的相似之处时,纳芙拉蒂洛娃在出租车后座上点头以表示认同,"人们也为我的对手感到难过,因为我很强壮,肌肉发达,在比赛中常常打得很激烈。塞雷娜凭借身体强壮也常赢得比赛,她又对自己的身体颇为自豪。她从不会因为体形占优势而感到抱歉,我喜欢她这样的态度。她就像是在说:'嘿,老娘就是这么壮,别碍事。'她要是个小伙子,准会受到人们欢迎,但是她作为一个姑娘这么强壮就让人感到害怕了。对此我深有同感,因为我也确确实实有过类似的经历。身形健壮的女性要想得到人们的青睐的确很难,因为你会感觉自己像是在跟群体的审美斗争,跟一个对手竞争已经很艰难了,更何况是一群人。你确实感受到了那种压力,你也知道自己不被喜爱。这不公平。"

即使在今天，女运动员仍然感觉自己在跟社会群体做斗争，在反抗主流社会，反抗人们的期望。拿女子网球来说，时至今日，运动员的性感程度仍然常常被人们评判。性感 = 受欢迎；性感 = 金钱。2014 年，一个大型体育频道在英国电视上宣传女性巡回赛时，打出的口号是"魅力女孩们来了"。在纳芙拉蒂洛娃全盛时期之后的许多年，我们仍在用这种方式刻画顶级女运动员。"这未免太荒唐了，"纳芙拉蒂洛娃说，"也很猥琐，因为人们在谈论这些女运动员时不是把她们当作一个人或是一位运动员，而是当作性对象。我不喜欢这样。"

在 20 世纪 80 年代，除了弗洛-乔和纳芙拉蒂洛娃，励志的女性偶像寥寥无几。但好在每周六晚上人们可以看到一档娱乐节目，名叫《角斗士》（*Gladiators*）。1992 年，这个节目在英国上映，给我留下了深刻的印象。是的，节目中的女嘉宾穿了粉色的露脐装和短裤，但是所有人都展示出了肌肉线条的美，这在当时简直出人意料。女角斗士都很勇猛，即使是像"喷气机"（Jet）和"闪电"（Lighting）这样总是甜笑的选手也不例外。她们渴望击败对手，而且我非常喜欢她们对待每一场比赛的认真态度，她们会把对手逼到墙角，把对方打到关节脱臼，还会在决赛中用巨大的棉花棒猛击对方。

"喷气机"是最受关注的角斗士,她的名字(即后文的"黛安娜")家喻户晓,每个人都喜欢她。多年以后,我很想知道身为像"喷气机"这样时刻贴着性感标签的人是什么感觉,所以我对她做了追踪采访。我没料到她居然在北威尔士的一家诊所工作,跟"你·训练"(YouTrain)这家机构合作,致力于打造健康的方式,来帮助人们解决肥胖困扰和精神健康问题。黛安娜(Diane)现在是一名训练有素的心理治疗师和教师,她生活的大部分时间已经远离了聚光灯,跟她一起工作的孩子们可能并不知道她曾经多么声名显赫。对于这样一个经常被贴上"甜美""性感""长发飘逸"等标签的人,她的严肃着实让我惊诧。公众只看到她在《角斗士》节目中笑容满面、光彩照人,其实她只是展露了青春期的冰山一角,在那个烦恼又痛苦的时期,她还曾经患过暴食症。

黛安娜对我说:"我在十几岁的时候患有身体畸形恐惧征[①],我讨厌自己是个肌肉发达的女孩。"成长的过程

---

① 一种精神疾病,患者过度关注自己的形体并对自身体貌缺陷进行夸张或臆想。

中，学校的其他孩子都取笑她的体形。"他们会说：'哦，看看你的小腿，真是粗壮！'我很清楚这样的事实，但是作为一个孩子，我很难接受自己的体形。我在体操训练同年龄组中总是最高的。12岁的时候，我的体形已经相当于一个高年级的学生，而其他低年级的学生身体还未发育完全。我在低年级班中身形比其他女孩都要高大，这真的让我极度烦恼。"她曾经认定自己不可能当一名体操运动员或是舞蹈演员——因为她不够苗条。所以她就开始暴饮暴食。"我还记得那种自怨自艾的感觉，"她平静地说，"现在回想起来，我怎么可能没有喜欢的食物呢？我怎么能把暴饮暴食作为自我惩罚的武器呢？这给当时的我带来了情绪问题。作为一名运动员，当时如果能合理饮食，我敢肯定自己会表现得更出色。"

《角斗士》的一次试镜机会最终改变了她的生活。"在我22岁那年，《角斗士》第一次在电视上播出，我记得当时看见一群女人身着莱卡运动套装，个个体形健壮，而非那种看起来饮食不规律、纤瘦、孱弱的女性形象，这让我松了一口气。我很自豪自己是这些体格健壮的女性中的一员，大家都有过健美、运动或像我自己的体操、舞蹈等诸多经历。我们是身形强健的典范，对此我非常自豪。"英国独立电视台（ITV）曾经建议黛安娜公开自己与饮食失调的抗争史，以防在报道中出现漏洞。她坦白之后，紧接着，安德鲁·莫顿（Andrew Morton）在他那本广受恶评的书中就详细讲述了戴安娜王妃与暴食症的斗争。黛安娜说，她发现比赛能给很多人带来治愈的能量，"我收到一些女孩的来信，信中写道：'我听说你曾经食欲过盛，可是看看现在的你，我很想和你一样。'我觉得这起码说明我很健康，体重也很正常"。

"《角斗士》改变了女人，在场上你不可能就站在那做个花瓶——那样的话你一定会被打败的。但是伤害也同时存在，很多人在角斗过程中受伤，四年半之后我离开了那里，当时我脊柱受伤，脖子都快断了。"但是如果女角斗士是肌肉的化身，那么黛安娜对于在那个时候被贴上性感标签这件事是如何看待的呢？"我当时真的以为是因为我比其他人胖，"她笑着说，"我的胸部和臀部十分圆润、丰满，而我的同伴们则看起来更加强健且敏捷。摄像机拍到我时我就疯狂咧嘴笑，其实那是紧张的笑。我也有很大的胜算，只是我以为观众会喜欢我大笑的样子，人们会说：'哦，她很擅长侧手翻。'我无法忍受站在人前时只被盯着屁股看，如果我有机会为躲避摄像机的拍摄做一个巴拉尼翻转①，我一定会去做。"

黛安娜说，在节目中她只经历过一次被迫变得性感的情况。奈杰尔·利思戈（Nigel Lythgoe），也就是人们熟悉的"讨厌的奈杰尔"（Nasty Nigel），身为节目的导演，他安排女角斗士排成一排站在参赛奖品面前——蓝色吉普车是给男选手的，红色吉普车是给女选手的。黛安娜回忆起当时的情景就想翻白眼："我当时就想，得了吧伙计们！虽然我从来都不是多么耀眼的明星，但我一直都是专业的选手，而真正让我觉得受打击的是，他们居然说：'姑娘们，站到吉普车旁边，脱掉运动服，站在汽车旁边就行。'我说：'什么？你让我们在汽车旁边搔首弄姿？就像该死的倍耐力（Pirelli）②拍摄出来的挂历女郎？！不，不，不，绝对不行，我是一名角斗士，我只在竞技场上奔跑，我不会像个模特那样站在汽车旁边摆各种姿势。'我不会站在汽车旁边并展示我的屁股来供人参观。当我站上领奖台或是在场上奋力搏斗时，我在做一名运动员的本职工作。那是唯一一次让我感到自己被节目物化的经历。"

---

① 体操、蹦床等运动中的动作，前空翻转体180度。
② 当今世界上享有盛名的轮胎公司之一。

如果说角斗士、弗洛-乔、纳芙拉蒂洛娃和宇宙公主希瑞在20世纪80年代是我们成长过程中最受欢迎的女性偶像，那么辣妹组合（Spice Girls）[1]就是90年代所谓"女孩力量"的典范。辣妹组合凭借一首脍炙人口的《为所欲为》（"Wannabe"）闯入人们的视野，当时我17岁，已经不再对她们过分着迷。在那个充满焦虑的青少年时期，我努力寻找复杂多元的身份特征，我发现她们的组合显然遵照了"辣妹"主义教条——每一个成员都被限制为一个独特的人设并极大地去贴合它。彼时我刚刚喜欢上了足球运动，那年夏天，英国举办了欧洲杯，举国上下陷入了痴迷足球的热潮。只因梅拉妮·奇泽姆（Melanie Chisholm）[2]身着田径服，所以她就擅长运动，这种说法在我看来相当荒谬。奇泽姆穿着运动装跳舞，而组合里的其他成员则穿着凸显身材的紧身衣和高跟鞋，这似乎也说明了运动压根儿就跟魅惑、性感、娇柔这样的形象相对立。主流媒体对此回应得很清楚，明确指出了辣妹组合中哪位成员应该走性感路线。正如阿里·G（Ali G）[3]在节目

---

[1] 女子流行组合，出道于20世纪90年代末。
[2] 辣妹组合成员之一。
[3] 由萨沙·巴伦·科恩（Sacha Baron Cohen）创作并扮演的喜剧演员形象。

《喜剧救援》(*Comic Relief*)采访小贝和"时髦辣妹"(维多利亚,后来与小贝结为夫妻)时说的:"如果最好的足球运动员跟最时尚的辣妹成员在一起了,那么走运动路线的辣妹成员要跟斯坎索普足球俱乐部的某个人凑成一对吗?"

当时很多人说辣妹组合是一个造星乐队,一个市场营销者的梦想——这让我怀疑"运动辣妹"是否真的热爱运动,穿运动装并不足以说服我,因为她只在1993年左右才开始穿。我必须要找出答案。在伦敦市中心一家豪华酒店里,"运动辣妹"接受了我的一次采访,这次采访本身就是一次很好的体验。对于一名体育记者来说,体育采访并不像常规的名人采访。体育采访中不会有按摩治疗师试图说服你坐下来,享受一段15分钟的印度头部按摩;也不会有人为你准备一杯小麦草汁。即使是在阿森纳队的训练场,这样一个设计都要讲求风水的地方,也只有一台自动咖啡机和一些独立包装的巧克力夹心饼干。这种情况下,当一位女公关坚持要为我量胸围以得到一个准确的胸罩尺寸时,你可以想象得出我的反应。我尴尬得满脸通红(在越是熟悉的工作环境,一提到胸部这个词,就越可能把谈话引向一个淫秽和下流的境地），坚持至少要等到我和梅拉妮·奇泽姆真正坐下来再说。

所有的暖场问候都让我紧张不安，我不知道我该了解梅拉妮的哪些方面（她现在所为人知道的种种）。但是，尽管我愤世嫉俗，她还是很快笼络了我。她时而面带微笑、风趣可爱、谦谦有礼，时而固执己见、破口大骂——她并没有回答我关于大卫·贝克汉姆的提问。她本人真的是美艳动人，怎么会有人说她是辣妹组合里的斯坎索普呢？

"我是辣妹组合中唯一真正热爱运动的人，"听她这么说，我立刻消除了所有的疑虑，"维多利亚在遇到贝克汉姆时才不得不对足球产生兴趣，但是我来自利物浦城郊的一个工业小镇，那里的每个人都喜欢足球，我也不例外。从小到大的成长环境就是我喜欢运动的原因。长大后，我认识的每个人都穿着运动装，那是在 20 世纪 80 年代的利物浦。"作为一名利物浦队的球迷，梅拉妮清楚记得希尔斯堡惨案[①]发生的那天，那个可怕的星期六，人们站在当地糖果店的抽屉后面，脸色灰白。梅拉妮说她

---

① 1989 年 4 月 15 日，在一场足总杯半决赛对阵诺丁汉森林的比赛中，近百名利物浦球迷被压死。

上学的时候就喜欢运动,到现在也是。"运动赋予女性力量,"她说,"看看辣妹组合,我作为一个全球知名的流行歌手,居然穿着运动服在台上又唱又跳,你恐怕根本不敢想象这件事吧,不是吗?现在我就穿着运动服上了电视,我们每个成员都有自己的个性特点。"

梅拉妮说,所有的辣妹成员都要保持身体健康。"梅拉妮·布朗(Melanie Brown)可能是所有成员中训练最多的,维多利亚跑步,洁芮(Geri)做瑜伽,艾玛(Emma)做了一项她不情愿的锻炼——她就是讨厌那项运动,"梅拉妮自身则痴迷铁人三项,"我起初有点害怕铁人三项的训练——特别是天然水域游泳,而且我还很怕从自行车上掉下来,因为会摔得很疼。游泳训练在开始时也很麻烦,因为每个人都想走最短路线,大家挤在一起,胳膊和腿碰在一块,互相'拳打脚踢'。但其实也没那么糟糕,脸上被踢一脚没什么大不了。我发现自己一直跟人说:'哦,对不起!对不起!我不想伤害任何人。'我也很喜欢我的自行车,它是白色的,非常时尚。你也应该听过那句老话,'虚有其表,脑袋空空',我的铁人三项教练也说,'装备再好,不用白搭',这句话对我非常适用。我在铁人三项上还是个新手,但是我热爱这项运动,它有

第一章 如何逃掉一节体育课:简易指南

着那么丰富的内容,你永远也不会感到厌倦。"

对于梅拉妮来说,参加体育锻炼并非像女性杂志所说的是为了保持完美的身材,而是为了让女孩们聚在一起收获历练和友谊。"辣妹组合成立以来就一直宣扬'女孩力量',但在过去的几年里似乎又兴起了一股女权主义的浪潮。很高兴看见这样的趋势,因为我认为'女孩力量'有时被误解了。赋予女性力量的是智慧,而非外表。我之所以这么说是因为,在音乐行业工作,我们看见很多年轻的艺术家——包括才华横溢的流行歌手——都是性感迷人的形象。有了女儿之后,我对此方面的认识更加清醒。我并不是要批判那些选择用自己的方式展现自我的人,我只是想知道,为什么女性会觉得展示性感就是表达自我的方式?我们的社会已经变得如此痴迷于外表上的完美,这实在太可悲了。每个人都想看上去不错,而我们这些站在舞台上的人则想要看上去最好,这是一种持续的困扰,几乎让我发疯,我讨厌这样的追求。当然,在公众眼中,在娱乐行业,让自己看上去还不错确实是工作的一部分。但是在健身房,老实说,我根本不在乎。庆幸的是,我看到了一些反抗和行动,听到了抱怨的声音,有些女性说她们不愿意那样。她们想让自己因思想而为人熟知，而非身体。"

我坐回身并吸了口气，梅拉妮所说的话让我深感震惊。我们总是被告知"女孩力量"是一项运动，但是它在当时看起来并非如此。在我看来，这句口号有点幼稚。或许，恰如梅拉妮所说，我正是那些误解了这句口号本意的人之一。或许，我已经过了这句口号呼唤的目标年纪。又或者，媒体太热衷于报道辣妹组合成员的迷人体形，而没有给她们留出足够的空间来谈论其他事情。然而，身处 20 年后的今天，梅拉妮在这个问题上的看法令人信服。当然，她是对的。我们必须包容这样的女人存在，她们不必标榜身材，不在意是否会受到人们持续的追捧。我们必须在身体和思想之间建立一种健康的关系，它不是全然关乎女性的身材。

或许我低估了辣妹组合的文化影响力，也许我年少时认为这就是理所当然的。梅拉妮点点头："我现在回想起辣妹组合的成就，我们所代表的一切，我就在想，天哪，真是不可思议！我们当时并没有意识到自己的成就有多么了不起，我们只是五个年轻的女孩，一起去实现梦想。但这些年，仍然有人在告诉我，辣妹组合激励了她们，让她们觉得自己可以与众不同，可以成为一个假小子，可以做任何自己想做的事。但我不认为我们对现在的年轻女孩有那么大的影响力。"

采访结束我深深喜欢上了梅拉妮，她重塑了我对这个世界的信念。如果连一个身价几千万的人都在关注学校里的女孩和体育课，关注身体形象，关注在铁人三项中骑自行车的妈妈，那么也许女性运动还有希望。这告诉我们，即使拥有了金钱和名声，人们仍然关心今后如何塑造女性身心的问题。这一点非常重要，因为当我还是个孩子的时候，我不相信真的会有人重视一个女孩是否喜欢运动。

梅拉妮提出了一个重要的观点：剧烈变革正在进行着。女人受够了所有这些划分性别的无聊内容，受够了囿于花瓶式的女性角色。我们想要掌控自己的命运！无论发起者是莉娜、梅拉妮还是塞雷娜，这场变革都在席卷全球的每一个角落。最重要的是，运动是其中的主要部分。

护舒宝的微电影公益广告"像个女孩一样"大胆提出质疑：为什么"像个女孩一样"做事会不受重视。这部片子感动得我泪流满面。那个瘦小的女孩穿着卡骆驰拖鞋、荷叶边裙子在舞台上奋力奔跑，对着摄像机一本正经地说："像个女孩一样奔跑意味着……（戏剧性地停顿）……能跑多快就跑多快。"说得太对了！她简直可以去竞选总统。而美国前总统的一句话也点亮了我的生活。巴拉克·奥巴马（Barack Obama）在庆祝美国女足赢得世界杯时说："像个真正的女孩一样去踢球吧，这意味着你绝对是个不好惹的家伙。"

然而，我们顶着外界的压力，号召让女性真正参与体育运动，让她们的身体活跃起来，倒不是要把女性培养成不好惹的家伙，只是想让女性参与运动这句很酷的口号不至于成为一句空谈。因为虽然已经发生了很多改变，但是在英国女性很少运动的风气仍然大行其道，这是无法回避的事实。在这个国家，16 岁的女孩当中有 40% 的人不曾有过剧烈运动。我 16 岁的时候，除非算上在周二晚上去卡姆登宫跳舞，否则我没有任何剧烈的体育锻炼经历。没有人强调运动对于女性保持身体健康的重要性；也没有人提到心率、骨密度——骨骼发育的关键因素、静脉曲张、骨质疏松或关节炎；更没有人谈论"瘦胖子"[①]体质或身体内部的运转情况。总之没有人关心

[①] 指看起来瘦，其实肌肉量很少，脂肪比例很高的人。

这些事情。家长会上，我在体育老师面前坐下时，其他家长疑惑我坐在那干什么。最近我请求从英格兰体育理事会调取20世纪90年代有关体育活动和年轻女性的统计数据，这项调查走进了死胡同：相关数据只能追溯到2005年，难怪我们会遇到这些问题。

当然，近来我们对这些健康问题有了更清晰的认识。但是饮食和健身可能并不是万能的解决办法，因为太多有关健康问题的言论仍然局限于身体形象。去照片墙上看看健身运动相关话题，你会发现，除了"蔬菜健身餐""增强力量"这些正能量的消息，还出现了一种让人担忧的倾向——寻求完美的女性躯体，把外在的审美看得比内在的健康更重要。我们最终还是要改变对运动的态度，让运动在生活中处于一个合适的位置。这一切都需要从最初开始——从小学阶段开始。

前些天我陪着女儿荡秋千，看见栅栏里边的男孩们在参加课后足球训练。我越看越觉得沮丧，不仅因为没有一个女孩参加——尽管一想到足球协会已经取消了对孩子们一起踢足球的性别限制，却仍然没有女孩参加，这本身也很让人难过，更让人沮丧的还不仅限于此。我注意到了那名教练，一个带着写字板和口哨的年轻人，这位足球教练就只会说"倒霉""哎呀",全班有一半的学生根本没有受到任何有效的指点。

那些跑着踢球的孩子,他们清楚地知道自己已经被认定是废物了,这真让人心酸。很多孩子在训练时敷衍了事,老师也无视他们的存在。这一切都太熟悉了。孩子在这么小的年纪就被贴上了擅长运动或不擅长运动的标签。一旦陷入错误的阵营,你在体育老师那就成了<u>不受欢迎的人</u>。这种情况在其他任何课程中都是不允许发生的。老师有义务帮助你学习,帮助你进步,给出建议,告诉你哪里出了问题。"哎呀"怎么会是一个合适的评价呢?小足球运动员们又能从"倒霉"中学到什么呢?难怪英格兰队现在都赢不了世界杯。

几周以后,我碰巧看见那位体育老师给一个男女混合班上课。他对待女同学很谨慎妥帖,对她们说话也是轻声细语。但是他并不认为女孩值得他投入精力去指导。他对女孩子的表扬是敷衍了事的,坦白说,她们真的很差劲。女孩子们似乎也不信任这位老师,因为他的评价并没有帮助大家的球技明显提升。最让我难过的是看见这些女孩在球场上弯腰驼背,羞怯得不敢踢球。她们骨子里对自己没有一丁点儿信心。

现在，学校的体育课程似乎对于男同学和女同学都没什么用，训练指导还停留在20世纪80年代的水准，体育老师那种老掉牙的态度跟我上学时所面对的一模一样。我并不是想要奚落体育老师，我能想象得出他们已经够艰难了。他们的教学目标不会被优先考虑，也不会受到重视，他们的课程甚至都分配不到足够的教学时间。据我所知，女体育老师在体育圈子中尤其不受待见，因为人们总是认为女生的体育能力比男生差。我的一个教师朋友给我讲过一个故事——他们的体育课总负责人递交了辞呈之后发生的一切。"他一走出去，一位男体育老师就对男生体育课负责人说：'这对你来说可是个好消息。''是啊，'这人说，'到时你就能接替我的工作了。'他们在谈话的过程中完全无视女生体育课负责人也在场。有人私底下问她是否申请了总负责人这个职位，她说完全没必要：'我知道肯定轮不到我。'最后，部门里的女同事说服她去争取这个职位，但是被告知当前并不接受职位申请，然而在新学期之前，男生体育课负责人自动升为临时总负责人。体育就是男性的俱乐部，真是荒唐。但这只是学校里的冰山一角，即便女性做到高级职位，也并不受重视。我也听过其他学校的老师谈论类似的问题。男体育老师会一起出去喝酒,但是他们从来不会邀请女体育老师。"

这样的态度不但有害,甚至会影响到人们成年后的状态。我问过好几位朋友关于体育课的经历,虽然已经过去了25年,但是许多人对当时的情景记忆犹新。我的朋友凯特(Kate)回忆起,男体育老师曾告诉她,教女生抛掷项目毫无意义,因为她们天生就做不好(他认为这跟女性的乳房有关)。凯特说:"他的话一直影响着我。"凯特的情况让我猜想,可能老师的话让她更加坚定了要在女性中出类拔萃的决心,但是她不再接触运动了。更普遍的情况是,年轻的女孩子被告知有些事她们就是不擅长,因为生理特性给她们的余生设下了糟糕的限制。那么,这些女孩一定会下意识地想,我做不了某件事是不是因为我的乳房?

问题在于,这些对女性能力、平等地位的偏见至今在男性为主导的体育领域中仍然存在。我的那位教师朋友记得,有次在网球比赛中男女奖金数额相同,她十分震惊。"我记得那年温网比赛,女选手第一次得到了跟男选手一样多的奖金(2007年)。我跟体育部的男同事说:'真是太精彩了!不是吗?历史性的时刻啊!你能想象这花了多长时间吗？'他们陷入了沉默，我又说：'但是为什么要花这么长时间呢？'他们告诉我是因为男选手更加努力，因为男选手的赛制需要打五盘，而女选手只打三盘。我说：'你认真的吗？开玩笑呢吧？来啊，小伙子们，我们来打一回合，你就会知道！哈哈！'事实证明他们并没有开玩笑。他们真的认为女选手和男选手不应该拿同样多的奖金。我逼问他们：'你们认为女选手比男选手训练得少吗？她们花费的时间比男选手少吗？不是？那凭什么她们拿到的奖金要比男选手少？'这群人中有一些真的非常可爱，完全不是那些有典型偏见的男体育老师，他们既敏锐又善于表达想法。但这样有思考能力的人仍是这样想，更令我感到失望。所以我加入了讨论，还在大家一起看决赛的时候，跟全区的体育老师分享了这次的讨论。我跟他们说：'你能相信我们学校的体育老师居然是这种想法吗？'但结果他们全都是一样的想法。全区所有的男体育老师都认为，女选手不应该拿和男选手一样多的奖金，只有我一个人固执己见。那还真是抱歉，可我们现在都在什么年代了啊？"当然，女网球选手自己倒是愿意接受五盘三胜赛制，以获得同样的奖金——正如前女子网球协会（Women's Tennis Association）首席执行官斯泰茜·阿拉斯特（Stacey Allaster）在 2013 年所说："你要做的就是向我们询问。"

但是，我朋友所在的体育部门的不平等似乎并非单独现象。整个社会除了体育极其落后，其他部分都在快速发展。但近来，从要求课程中涵盖的运动种类尽可能宽泛，到要求给体育课分配更多的时间，体育改革的呼声越来越高。我们在要求成年人每周锻炼 150 分钟时，并没有对孩子提出同样的要求。如果我们想让孩子养成健康的生活方式，那么难道不该在他们长大成人之前就培养这种习惯吗？现实情况是，孩子每周只上 2 小时的体育课，但是要在上课前换衣服、听从老师的吩咐、课后将器材归位、换回平时穿的校服，除去做这些事的时间，你会发现两节活动课下来，每节最多上半小时。

英国最伟大的残奥会运动员，拥有女男爵头衔的塔尼·格雷–汤普森（Tanni Grey-Thompson）对此十分关注。"体育需要一场变革，"她用自己特有的那种直白的方式说，"体育课应该拥有和识字课、算术课一样的地位。我们从来不教学生体育基础，但是会教学生拼读来让他们学会阅读，其实体育也是一样——单脚跳、双脚跳、抛掷、抓取、跳跃，这些都是运动的基础。"我喜欢这个想法——特别是对于孩子们来说，这个想法好极了。我有一个朋友，她把4岁大的女儿送去参加了一个名为"宝贝爱打球"的培训计划，这个计划针对的正是学龄前的孩子。朋友曾让她女儿尝试接触足球，但是以失败告终——足球课上几乎都是男孩子，而且她女儿说那些男孩子又聒噪又好斗。之后朋友才发现，"宝贝爱打球"计划并不关注某一个特定的运动项目，也不区分性别，它只教会孩子参加体育活动所需的基本技能，注重激发孩子的兴趣，比如汤普森所列举的单脚跳、双脚跳、抛掷、抓取、跳跃。但是只有父母负担得起这种训练，或是家附近有这种训练的孩子，才有机会接受这样的学习，其他人就没这么幸运了。

汤普森的话一针见血，让我一下想起25年前在学校的经历，她说："你可能不喜欢学数学，可你知道自己必须得学；你可能不喜欢体育课，但是你可以逃掉。如果上什么课都由着我自己来的话，那我可能就一心只上体育课了。我认为我们在学校里每天都应该做运动——但是要恰到好处。"在斯特灵的圣尼尼安小学里，汤普森的乌托邦式构想真的得到了执行。除了常规的体育课，学校安排全校学生每天围绕着校园进行锻炼：走、跑、跳

吃饭，流汗，玩耍

或慢跑。肥胖症专家建议孩子们每天锻炼 1 小时以保持身体健康，因为 2/3 的小学生缺乏健康的体质，圣尼尼安小学的做法解决了这个问题，而且没有大费周章。

如果身体健全的孩子们都无法达到锻炼的目标要求，那么残疾儿童的情况又会多糟糕呢？汤普森叹了口气，说："那些残疾的孩子在学校仍然不能上体育课，只能被关进图书馆。如果你是残疾孩子的父母，你可能首先要为孩子争取教育、福利、医疗、轮椅出行、儿童保育等权益，因而体育可能就成了垫底的诉求。在为孩子争取体育课之前，你可能就已经放弃了。我们可以做很多事情来追求更具包容性的环境。"

问题是，如果我们不能让孩子们乐于上体育课，而让他们在非自愿的情况下参加体育锻炼，那么我们怎么能够指望大人乐意接受体育锻炼呢？如果孩子在面对体育运动第一道关卡时就产生了抵触心理，我们还怎么期望让运动真正去影响文化变革呢？有时，感觉在我们苦苦求索的时候，答案其实已经有了，只是我们不去一探究竟。以穆斯林妇女运动基金会（Muslim Women's Sports Foundation，简称 MWSF）为例，大多数人会认为其专门针对被主流社会边缘化的穆斯林妇女和女孩。但是在我和主席里姆拉·阿赫塔尔（Rimla Akhtar）的谈话中，她说明了一件我意想不到的事。她向我讲述了一个为其团体运作制订的计划，而这个计划能在任何主流社会背景中得到很好的诠释。它提醒我们划分人群是多么草率的想法。

要让妇女和女童的身体活跃起来，少数族裔群体无疑有其特殊的挑战。例如，里姆拉告诉我，很少有教会学校会专设运动馆。此外，体育部门也未能给社区居民提供帮助，让他们了解运动对于他们的女儿来说是一个安全的领域。里姆拉介绍了穆斯林妇女运动基金会的六周训练计划，这个计划会派遣运动教练到学校，专门训练十几岁的女孩。听起来任何学校都可以实施它。"这个为期六周的训练计划足以改变一个女孩对运动的态度。它让你知道有人关注着你，给予你应得的关怀。无论如何，这都是一个人想要得到的。知道自己处在相关框架体系中是重要的，在体育行业中也是得到认可的。这个计划旨在告诉女孩：'我们希望你成为运动的一部分。'它只是采取了最微小的干预，却能产生巨大的影响。那些女孩最后都舍不得结束这六周的训练。"里姆拉不断谈论着运动。女孩们喜欢运动。我想人们常常忽略了女孩本就可以喜欢运动。我们并不是在生理上就排斥运动，而是有时候确实会不喜欢运动。但是我们不应该试着做出改变吗？

作为一个小女孩的母亲，我对尝试改变充满热情，而且我不是唯一这样想的。那些对体育不太感兴趣的朋友也问过我，他们应该为年幼的女儿做些什么，以防止自己当年在学校体育课上的经历在孩子的身上重演。我的朋友——体育节目播音员雅基·奥特利（Jacqui Oatley）不放过任何机会。她决心要让女儿拥有比我们这一代更好的运动经历。"我每天都在想这件事，"雅基笑着说，"可怜的小家伙，她才只有4岁，但是我在她的脑海里灌输了一些信息，我希望运动对她来说是很正常的事。所以我带她去上早教课，让她在那活动身体，她也很喜欢课堂。对于女孩来说，我认为应该让她们在很小的时候就认识到运动是很正常的事，这一点非常重要。"

对于雅基来说，帮助女儿对体育运动和自己的身体建立起信心，这比在体育课上表现得体意义更重大。因为这样做是教给她一个基本的方法，让她成为一个有能力的人，做出自己的决定，找到自己的道路。"我试着在她的脑海里种下一颗种子，让她相信如果自己努力去做，就可以做任何事。我试图传达在她这样幼小的年龄也可以理解的信息：要主动为自己做一些事情，而不是等着人来要求你去做。即便她的朋友不想和她一起，也没有关系，如果她想，那么她就可以自己去做。你越早给她们传达这样的信息，她们的成长过程就越容易。其实不只是运动或足球，每件事都是如此。"雅基的观点非常正确。我看到女儿所在的幼儿园里，小女孩们大多很自信。她们敢于表达自己的意见，知道自己想跟谁玩，清楚自己的感受。为什么这种自信在长大之后就消失了呢？

我想我知道原因所在。虽然专家们讨论过，如果我们在游泳课上给女孩子提供足够多的吹风机，或者是多开设像尊巴、啦啦队等"女性化"活动，我们是不是就能吸引十几岁的女孩参加体育课。我个人认为，整个讨论中最核心的问题之一被忽视了。因为女孩本身并不是问题所在。12岁的孩子不是歌姬式的女主，她们不需要骑士文化般的关照。真正的问题我们明明清楚却视而不见：女性自己的文化。我们的社会价值观和媒体对敏感的年轻女孩有着巨大的影响力——上千年来，在女孩与运动的关系上，一直传达着这样一种强烈而荒谬的讯息：运动不适合女性，运动让你满身大汗、肌肉发达，运动是咒骂和暴力，运动是丑陋的，而在这个世界上，女性唯一要优先考虑的事、唯一的价值和关注焦点就是美丽，就是让自己成为让人爱慕的对象。青春期的时候，女孩就被告知，她们的首要任务是尽快让自己变成性感诱惑如塞壬女妖般的女人，那么女孩们不喜欢学校的体育运动，这还有什么好奇怪的？

那我们应该如何应对这种情况呢？首先，学校里需要优秀的体育老师，他们有能力教会女孩如何享受运动和锻炼，其话语权要等同于男生的体育教师，并且可以在课程中有足够的时间去了解学生，找出学生喜欢或不喜欢的东西。他们必须都是传授正确理念的体育老师，能够鼓励女孩——或男孩——在运动中享受过程、提高自己，而不去考虑其天生的运动能力。如果我们能够找到这些乐观、积极、健谈、擅长鼓励他人的体育老师，那么我们就能够摆脱记忆中小时候遇到的那些爱讽刺挖苦的老师——依靠权力的施虐狂就喜欢恐吓青春期的女生，喜欢借她们的生理期开玩笑，恶趣味地分发那些长久存放在柜子里且看上去根本就不能用的卫生棉条。没有人需要这样的体育老师，女孩不需要，男孩也不需要。在我成长的过程中不需要，当然现在也不会需要。因为尊巴、瑜伽和啦啦队都很棒，所以为了让孩子们变得积极好动，我十分支持在体育课上为女孩（和男孩）提供这些项目，但背后的原因不可以是认为孩子们并不是真的喜欢运动。也不能是出于某种歉意，把这些形式作为最后一招，不惜一切来激发女孩们的运动积极性——即使目前的工作就是让运动变得有吸引力。为了让竞争变成舒适有趣的体验，体育课不能成为迫害式的达尔文主义训练，把弱者从强者堆中淘汰掉。竞争是我们所有人都需要的终身技能，而且我相信我们每个人都具备这项技能，只是它并不应该被包装成呈现某种具有男子气概的可怕产物。社会以这种方式构建了体育运动，我们的工作就是彻底改变之前的陈旧观念，而不是强化它。

　　为了实现这一点，我们需要投资。美国的体育发展得益于1972年的《高等教育法修正案》第九条，通过立法迫使所有教育机构在所有科目（包括体育）上给予女孩和男孩平等的教育投资，英国和其他国家也应该参考类似的做法。我们需要向女孩展现一个运动女性的样子。我们需要打破所有关于运动不酷也不女性化的谎言，打破需要变得健美的形体标准。我们需要为女孩提供榜样——即使媒体不提供。让那些励志的女性体育明星回到学校，跟下一代进行交流。向女孩们展示她们自己心目中如同韦恩·鲁尼（Wayne Rooney）、莱昂内尔·梅西（Lionel Messi）、勒布朗·詹姆斯、阿拉斯泰尔·库克（Alastair Cook）、刘易斯·汉密尔顿（Lewis Hamilton）和阿米尔·汗（Amir Khan）般的形象。允许她们尝试任何自己喜欢的运动，而不仅仅是所谓的"女性"运动。

运动和锻炼的最基本形式不应该是高深复杂的，而应该是有趣的，好比一个人的身体从 A 地移动到 B 地，到了 C 地的时候可能已经气喘吁吁了，可还是会笑呵呵的。孩子从山上滚下来，他们并不会抱怨说："天哪，这可真受罪，我的屁股都摔肿了！"相反，他们乐在其中。因为他们的头脑中还没有被灌输反感运动的思想，他们并不认为运动是件苦差事或是"不喜欢"的事情。怎么会有人不想活动自己的身体呢？运动是生存的基本要求，这跟是男是女毫无关系。

这就是我们迫切需要一扫陈腐思想的原因。我们要向孩子们证明，向自己证明，让身体活动起来这件事，对于女性和男性具有同样重要的意义。我们要教导女孩子们，她们的身体就是她们自己，而不仅仅是用来拍社交照片的好皮囊，她们要知道自己的躯体是强壮有力的，能够帮助她们在现代社会成为成功女性。同时也需要向孩子们证明，让身体活跃起来并不可怕，那不过是生活中自然而然的一部分，就像擤擤鼻子或梳梳头一样稀松平常。我们现在就要行动起来，让下一代最终能够重新接受体育、悦纳自己。

第二章

当下流汗正时髦，但它不一定能让你收获完美身材

——为何我们在 21 世纪痴迷运动的方式大错特错

我在 12 岁那一年，第一次见到除了妈妈之外的女性裸体，我永远也不会忘记那个情景。她是个成年人，站在伦敦北部公园路游泳中心的淋浴间，用肥皂在阴毛上打出泡沫。我对她的长相完全没有印象了，只记得关于她身体的画面：肌肉结实而有力，有一对饱满且不时晃动的乳房，阴部毛发极为浓密。游泳池的更衣室总能让人增长见识，因为那是为数不多能让你看见女人裸体的地方之一。我的意思是真实状态下的女人裸体——她们都在做自己的事，换衣服，洗个澡。

当时，我和同龄的朋友看见女人们一点也不知害臊地展露自己的身体，我们既不齿又尴尬，忍不住要嘲笑她们。12岁的我通常会把她们解读成20世纪70年代女权主义的典型——借助沐浴露和阴毛来表达某种爆炸性的性别言论。遗憾的是，我不知道有多少女性（或男性）是在这样的观点中成长起来的。当然，对青春期的女孩来说，裸露身体的任何部位都是大逆不道——这使人在公共更衣室脱衣感到非常难为情。你脱掉衣服时必须保证没有任何人看到你的身体，这成了大家默认的规则。欢迎来到青少年不可思议的逻辑世界！

即使在今天，穿衣服时要尽可能少地被人看见这条规则也深深刻在我的潜意识里。以下是练习方法：1）手伸进T恤里来扣紧胸罩。2）在T恤的"掩护"下，把胸罩拽到胸前，用最小幅度的动作把胸部托起来。3）在这件T恤下迅速换上你想穿的新T恤。4）小心翼翼地抽出第一件T恤，同时整理好身上的新T恤。这一步包含两个有挑战性的头部动作，如果做错了，你就会被卡在两个领口之间，胳膊在外边耷拉着，肚子和胸罩也会暴露在外。5）在两侧腋下涂上一层止汗剂。6）坐下来，喘口气歇歇。你已经掌握了这个方法。

吃饭，流汗，玩耍

女人们为了不暴露自己的身体费尽心机。然而，女性的身体不断地展现在公共场合，这显然十分具有讽刺意味。即使在私人场合，我们仍然无法忍受暴露自己的身体。这件事无疑勾连了女性杂志上反复出现的一个话题：如何鼓起勇气，在开着灯的情况下当着伴侣的面脱衣服。很多结婚多年的女性仍然无法做到在伴侣面前展现自己的身体，这让我感到很痛心。更为不可思议的是，我们的日常生活中缺失了真实的身体形象，即使是在安全的空间——甚至是女性更衣室这样的地方——人们也会回避这种真实。换句话说，女人们的胸部和臀部看起来就像多年前我在公园路游泳中心看到的那些晃动的画面，而不像主流媒体上描绘的宛如充了气的视觉系性武器。这些美好的画面中也应包括女性下身那片迷人的森林——但如今的大多数英国女性应该会选择剃光，如有，则实属罕见。

女性的身体形象及其相关问题，是目前西方世界阻碍女性发展的最大障碍之一，也是妨碍妇女在最开始进行体育活动的重大因素之一。英格兰体育理事会近期的一份报告显示，在接受调查的女性中，有75%的人希望参加体育运动，但是担心自己的外表和能力受到评判，这种顾虑限制了她们的行动。调查报告还强调，1/5 的男性认为运动中的女性"不够女性化"。残酷的是，对身体形象的自我认知也一直阻碍我们去做一件本可以解放所有女性的事情。

每当我问男人们关于身体的问题，虽然许多人承认自己对赤身裸体也会感到不安全，但是跟女人相比，他们对待这个问题的态度似乎更轻松。他们提到，在足球训练结束后他们会去更衣室，在那里队友们可以一丝不挂地走来走去，有时还会用毛巾抽打对方来取乐。他们似乎知道彼此的小弟弟长什么样，也乐意一起站在小便池边撒尿。

这也许是因为男性的身体在几乎所有环境中都没有被迫跟"性"联系到一起，无论是汽车、麦片包装，还是新闻故事、明星形象，男性的形体都无关乎"性"。这跟女性的情况不同，而这种差异其实至关重要，我们已经被这些现象轰炸得习以为常了。我们每天会接触到400~600 个不同形式的广告，女性的性征频繁出现，且多荒诞离奇。试着用谷歌搜索"性别歧视广告"，你会发现这类广告的覆盖面之广——从露出乳沟卖卤制切片香菇，到美国商业广告中美食作家帕德马·拉克希米（Padma

Lakshmi）要在一个6美元的汉堡里找到一个性感区域，这些现象让我们很不开心。《魅力》杂志（*Glamour*）的一篇报道显示，97%的女性表示自己每一天对自己的身体都有一个甚至多个消极的想法，平均下来，女性一天之中每一个醒着的时刻都对身体有消极的想法。

运动对于所有这些充满性感符号的怪象而言显然格格不入。因为当一个人酣畅淋漓地运动时，就不可能去考虑怎么对着镜头噘嘴卖萌，也不会考虑其他与性感有关的奇怪内容。在运动的时刻，你是无比轻松愉快的。想想看，女性真正做成一件事时被记录下来的频率有多高？我们多久才看见一次女性以非性感的方式展现目的、力量和勇气？2014年，"不再有第3页"运动[①]追查了《太阳报》（*Sun*）体育版面6个月来刊登的照片，发现没有一张照片中女人是真的在做运动。而且，体育版面之外，女性通常被描绘成某种代表着"性"的静物，而男性则呈现出活跃的状态。对于性别的成见和预期已经在我们的脑海中根深蒂固，所以当看见女性参加体育运动的时候就会觉得她们看起来很奇怪。她们脸部模糊，眉毛扭

---

① 一次群体性运动，抗议《太阳报》40年来每天都在第3页刊登上半身裸露的女郎照的做法。

曲，嘴巴咧得变形，头发上都是汗，手臂的肌肉发达。观看这些照片时最不可思议的地方就在于，它们讲述了一个我们从未真正见识过的女性故事——我甚至想把这些震撼人心的照片贴到伦敦街头的每一个布告栏。照片中包括了我想让女儿追求的一切，以及我希望她能够具备的所有品质——理性、果敢、专注、强大、无坚不摧。画面中的女性实现梦想、赢得比赛、庆祝胜利、欢欣愉悦，她们不受社会上条条框框的束缚，纯真而自然。

而如果女性想要不受束缚地参与体育运动，就必须得到支持。我们要确保在她们离开赛场时，不会觉得自己是个不合规矩的怪人。不幸的是，我们整个社会已经习惯了过于关注女性形象，就连女运动员自己也接受了这样的现实。就拿年少成名的莫内·戴维斯来说，她是史上第一位在少年棒球联赛中使对手一分未获的女孩。2014年夏天，莫内在一夜之间成为家喻户晓的明星——第一夫人米歇尔·奥巴马都在社交媒体上谈到她，她还取代了科比·布莱恩特（Kobe Bryant）登上《体育画报》杂志（*Sports Illustrated*）的封面（抛开性别不谈，这也是少年棒球联赛的运动员第一次登上该杂志封面），斯派克·李（Spike Lee）还为她拍摄了一部感人肺腑的纪录片。一个来自费城低收人家庭的普通非裔女孩，凭借自己非凡的运动天赋，毫不费力地击败了那些男孩子，打破了人们对"像女孩一样抛掷"的老旧成见。莫内在影片中说："我能以70迈①的速度抛掷，而这就是所谓的'像女孩一样抛掷'。"听到这句话真让人不由得觉得振奋。同时，费城的一位议员还讲述了一件轶事——两个小男孩在互相扔球的时候争论谁可以假装自己是莫内。男孩渴望做到像女孩一样？这很值得关注！

电影制作人斯派克·李曾问起莫内对于《体育画报》封面照片的感受，他们的交流不禁使人思索该怎样教导女孩们正确认识自己。她举起那个具有历史意义的杂志——封面上莫内手里拿着球，做出抛掷的动作，说："你现在看到的我的脸是很酷的，但是杂志封面上并不是……"

斯派克打断了她的话，满是疑惑地问道："难道你不喜欢自己在杂志封面上的样子吗？"

"我觉得我看上去好像一只河豚，"莫内说，"但是在其他方面我还是很酷的，你可以看得出我在抛球的时候

---

① 1迈≈1.6千米/时。

是多么有力。"

这就是问题所在。莫内的第一句话就是抱怨自己因为鼓起腮帮子用力抛球而导致拍出来的脸不好看,她的第二句话才是关于她的体育天赋有多么高超。为什么要教导年轻女孩首先关注自己的外貌,其次再关注自己的才能呢?这个女孩创造了历史,但是她在乎的居然是自己的脸蛋看起来怎么样?这完全是大错特错。我想我们应该为此感到愤怒,我们需要改变这个世界,让像莫内这样的女孩能够因自己的成就感到愉悦,而不会因自己的长相感到烦恼。毕竟当科比·布莱恩特登上《体育画报》封面时,没有人会说"居然能在科比扣篮时看见他的腋毛",或者"科比刚刚可能是赢得了冠军吧,但是他的脸上有种奇怪的表情"。之所以没有这样的言论,是因为作为一个男运动员,科比最受人们关注的是他的运动天赋。实际上,英俊的外表也为他带来了巨大的商业价值,但这只是锦上添花。

糟糕的是,到了女运动员这儿,情况就大相径庭了。在体育界,一些女运动员能够获得较高的收入,凭借的往往是商业价值,而非运动天赋。网球界多年来的后进生安娜·库尔尼科娃(Anna Kournikova)就是大家最耳熟能详的例子。然而库尔尼科娃现象并非个例。2014年，伟大的现役女子网球运动员塞雷娜·威廉姆斯（当时拥有18个大满贯头衔）的代言费收入仅是玛丽亚·莎拉波娃（Maria Sharapova，拥有5个大满贯头衔）的一半——1 200万美元。莎拉波娃的代言费收入高达2 300万美元。实际上，莎拉波娃的代言费极高，仅这一项就足以让威廉姆斯当年2 000万美元的总收入相形见绌。俗话说，有钱能使鬼推磨。金钱告诉我们，当女性遵从社会上狭隘的审美理想时，她们就会收获财富和权势，而才能的重要性就排在美貌之后了。

2015年夏天，塞雷娜在接受《纽约时报杂志》(*The New York Times Magazine*)采访时终于做出了回应："如果他们想要推崇一位金发碧眼的白人，那是他们的选择。我也有很多愿意跟我一起合作的伙伴。对于我现在在收入排行榜所处的位置，我不能说因为自己赢得了更多的大满贯头衔就应该处在更高的位置。我为她（莎拉波娃）感到高兴，因为她也非常努力。每个人都有足够多的机会，所以我们应该心怀感恩，也应该保持乐观的态度，说不定下一次黑人运动员就会荣登收入榜首了。当然下一次也不意味着就是我，或许会是另一个了不起的人,而我只是为她打开了一扇门。齐娜·加里森(Zina Garrison)、奥尔西娅·吉布森(Althea Gibson)、阿瑟·阿什(Arthur Ashe)和我姐姐维纳斯(Venus)等人也曾为我打开一扇又一扇的门,我现在做的不过是为后人打开下一扇门。"塞雷娜常常被人们形容为不好相处、傲慢、粗鲁、咄咄逼人,可是她这番话着实让人大开眼界,她所说的话已经不仅仅是理解的范畴了,更体现了她的大度和包容。

但是塞雷娜这句"下一次也不意味着就是我"一直困扰着我。之后在读到美国杰出的体育记者戴夫·齐林(Dave Zirin)的一篇报道时,我感到格外高兴。这篇报道题为"塞雷娜·威廉姆斯是当代的穆罕默德·阿里"。齐林在报道中并没有像寻常文章那样把落脚点放在种族主义和性别主义上,他只是庆贺塞雷娜真正成了一名伟大的运动员,文章中写道:

> 数年来,人们一直在询问谁会成为"下一个阿里"。如果我们抬头看看,就会发现此人近在眼前……

起初，人们觉得齐林这种论断就是亵渎拳王阿里。阿里就是阿里，无可比拟。齐林承认他的言论确实引起了很多争议，但是他尖锐地反驳了那些质疑他的论点。他是对的。在过去的10年里，塞雷娜不仅在赛场上击败了所有强有力的竞争对手，在政治问题上也很活跃，为贫困问题、种族主义、性别歧视、同工同酬、女性月经以及警方滥用职权等问题积极发声。而且，她做这些事情时并没有依靠国家的支援。

阿里取得成就的过程也没有像塞雷娜这般需要面对如此充满敌意的环境。作为一名黑人女性，塞雷娜面临着种族主义和性别歧视的双重压迫。她为自己的躯体感到自豪——她的体形、曲线、肌肉，可这些却是人们眼中嘲笑的对象。反观阿里，他在遭受最严重的诋毁时，最激进的批评者也承认他的身体简直就是一件为运动雕塑的作品。作为一个男人——一个黑人——他被人们具象化了，人们看待阿里时，怀着既钦佩、渴望又嫉妒的复杂心情。自种植园时代开始，人们就习惯于用这种方式看待黑人男性运动员。正是他的思想和言论违逆了人们的想法，才让他受到了威胁。在阿里最终被剥夺头衔①之前的很多年里，人们希望他就只是"闭嘴！打拳！"。但是，正像那句话暗示的，人们终究还是希望阿里打拳。然而，塞雷娜面对的境况就截然不同了，她所要面对的网球界用一种看似礼貌，但实则非常粗鲁的方式向她挑明——如果她退出网球界的话，那简直是天大的好事。

对于塞雷娜·威廉姆斯的出现，整个社会的反应极其过分、令人愤慨。《大西洋月刊》(*The Atlantic*)编辑、乔治·W. 布什（George W. Bush）的前顾问戴维·弗鲁姆（David Frum）最近诋毁她使用类固醇，还把她称为"大猩猩"，其他各种带有种族歧视意味的诋毁不胜枚举。看到塞雷娜在赛场的风采、在照片中的身姿和广告中的形象，我完全不能理解那些诋毁的言论。我眼中的塞雷娜完全就是女神般的存在。在魔声耳机的广告中，塞雷娜放松手臂和后背的肌肉时，浑身散发着力量的美感，灵活而健壮——她真的很漂亮。我不明白人们怎么能睁眼

---

① 指1967年，阿里因拒绝服兵役而被剥夺冠军头衔，并被判处有期徒刑5年。

说瞎话，认为她像个男人。我只能认为说出这些话的人原本就带着偏见。在塞雷娜的处境中，她面临着比以往其他任何一位女子网球运动员更为严峻的问题：种族问题。出于身体和肤色的原因，她总被认为是怪胎。人们把"怪胎"这个词用在尤塞恩·博尔特身上时是出于对他的喜爱，表达的是崇敬，而用在一名女运动员身上时，却带有一种令人不安的意味。

问问女运动员的感受吧。英国电信体育台（BT Sport）① 近期对英国优秀的女运动员进行了一项调查，67%的受访者担心公众和媒体过分关注她们的外表，而不是她们的体育成就。她们不能理解，自己的外貌怎么会比赢得奖牌更加重要。社会应该为此郑重道歉。英国游泳运动员丽贝卡·阿德灵顿（Rebecca Adlington）参加了一档名为《我是名人》（*I'm A Celebrity*）的真人秀，节目中的照片暴露了她真实的体形，她为此局促不安，引发了人们对女运动员形象的关注。这次调查中，89%的受访者认为她们当前的境遇很可能跟这件事有关。76%的人表示同样的担心已经影响到了她们的饮食和训练。现在，

---

① 英国电信公司旗下的体育频道，是体育直播领域的拓荒者。

这些女运动员每天都要做大量的仰卧起坐。在12月潮湿的冷风中，谁能完成坡道跑训练呢？谁能进行卧推锻炼呢？如果运动员都对身体外形备感压力，那么我们这些普通人还有希望吗？

在众多了不起的运动员中，奥运会两金得主丽贝卡·阿德灵顿对自己的身体形象问题格外焦虑。阿德灵顿在2008年北京奥运会上一举成名，几个月之后我采访了她，写入了《观察者体育月刊》(*Observer Sport Monthly*)的专题报道，其中配有一张她穿着复古泳衣的照片。她看上去很漂亮，拍照时却害怕在镜头前展示自己的身体。"感觉有点不可思议，"她当时说，"你说，这些摄影师拍了那么多苗条的人，他们在拍那些不苗条的人时，是不是很难找准合适的角度？他们一遍一遍地试着找角度，最后发现镜头中的人本身就不够苗条，无论用什么角度拍摄，效果都不理想。"

许多人认为阿德灵顿对自己的形体过分焦虑了，但是她的经历很有启发性。虽然现在有大量的女性杂志和生活栏目越来越倾向于鼓励女性参与体育运动，但是其中大部分目的还是让女性通过体育锻炼来美化形体。我认为这些"真诚"的言论（或书籍）就是为了迎合今日在健身房中挥汗如雨的女性名流。我倒不是说这种论调一无是处，它还是带来了一些令人欣慰的进展。麦当娜素面朝天在海德公园跑步就能带来轰动性新闻的日子已经过去了。如今，21世纪的女性对待自己身体的态度更加开放，狗仔队拍摄的女明星照片中，最让我们赞扬的是她们运动时大汗淋漓的画面。她们锻炼得越卖力气，我们就越钦佩她们。假期前的比基尼训练也好，产后的瑜伽课程也好，只要她们参与锻炼就值得敬佩。因为锻炼＝完美，不是吗？

这个等式实际上只是把女性身体必须得到社会认可这种老旧的思想换了个说法，抛开这个事实，这种说法背后的意思其实就是鼓吹运动和锻炼重塑了女性的身体。这根本就是胡说八道！纤细的腰身和手臂，丰满的臀部和乳房，迷人的大长腿……只要我们多做运动就能塑造这样的好身材，这种说法简直就是天方夜谭。诸如此类的说法还有，只要我们锻炼更加努力，做更多的肱三头肌拉伸运动，就会减掉胳膊上的赘肉；如果我们能够像维多利亚·贝克汉姆那样，每天晚上跟老公一起做500个仰卧起坐，我们也会拥有完美的腰身。对于有些女人来说，这样的强化训练或许奏效，但是对于我们大多数人来说，这其实就是胡扯。想想看就明白了：就我本人来说，我的胳膊很粗壮，相对于整个身体来说比例永远显得不协调。我可以节食到身体打晃的程度，但胳膊或许还是显得相对粗壮。要想达到主流论调鼓吹的那种理想身材，除了做抽脂手术外别无他法。

所以，谢谢你，丽贝卡，谢谢你的诚实，谢谢你如邻家女孩一般的朴实品格。因为当丽贝卡在谈论自己的身体时，也一口气道出了《魅力》杂志的读者们对于自己身体的焦灼，这些话让读者心烦意乱，却也真实反映出了我们对身体认知的局限。即使我用奥运会金牌得主的标准训练普通人，她们也不会像家乐氏早餐麦片广告中的女士那般迷人。所有人的身体都是不同的，它们各自有独特的方式来回应为之付出的锻炼和努力。丽贝卡给出了一个非常形象的解释："我有像男人一样宽厚的肩膀，说实话……我看上去是有点奇怪，就好像是家乐氏的卡通人物形象，有着大大的头和宽宽的肩膀，其他地方都很小，整体看上去就像是字母V。我没有合体的裙子和衣服，腋下部分也有很多肉，因为我的胸肌实在太发达了（她边说边抓起自己的胸肌），而且我的后背还有很多赘肉。我们一整个队出去晒日光浴的时候，我是体格最健硕的一个。我没有平坦的腹部和其他任何跟标准好身材相关的特征，我的肚子肉乎乎的，开始只是一点点赘肉，后来就开始下垂，现在腰已经被勒出'游泳圈'了。"说着，她又抓起了肚子上的一圈肉："除了我，其他女孩看上去都很苗条，我简直一无是处。要像她们一样真是太难了。"

丽贝卡的诚实是种解脱，但也是种悲哀。她之所以对自己的形体如此焦虑，很大程度上就是因为媒体评论老是抓着她的外貌评头品足。备受争议的苏格兰喜剧演员弗兰基·博伊尔（Frankie Boyle）很喜欢谈论丽贝卡的脸有多怪异，还说她在床上一定很放荡，因为她找了一个大帅哥男友（现在已经是丽贝卡的丈夫了）。丽贝卡遭受的正是长期以来人们对那些不符合主流审美观的女运动员的态度：威廉姆斯姐妹的事业一直被"亚马逊女战士"的称谓困扰着；之前世界排名第一的运动员林赛·达文波特（Lindsay Davenport）曾被叫作"男人婆"；前温网冠军玛丽昂·巴尔托利（Marion Bartoli）还被人们讥讽"永远也不会成为美人"。这样看来，贝丝·特维德尔（Beth Tweddle）的遭遇就不足为奇了，特维德尔是英国最优秀的体操运动员，她的名字甚至被用来命名一个高低杠动作。但她近期在英国天空体育直播频道（Sky Sports）的线上问答中极其难堪。"蠢猪""荡妇""婊子"，这些还只是针对她的一部分评论而已。遗憾的是，女人和体育还只是在抽象层面得到接受。落实到生活中，比如《体育画报》的泳装专刊，里面刊登的都是并不运动的内衣模特。又或如拳击手泰森·富里（Tyson Fury）评价七项全能冠军杰茜卡·恩尼斯-希尔不在赛道上的话"会表现更出色"。如果我们一直把吸引男性的目光作为塑造女运动员的标准，那么我们会让女孩们离运动越来越远，而且也将背离运动的实质——运动对于女性而言意味着解放和赋权。因为如果有越来越多的女孩参加体育运动，使运动女性的形象正常化，那么就越容易摆脱那些闲言碎语。

英国运动员协会的一位资深人士认为，杰茜卡·恩尼斯-希尔作为2012年伦敦奥运会的门面，形象过于丰满，这番话在英国掀起了对身体形象和运动的热议。几乎所有杂志的封面和封底以及各大新闻的头版头条都刊登了杰茜卡的照片，她那紧致的腹肌堪称完美。虽然普通大众绞尽脑汁也想不明白，这样一位拥有完美身材的运动员为何就被贴上了超重的标签，然而不单单是杰西卡，其他女运动员声称自己也承受着减肥的压力。原本前途一片光明的铁人三项手霍利·艾维（Hollie Avil）在2012年伦敦奥运会后的几个月内不得不选择退役，原因就是进食障碍，而这一问题在运动员中相当普遍，女子七项全能运动员路易丝·黑兹尔（Louise Hazel）透露，她有过跟杰茜卡类似的境遇，也曾受到运动管理机构的批评。

作为一名体育记者，我曾试图说服其他人对这个问题发表意见。我采访过的几位英国女运动员私下里承认她们也遭遇过类似的问题，但是由于害怕遭到报复，她们不愿意公开。那些捍卫田径运动的人坚称运动员的体重并不仅仅是形象问题，更是赢得比赛所需要考虑的实际问题。我采访过的女运动员反驳说，女运动员比男运动员更常受到批评。女性的体形本就各不相同，可气的是男教练对此知之甚少，甚至根本就是一无所知。他们告诉女运动员，要想成为短跑运动员或中长跑运动员，就必须通过特定的训练方式来达到一定的体重，而且不允许有任何的波动变化。一位运动员向我讲述了她的减重经历，为了达到一位资深教练设定的不切实际的体重目标，心理上屡次几近崩溃，身体上也饱受伤病折磨。

在运动领域，卓越的运动员通常有着不同寻常的体形，教练却仍对身体形态抱有极其保守的态度，这实在令人难以置信。竞技体育已经向人们证明，最不被看好的选手也能够创造最惊人的成绩。尤塞恩·博尔特打破了三项世界纪录，运动科学家们才相信身形高大的运动员也能在百米项目中拔得头筹。娇小的杰茜卡·恩尼斯-希尔的身高只有5英尺4英寸[①]，她的弹跳能力放在英国的跳高历史纪录中简直不符合逻辑——她的跳高纪录比自己的身高还要高1英尺。既然如此，我们为什么还要固执地坚持对女运动员的成见呢？

更严重的是，这样的偏见造成了一个危险的文化先例。我们正在教导孩子们，肥胖与健康水火不容，肥胖是可耻的，是引人非议的，它阻碍我们成为理想中的自己。诚然，过度肥胖严重威胁健康，确实是个问题。但是过度肥胖不同于一般意义上的肥胖。小说家兼游戏设计师内奥米·奥尔德曼（Naomi Alderman）为这些无稽之谈提供了一剂令人振奋的解药。在设计了一款健身应用后，内奥米就此发表了一篇博客。之后在发布会上，

[①] 1英尺 ≈ 30.5厘米；1英寸 = 2.54厘米。

她下定决心反驳社交媒体上的谩骂。她的博客中说道："坦白说，一个胖子谈论健身就像一个修女给出性爱建议，不是吗？"她描述了自己发现运动乐趣的过程，在这一过程中她感到自己的经历和世界上其他数百万女性非常相似，而且她还有一个非常清醒的认识：锻炼从来没有让她减重。"但是运动带来的结果却比减重更让人欣喜，我开始悦纳自己的身体。我感觉比以前好了，可以说非常棒。对于一个肥胖且拖沓的身躯，从几乎不动到慢慢动起来，这种感觉非比寻常。那种感觉就像是爱，既简单又快乐。"她说。

后面的内容是她对自己身体的告白，感人至深。内奥米用最本真的态度给自己的形体写了一封情书，不带任何评判："我终于明白，以往我被灌输的观念里，肥胖的身体一定意味着每天都坐在沙发里边吃油炸食品和比萨边看电视——这并非事实。所谓像我这样的胖子都讨厌运动的说法并不是真的。在你真正了解自己之前，总是太容易让媒体或是他人的言论定义自己。我有太长时间都被外界的言论误导了。

"我真的热爱自己的身体。这一过程花了我很多年的时间，但是所幸终于达到了现在这样的状态。我热爱自己的身体就像爱一个老朋友，这个朋友总是在身边支持你，倾尽所有地去帮你达成所愿，却不计回报。我的身体感觉也像一条小狗，兴奋地摇着尾巴，陪着我去冒险。在漫长的一天结束时，去散散步，在健身房锻炼，舒舒服服洗个澡，享受浪漫的性爱，随着音乐跳跳舞，拎一些重物或是蜷缩在床上，每一件事都让人激动。正是通过锻炼，我学会了让自己那胖胖的身体去享受这些愉悦的事。"

如果说肥胖挑战了我们对于身体的认知，那南非800米中长跑运动员卡斯特·塞门亚（Caster Semenya）的案例则更能体现多样性存在的可能。卡斯特的经历能够深化我们对性别的理解，最终让我们明白成为一名女运动员意味着什么。2009年，在卡斯特赢得世界冠军之后，媒体爆出了她其实是双性人的惊人消息。在柏林一场精彩绝伦的比赛中，卡斯特赢得了金牌，然而其他运动员却诽谤她是男人，全球的媒体也顺势煽风点火，热衷于报道她低沉的嗓音和宽阔的肩膀。这名少女在长达11个月的时间里接受了一系列侵入性的医学检查，以确认她的性器官。

第二年她重回田径赛场，在芬兰一个偏远的地方参加一场低调的比赛，我被派去采访她。在那个炎热的7月，小虫子在赛场周围的湖边到处飞来飞去，全世界的媒体纷纷来到这个小镇，景象让人十分不安。场边只有小型的无人帐篷供运动员换衣服，卡斯特在帐篷里更换运动装备时，一些记者试图通过缝隙偷窥她。这些记者没有受到任何限制，每个人都觉得自己有资格也有能力去查明卡斯特的性别。她究竟是不是男人？

卡斯特的经历告诉我们，性别只是一种激素谱系，而非一个确定的模式。科学家们就这个问题不断争论，很多人认为男性和女性之间并没有明确的界限，而是有一个广阔的灰色区域，其中存在着各种各样的形体。美国一项1955—1998年的分娩医学数据研究估计，大约每一百个人中就有一个人的身体因变异而与标准的男性或女性形体不同。其中包括那些从外部看起来有所谓的正常生殖器的人，但他们体内仍可能有"异常"的性染色体。

当然，体育在致力于维护最传统意义上的公平的竞争环境的过程中，更倾向于对性别加以区分，并做出相应的规范。小道消息透露，卡斯特的遭遇并非个例。无论过去还是现在，总有运动员经历过类似的遭遇。最近，印度短跑运动员杜蒂·钱德（Dutee Chand）被禁止参加2014年英联邦运动会，她被迫接受裸体检查，还接到了最后通牒：要么接受手术，要么服用抑制激素的药物。杜蒂在接受《纽约时报》采访时说道："（在网上）读到人们对于我的议论后，我连续哭了3天。人们质疑我到底是男是女，我当时就想，人们怎么能有这种疑问呢？我一直都是个如假包换的女孩啊……后来我才明白，有些不太对的东西一直存在于我的身体里，而且可能会让我告别运动生涯。"杜蒂坚定自己的立场。然而对其他人来说情况就没那么幸运了。发表在《临床内分泌与代谢》杂志（*The Journal of Clinical Endocrinology & Metabolism*）上的一项研究显示，2012年伦敦奥运会上，四名女运动员被带到法国接受睾丸摘除手术之后，才被允许继续参加比赛。尽管就体育比赛而言并无必要，但是她们还是被施以阴蒂整形、女性化整形手术和雌激素替代疗法。

2011年，我采访了卡斯特，当时我自己非常苦恼。作为一名记者，我应该询问她的性别。但是作为一个人，我感到有必要尊重她的隐私。几周以后，我收到了一封读者发来的邮件。邮件中说："我是一个小女孩的母亲，我女儿患有性别发育失调（Difference / Disorder of Sex Development，简称 DSD），也就是大众媒体所说的'双性人'。尽管我并不了解卡斯特·塞门亚的诊断，但是在她创造世界纪录之后，那些耸人听闻的报道让很多有性别发育失调孩子的家庭默然震惊。"这封邮件改变了我原来的想法。我一度因自己当时没有抓住机会追问卡斯特关于生殖器的问题而感到懊恼，但是读过那封邮件之后，我很庆幸自己没那么做。

杜蒂勇敢地将自己的情况提交了体育仲裁法庭。2015年，体育仲裁法庭暂时叫停了有关"高雄激素血症"的规定，正是这些规定限制了杜蒂和卡斯特这样的运动员参赛。体育仲裁法庭给体育管理机构两年时间来提供新的证据，否则就彻底废除上述规定。

关于这些性别问题，体育界是一个显而易见的前线战场，需要负责地应对关于女性的各项问题。对于妇女和女孩来说，她们争取的是界定自己性别的权利、界定自己女性特质的权利，以及——从根本上说——公平竞争的权利。虽然体育能够解放女性，但是太多时候它都在压迫女性。从古希腊时期对观看运动会的女性判处死刑，到 1984 年之前全面禁止女性参加奥林匹克马拉松比赛，再到 2014 年才取消的禁止女性参加奥运会跳台滑雪项目——虽然这项禁令出于担心损伤女性生殖器官而实施，但其实这种担心毫无根据。然而，即使在今天，对于伊朗的女性来说，仅仅是观看一场排球比赛，就足以构成罪名而被送进监狱。

虽然面临重重障碍，但是从古至今女性都在同不合理的体系做斗争。正如为了纪念那些争取选举权的妇女参政论者，我们告诉今天的妇女要参与投票一样，我们同样有责任让所有女性从这些女性运动先锋的身上获得激励，继续她们的斗争。我最喜欢的故事之一是来自一名叫罗伯塔·吉布（Roberta Gibb）的长跑运动员，这是一位叛逆者的故事。1966 年，她成为第一位参加波士顿马拉松比赛的女性，但当时女性是被禁止参赛的。吉布是一个自信的业余跑步爱好者，她在一天之内可以轻松跑完 40 英里[①]，比赛前她藏在起跑线旁边的灌木丛里，枪声一响，她就跳了出来，加入了当时只有男性才能参加的比赛。起初，她用连帽衫遮住脸，但是后来受到周围男运动员的鼓舞，她慢慢脱掉了衣服，公然以女性的身

---

① 1 英里 ≈ 1.6 千米。

份跑了起来。很快这个消息像野火一样传遍了整个赛道：一个女人正在参加马拉松比赛！媒体抓住这个爆炸性的新闻，道路两边的观众也在人群中搜寻她的面孔，欢呼助威。

在吉布的自传性文章《一个人的奔跑》("A Run of One's Own")中有一个感人的段落，描述了当时人们的反应。当吉布跑过波士顿著名的女子文理学院——韦尔斯利学院时，她刚刚跑过全程的一半。"她们尖叫着，哭泣着。有一名妇女带着几个孩子，高声呼喊：'圣母玛利亚！'她当时泪流满面。我觉得自己好像是在解放她们。我的泪水也开始在眼睛里打转。"吉布立刻感受到了自己肩负的重任。"我知道如果没有跑完全程，我就会强化人们对于女性的偏见，让女性的跑步事业倒退20年。"尽管跑得比较谨慎，吉布还是以3小时21分的时间跑完了全程——这个成绩超过了2/3的男性选手。她的成就迅速传遍全球。她后来写道："这次参赛是社会意识进化的一个关键点。它改变了男人对女人的看法，也改变了女人对女人的看法，它用全新的现实取代了错误的成见。"

1972年，官方正式允许女性参加波士顿马拉松比赛，而从吉布一鸣惊人的举动到后来大量的女性冒名参加比赛，这经过了整整 6 年时间。其间，针对女性身体的伪科学大行其道，该言论声称耐力跑可能致使女性不孕，这种论断导致直到 1984 年奥运会女性才被允许参加马拉松比赛。在推动准许女性参加奥运会马拉松的进程中，有一位关键人物——美国马拉松选手凯瑟琳·斯威策（Kathrine Switzer）。她也曾在未获批准的情况下参加过马拉松比赛，为了不让组织者发现自己的女性身份，她以姓氏登记入场。1977 年，当时斯威策担任美国女子体育基金会主任，雅芳化妆品公司向她提议要赞助女子马拉松比赛。很难表述这是一件多么伟大的事。大家能想象吗，当时女人流汗就几乎等同于燃烧胸罩[①]，在那样的情况下一家化妆品公司居然要赞助女子耐力跑。尽管有禁忌，但是雅芳的赞助合作项目仍在继续，第一届雅芳国际马拉松比赛于次年在佐治亚州的亚特兰大举行，参赛选手来自 9 个国家。

1980 年 8 月 1 日，《卫报》（The Guardian）对凯瑟琳的报道把她刻画成了一位走在时代前列的杰出女性。她在雅芳系列活动中提出的口号是"女性之美在于运

---

① 也指妇女解放运动中激进分子的游行示威（或抗议行动）。

动",这一口号抓住了一个现今才被主流价值观认同的理念——女性参与体育运动是天经地义的,我们应该满心欢喜地庆祝。运动与美丽并不矛盾。凯瑟琳更进一步热情赞扬了汗水的芬芳。"流汗是身体中最奇妙的事情之一,"当时凯瑟琳说,"新鲜的汗味一点都不难闻,而且我尤其喜欢用过香水之后再流汗所散发出的那种味道。"你能想象有人在今天说出这番话吗?恐怕一定会被社会排斥。

早在数年之前,凯瑟琳就彻底打破了所有关于女性及其身体的刻板印象。她在接受《卫报》采访时曾表示:"一个女人(通过运动和锻炼)能够更好地平衡自身形象,也更容易把男性视为朋友,反之男性也更容易与其成为朋友,因为彼此之间建立了共同的理解。那些跑步、玩耍、追求共同目标的男人和女人会很欣赏对方。"她还相信运动和锻炼有助于促进创造性思维和智力开发,将优化思维能力归因于马拉松的各个阶段,认为最后几千米可以让人"自由地浮想联翩"。那种感觉产生于所谓的极限时——你在奔跑的过程中神志不清,听见汽车在鸣笛,但是仿佛头戴着宇航员头盔而听不真切。你觉得自己可以永远奔跑下去,远离世界的关注,成为宇宙的一部分。在斯威策的帮助下，我们形成了这样的认知：体育锻炼能够帮助你思考，让你跟男人站在同一水平的竞技场上，它给你的身体以自信，甚至能让你觉得自己很棒。如此看来，运动又何以令人不爱呢？

在斯威策独特的引导下，女子马拉松赛事发展壮大，在德国和英国分别举行了比赛。斯威策又在幕后游说奥林匹克委员会将女子马拉松纳入奥运会比赛项目。1981年，国际奥林匹克委员会执行委员会就此议题召开会议并进行投票表决，她还专程飞往了洛杉矶。同年9月，该执行委员会确立女子马拉松为奥运会参赛项目，并在1984年洛杉矶奥运会上举办了首次女子马拉松比赛。第一位女性冠军得主是美国运动员琼·贝努瓦（Joan Benoit），她以2小时24分52秒的成绩夺冠——这一成绩可以在此前19届奥运会男子马拉松决赛中击败13名冠军。

如今30年的时间过去了，跑步在很大程度上仍是一种女权主义行为，虽然我们可能不这么想。但为什么耐克要把女子10千米夜跑系列产品命名为"我们拥有黑夜"？其实这正是为了致敬20世纪70年代在英国和美国发起的"开拓黑夜"女权主义游行，这一游行支持女性去争取无论在白天还是在夜晚都免受暴力和骚扰的权利。而如今已步入21世纪，同样的安全担忧仍在影响着女性跑步者，她们往往会成为公园或露天场所中受攻击的对象。跑步、运动、锻炼——其最真实的形式——其实与其他女权主义行为并无二致，都是女性收回对自己身体的控制权的表现。

打开电视，我们看到的体育节目可能仍然比较老式，啦啦队成员都是女性，而男性组成的专家组讨论的也主要是关于男性的运动，但是在这些主流的现象之外，一场革命正悄然发生。女性正在悄悄寻找自己参加体育运动的切入点，真正有趣的是，她们在探索的过程中并没有受到陈旧观念的束缚。随着女性参与的活动领域越来越多样化，视运动女性为独特群体的观念正在被慢慢削弱。耐力比赛"最强泥人"（Tough Mudder）①的形式包括在带刺的铁丝网下面爬行，穿过冰冷的水和泥浆，谁能料到这样的比赛居然会吸引女性的注意呢？这项比赛最初是面向男性观众的，但是女性身着训练服踊跃投票，

---

① 一项高难度国际障碍挑战赛，极度深寒、勇获新生、尼斯湖水怪等十几个障碍被设置在16~20千米的赛程中，参赛者的体力、耐力、意志力都会受到全方位的挑战。

扭转了趋势，使男女比例发生了根本性的变化。

然而，另一方面，仅限女性参加的体育赛事正呈现爆发式增长态势。几千年来，体育赛事一直由男性主导。现在，女性开始为自己定义运动。这听起来可能有些浮于表面，但是实实在在发生的，比如英国的赛克塔自行车联赛（针对新手骑手的赛事），其以按摩和美容疗法结束，这对参赛选手来说是革命性的。耐克举办的跑步赛事会给每一位冲过终点的参赛者提供一件限量版的亚历克斯·门罗（Alex Monroe）[①]的首饰。女性参与体育运动正在撼动传统，她们寻找新的途径来探索和证明古老的智识，即体育文化永远不应该被轻待。以下这些数字证明这些方法的普及是行之有效的：2013年，来自31个不同国家的8.5万名妇女参加了"我们拥有黑夜"为主题的夜跑比赛。同时，"活跃人口调查"（Active People Survey）数据显示，2014年约100万名英国女性每周至少参加一次跑步——这个人数相当于女性人口总数的3.8%（男性比例为5.66%）。

现今融合了美容与时尚的大众活动是推动运动和锻

[①] 英国原创设计首饰品牌。

炼的有效途径，对于一些女性来说也是消解恐惧的因素。我并不是说，运动只有被包装得美丽又时尚时，才会受到女性的欢迎，但我确实认为美丽、时尚这些因素有助于让女性去喜爱运动，无论女性是否认为这些因素是必要的。就我自己来说，其实我不确定自己在骑行50千米之后是否还有心思做面部护理，但是如果另外一个女人早上从床上爬起来，骑上自行车去锻炼，那我一定会极力敬佩并称赞她。

当然，愤世嫉俗的人可能会说，赛事的组织者并不是真正关心女性，而比赛也只不过是剥削女性身体的另一种方式。也许他们说得不无道理，但是就我而言，相比看见把女性的身体严重色情化来销售从啤酒到男性运动等种种商品，看见一家公司通过向女性传达积极向上的信息来赚钱，更让我感到高兴。我也很乐意看到女性运动服饰终于被认为是值得投资的东西。几年前，我曾经就女性客户群体的问题咨询过一个主流的运动装品牌。当时他们只销售两种女式运动文胸，还都只有一片罩杯，而且你必须得把文胸举过头顶且费力套进去才能穿上，让人感觉非常有伤尊严。那时在谈及体育消费主义时，女性绝对会被视为"二等公民"。时代快速向前发展了10

年，看到事情终于发生了变化，这实在令人赞叹。很高兴看到现在有各种颜色和风格的运动内衣以供女性选购。曾经的女性（包括我自己）跑步时要穿两件运动内衣来支撑胸部，现在的情况已经跟那个时候的有了天壤之别。

今天的女性都可以买到一款真正合身又实用的运动文胸了，还有各种颜色可供挑选，这样的变化就是一种进步。不管你喜欢与否，消费主义都充分显示了性别、种族和所有这些受保护的特征在社会上的地位分量。就像在今天也会（稍稍）容易找到适合棕色皮肤的化妆品，这表明有色人种女性的平等化程度又提高了。同样，彪马斥资天文数字请来流行偶像蕾哈娜设计运动服饰，这本身就意义非凡。女性在运动领域是值得投资的。

总而言之，运动和锻炼的前景让女性感到其对她们更具吸引力。《时尚》杂志的一名编辑最近说，以前她的读者都畏惧"运动"这个词，但是整个行业的女性杂志都选择挑战这种恐惧，而且欣然接受了这一主题。《魅力》杂志支持了英格兰体育理事会发起的"这个女孩能行"的宣传活动，还为第一次参加体育运动的拥有普通身材的女性举行庆祝活动。此外，这家杂志还在2015年举办了自己的活动——"对体育运动中的性别歧视说

'不'"。与此同时，从"打网球最重要的五个因素"（包括让你所有的朋友都把头发编成辫子）到"为大胸女性挑选适合的运动文胸"，所有这些日常的专题报道在最受女性欢迎的刊物上变得越来越普遍。

关于为什么参加锻炼和竞技的女性人数越来越多，无数的原因可以解释，包括健康、健身或是减肥。但是聪明的人会抓住更有价值的东西，那就是运动和锻炼本身就很有趣。这种乐趣并不在于你担心减肥或是拼命锻炼大腿，而关乎和最好的朋友在冰冷的泥浆中奔跑，对眼前滑稽的一切仰头大笑，或是你在跳尊巴时因为自己摇头摆尾却毫不在意的样子爆笑。不过从来没有人告诉过你这些事是有趣的，对吗？因为从来没有人好好教过女人"有趣"这个词的含义。我和 4 岁的女儿看电视时，广告告诉她一个粉色的发卡或一双闪亮的鞋子很有趣！但这些都是谎言。孩子对发卡的喜爱终会退去，根本比不上在公园里咯咯笑着跑来跑去开心：挥舞着手臂，滚下山坡，把树叶踢飞，把棍子扔进池塘，对于一个 4 岁的孩子来说才是乐趣无穷。同样，女性总是被告知运动和锻炼都是很辛苦的差事，目的就是获得完美的形体，所以要拼命练出完美的腹肌并甩掉那些婴儿肥。没有人告诉我们会在运动中获得乐趣。毕竟，锻炼应该是我们的苦修，因为女性的身体看上去不是那么紧实、有力，真是这样吗？但是这种对完美身材的痴迷究竟是出于什么呢？毫无疑问，体育运动的美妙之处在于它展示了人体惊人的多样性。从身材矮小、打破种族壁垒成为2012年奥运会全能冠军的美国体操运动员加比·道格拉斯（Gabby Douglas），到斩获奥运会冠军的英国赛艇运动员海伦·格洛弗（Helen Glover），再到新西兰的多项世界冠军和奥运冠军得主瓦莱丽·亚当斯（Valerie Adams），她们无不展现出人类形体的多样性，体育运动并不为任何形体所限。

我给朋友凯特·麦克纳（Kate McKenna）打了一通电话。凯特今年25岁了，最近她在利物浦一家健身房参加了成人体操训练，前文的体操运动员贝丝·特维德尔也曾在那家健身房接受训练。该体操项目是一项由英国体操协会在英国全国范围内推广的计划，旨在鼓励成年人重新参与一项他们在童年过后就不再接触的体育运动。凯特每周都会在优兔（YouTube）上更新自己表演的视频，尽管都是她的日常训练，但却让人瞠目结舌。聊天的时候，凯特坦言，她花了整整一年的时间才鼓起勇气去参加男女混合成人体操训练。她说:"我知道自己只要一到那就会没事的,但我还是担心自己看起来很傻,怕人们会嘲笑我。我在这个年龄再去健身是很难的。因为你在二十几岁的时候已经有了自知之明,找工作的压力,跟搬回父母家的无奈,这一切已经让我的自信心跌到了谷底。那真是一段难挨的日子。"

"在我二十几岁的时候,身体开始发生变化,"她描述了与她年龄相仿的很多女性都熟悉的经历,"我的很多朋友也发生了类似的变化。我以前从来不会担心体重问题,但是当我大学毕业之后,一切就都变了。当时我看着镜子里的自己,心想:'这根本就不是我。'"于是凯特开始节食(据她所说,节食的日子是她生命中最糟糕的一周……但是并没有解决任何问题),她还观察自己的身体如何努力适应二十几岁的新陈代谢和生活方式。

看凯特在优兔上的视频让我心跳加速。视频中的年轻女子身材曲线优美,露出自信的微笑,能够轻松自如地翻跟斗并停在终点坑,或者做出后空翻的动作(对于这些在健身房聊天才会出现的名词,我不得不求助于谷歌了)。我从没见过这样的体操,我们都习惯于把体操看作青少年运动,就好比如果你11岁还没开始练双杠项目,那么你很可能就无法再掌握这项技能了。想在奥运会上赢得奖牌的人可能就要面临这样的现实。但是如果练体操只是为了消遣或者好玩，那么情况就完全不同了。英国成人体操正是因后一种情况而流行，凯特刚好就非常喜欢。她说："成人体操最棒的地方就在于，它非常有趣，我真的花了一个半小时的时间只去胡闹、玩耍，但是第二天我身上的每一块肌肉都感到酸痛，就好像我完成了一次核心训练一样。"

锻炼可以非常有趣，我花了好些时候才理解这样的想法。对于活跃身体这个概念，我十分后知后觉。到了二十几岁的时候，我才真正开始锻炼，那时我的身体开始发生变化——就像凯特一样——那种在放学路上吃一包薯片也不会明显长胖的日子已经一去不复返了。当时我正在上大学，情绪十分低落。我周围的每个人似乎都承受着学业的重压，学生当中会流传一些可怕的故事，有关以前的学生不堪学业压力而在学校上吊自杀。有很长一段时间，书本对你的大脑造成伤害，无论你读了多少遍，都没有任何意义。

而尝试健美操改变了这一切。它让你有机会跳出压抑的环境，忘记所有沉重的脑力劳动，只是感受身体的运动，再无其他。最近我从一位著名的家庭领养专家那里得到一个信息，在他的青少年领养计划中，一个不可动摇的部分就是要确保他们做运动。他说这是一个关乎成败的关键因素——能有效测定孩子们如何在情感上适应新家。而对于我来说，我所需要的情感补品就是健美操。在健美操课程中我最喜欢的就是那种群体化的感觉，那些头发灰白的妈妈和奶奶辈的人打破了条条框框的限制，尽情扭动着臀部。这些年长一辈的人从不缺课，总是说说笑笑，成群结伴来上课，在课上也最认真、努力。健美操就是她们的生命线：活动、联谊及可以抛开一切责任的烦扰。对她们来说，课上就是最宝贵的时间，她们热爱这样的时光。看着这群年长一辈的人，我深受鼓舞。但是回过头来，我不禁要问：为什么女人非要等到迟暮之年才能发现这样的乐趣呢，为什么年轻女性不能享受同样的欢乐？

我离开大学并回到伦敦后不得不换一种新的健身方式。我最好的朋友坦姆静（Tamzin）建议我改为10千米耐力跑，她保证我一定能够做到这个强度，但我自己并不那么确信。体育课上魔鬼般的越野训练让我这辈子都讨厌跑步，本质上我是一个极其抗拒跑步的人。在伦敦闷热的 8 月，我们绕着公园做了痛苦的慢跑热身之后，便开始了 10 千米公路跑。整个跑程中近半程我都是走下来的，跟跟跄跄。我发誓以后再也不跑了，我想这次经历就是自己跑步生涯的一个终点了，因为很显然我在耐力跑方面表现得非常糟糕。

我当时可能还不知道跑步会在一定程度上给身体带来伤害。即使在我最健康的时候，跑步也会使我肺部不适、心跳加速。在胡思乱想的时候，我甚至怀疑自己是否会因此死掉。当然，我知道这一切都很正常，但是第一次遇到这样的感觉还是觉得很可怕。几年以后，我成了一名体育记者，采访了英国 20 世纪 80—90 年代的长跑明星利兹·麦科尔根-纳托尔（Liz McColgan-Nuttall），她跟我谈到了卡塔尔项目，她负责从卡塔尔挖掘具有长跑冠军潜质的女孩，当时卡塔尔的女性对体育运动一无所知，直到 2012 年，当地妇女才获许参加奥运会。利兹介绍了如何在卡塔尔的女子学校中筛选出种子选手，我听得饶有兴致，不觉出了神。

利兹说："她们会感到担忧甚至恐惧，因为她们从没有过这种上气不接下气的感觉，也不知道肌肉酸痛或抽筋是什么感觉，她们不知道自己的身体发生了什么。"我打电话给编辑,把这次采访的摘要给了他,他在电话的另一端听起来很兴奋。"这是一个值得深挖的线,不是吗?"他激动地说,"她们从来没有体会过上气不接下气。"我表示同意,放下电话。在接下来的几个小时里,我意识到了自己是多么愚蠢。我第一次去跑步的时候已经是个成年人了,在此之前从来没有体会过气喘吁吁的感觉,不仅如此,我还感到脚步沉重、头晕目眩、肺部灼热。这些强烈的感觉把我吓坏了——这正常吗?我的身体能受得了吗?我会不会晕倒?我的身体很虚弱吗?也许英国的知识文化并不像我想象的那么进步。

经历过8月那次可怕的10千米公路跑之后,我想我再也跑不动了。但是事实并非如此,神奇的是,某件事在某个时间就这样发生了。我开始在公园里独自跑步,小步小步地跑,只跑不超过1千米的距离。我的室友伊莱恩(Elaine)说她想和我一起跑。由于她以前从来没有过跑步的经历,所以我只好被迫扮演起了一个自己并不熟悉的角色——帮助别人去跑步。我们的跑步并没有什么目的,不是为了减肥,不是为了参赛,也不是为了跟彼此较量,就只是拼命地跑,最后我们都成了跑步爱好者。或在盛夏的艳阳中奔跑,或在刺骨的风雨中奔跑,又或在纷飞的大雪中奔跑（把自己想象成拉雪橇的哈士奇），过后一起结伴回家。我们沿着伦敦的摄政运河奔跑，穿过散发着尿臊味的街角，跃过地上的狗屎或是呕吐物，也不去在意那些霸占着公园破旧长椅的醉鬼。我们吸入木柴燃烧产生的烟雾，那是从运河的船上冒出来的烟，温暖而诱人，两人一起沿着河岸加速奔跑，超过那些骑着自行车的人。有次在一个寒冷的冬夜，我们穿过一处庄园时，还曾经被一群手持棍棒、满嘴脏话的青少年追赶。每次跑完步回到家，我们都气喘吁吁，浑身火辣辣，但是依然兴奋不已，两个人艰难地爬上楼梯，进到自己的房间，脱掉汗涔涔的湿运动衣，在之后的整个夜里都心情舒畅。

那种感觉好极了。我们俩一直在谈论那种感觉，借此来激励彼此，无论当天的条件多么不利于跑步——比如早餐吃了薯条又喝了葡萄适（Lucozade）[①]后比较难受——都要坚持跑下去。在我们谈论过程中始终未提及关于体重、外貌以及跑步时要穿什么等话题。我们不需要谈论这些，因为从跑步中获得的快感超越了一切，那种感觉

---

① 英国家喻户晓的运动能量饮料品牌。

压倒了其他任何在日常生活中可能会困扰我们的顾虑。自己感觉很棒比看上去很棒更重要。那种感觉并不仅限于每周四晚上跑步之后的酣畅淋漓,它有着持久的影响力:巩固了我们的友谊,帮助我战胜了事业上的困境,修复了破裂的关系,消解了跟家人合住造成的争吵,也避免了让人懊悔的一夜风流。跑步让我们的生活品质提升到了以前无法到达的高度。跑步是一种解放。

我单方面的说辞可能不够令人信服。英国心理学会最近发布了一项研究,该研究主要关注早在出现肉眼可见的身体变化之前,运动如何改变我们对身体的看法。凯瑟琳·阿普尔顿博士(Dr Katherine Appleton)对参与者在运动两周的时间里给出的反馈进行了探究,在如此短的时间里,身体上获得的健康好处还无法纳入考量。她得出的结论是:"关注身体形象(以及我们对它的反应)……对于那些刚开始锻炼的人来说,可能会更有回报感。"这个结论意义重大,因为这项研究关注的是人们运动后的感受,而非运动让我们看上去如何,这实属难得。

在我生命中最重要的日子之一——我的婚礼那天,早上发型师和化妆师还没有到,朋友们也没有手捧花束和相机簇拥而来,伊莱恩像往常一样来找我晨跑,跑步这件事对我们来说已经是一件无须思考、理所当然的事了。我们出发了,就像以前许许多多个早晨一样,在9月的阳光下舒展着身体。女性之间纯粹的友谊最后幻化成无声的对白,呼吸相闻,双腿迈进。"1、2、3、4、5、6、7、8、9、10,"我在心里默数,激励自己继续抬腿奔跑,"吸气,吸气,呼气。"我用鼻子吸气,用嘴巴呼气,边跑边尽力调整呼吸。

一个星期后,在度蜜月时,我和丈夫在法国南部的戈尔斯灌木丛中跑步,这次跑步导致了我们甜蜜的旅行中唯一一次争吵。"加油!"他取笑道,"你能跑得更快,你敢试下吗?"他哈哈大笑。他说这话的意思其实是想鼓励我,本是无恶意的玩笑,但是也使我突然怒火中烧,这种男性的调笑方式是我不习惯的。女性之间常把彼此形容得很恶毒,但是跑步的时候恰恰相反,我在和女性朋友跑步时,感受到的都是支持、鼓励、关心和乐趣。每次我和伊莱恩跑步的时候她都会说:"今晚我们跑得远一点好吗?"对此我往往会痛苦地说:"不!我跑不动了。我发誓我真的跑不动了……"伊莱恩就会点点头说:"没关系,别勉强。"因为她的善解人意,我反倒不想让她失望，于是就改变主意，摇着头说："要不，我们还是试一试吧。"然后我们就拼尽全力地跑下去，跑到心脏都快跳出来。

通过跑步，我发现锻炼的核心意义在于友谊。是坦姆静说服我克服困难去尝试跑步，是伊莱恩让我在最不想跑的时候坚持了下来。跑步变成了团队合作，让我们相互支持，跑步也成了我们走出家门的最根本动力——因为我们不可能在黑暗中沿着运河独自一人跑步，而且觉得很安全。而且，更棒的一点是，一起跑步意味着我们可以分享喜悦和欢笑。

不管多累，我和伊莱恩在最后100米时总是要冲刺，只是为了好玩，这也是我最喜欢的一点。"准备好了吗？稳住！开始！"不知怎的，我感觉好像能量一下充满双腿，肾上腺素瞬间上涌，冲刺的兴奋感让人感觉股四头肌推动着身体向前飞奔，快到好像一不小心就会摔倒。我们有时会大喊，有时会欢呼，跑得非常快，感觉就像要飞起来一样。生活中女性之间的真挚友谊也无处不在，但是沿着泥泞的运河或是狼藉一片的公园一起跑步，那种仿佛飞起来的感觉是不可复制的。那些感觉就这样刻入了我生命中最美好的时光，每每想起都让我浑身起鸡皮疙瘩，就好像在一个美妙的夜晚跳舞，又好像听我最好的朋友谈论分娩——她从医院的病床上起身，一个柔软的小家伙就从宫缩的阵痛中诞生了。

在我采访女性体育明星时，她们往往会谈到的一个主题就是：强化女性友谊意识。这一主题不仅仅是女性拥有一群好友的意义，更是有关于女性群体的活力以及给年轻女性的积极典范。尤其是在团体运动中，强化女性友谊体现得更加淋漓尽致。在团体运动中，女性摒弃了束缚，在同伴的支持下，她们在人群前面唱歌跳舞，肆意欢笑。不参加体育运动的人可能很难理解，女性之间真的存在真挚的友谊吗？可以这样说，女性之间的友谊就是我们引以为豪的事情之一。但是，既然彼此间的友谊如此真挚，我们为什么不互相帮助，让它产生更多的能量呢？从而让女人们都能变得活跃、健康、快乐？2014年在我采访奥运会赛艇选手、世界冠军海伦·格洛弗时，她谈到了自己跟搭档希瑟·斯坦宁（Heather Stanning）的真挚友谊："当我们在赛艇上时，比起为自己，我们都更想为了彼此去赢得比赛。"她所说的感觉跟我和伊莱恩跑步时的感觉十分相像。退役之后，海伦加入天才运动员选拔项目"运动巨头"。早在2012年伦敦奥运会之前，她就热衷于为学龄儿童提供参与体育运动的机会。"现在我去学校演讲时,我特别想要让孩子们相信,他们也能做到像我一样,问题只是他们不相信自己能做到。我记得自己小时候在学校集会上被问:'你长大后想做什么?'我脑海中的想法就是:'赢得奥运会金牌。'我举手时回答的却是:'成为兽医。'"她说。其实还是和顾虑太多有关,总是担心别人会怎么想,担心周围的环境不支持我们去追寻目标,于是便不敢袒露自己的雄心壮志。

说到底,我们在外表问题上浪费了多少时间呢?我们又会想要花多少时间来争论金·卡戴珊(Kim Kardashian)光着屁股究竟是赋予了女性权利还是削弱了女性权利?所有这些讨论都伴随着没完没了的音乐视频——入目皆是扭动臀部的慢动作,还有自拍、翘臀照、关于假体植入的谈话、饮食失调、肉毒杆菌毒素和节食等,所有这些内容足以让你发疯,就算你没疯,恐怕也会患上身体畸形恐惧征。

这种全天候不间断的画面影响着每一位女性,无论她们是不是拥有完美臀部的精英运动员,都会受到毒害。这种专横的控制限定了什么是女性化的、什么是非女性化的——而后者是最为人看重的,因为它限定了另一种选择是什么。TEDx[①]节目组化妆师伊娃·德维吉利斯（Eva DeVirgilis）证实了这一点，她说，一个女人坐上她的化妆椅不到3秒钟就会抱怨对自己脸部哪里不满意。而只有已到暮年或者罹患癌症的垂死女人才会喜欢坐在椅子上，她们享受化妆这个过程，而不觉得它是为了走出家门所做的必要步骤。这也是全世界女性终于醒悟的主题。澳大利亚天空新闻主播特蕾西·斯派塞（Tracey Spicer）在TEDx上演讲，那次鼓舞人心的演讲迅速传播开来，她认为我们每天都在容貌问题上浪费了大量宝贵的时间，而这些时间本可以用来做一些更有意义的事情。斯派塞曾计算过，她每天要花1小时的时间来做头发、化妆——一年下来大约是15天，她让女人们都算一算自己在美容习惯上总共花费了多少时间，想想这些时间可以用来做些什么。到2014年底，斯派塞已经放弃了美黑、卷发器和紧身衣。

体育运动帮助我们逃离这种被不断毁坏的生活——妇女和女孩被规定成应有的样子，有时甚至会规定我们的生殖器官该是什么样。如果我们支持女性适当参加体

---

① TEDx项目（TEDx Project）是由TED于2009年推出的一个项目，旨在鼓励各地喜爱TED演讲的民众自发组织同风格的活动。

育锻炼，并在教育和媒体中推介女性运动员作为我们的榜样，那么就不会遭遇身体畸形恐惧征的危机。那样的话，也就不会有所谓的"正常"的女性身体，阳光底下展现出来的是各种充满活力的女性形体——形状不一、或大或小的乳房，或纤瘦或丰满的臀部，宽肩膀，小屁股，宽大有力的臀肌，只能走几英里路的纤瘦双腿，加速能冲出100米的粗壮大腿，能跳肚皮舞的丰腴的肚子，还有匀称且凸显出六块腹肌的肚子。

一旦我们接受了自己不必遵照某种特定的方式塑造形体，便能开始分享锻炼带来的喜悦了，我们不需要在运动后认真地对着手机，刻意做噘嘴的动作，摆出一副完美的造型。大可以随手拍下一张照片，毫不在意通红的双颊和满是汗水的头发。或许我们根本就不需要在社交媒体中分享自己生活的点滴让别人去评判。锻炼和运动就是为了我们自己，为了乐趣，为了开心，为了收获清晰的思考。体育活动应该成为我们生活中不可或缺的一部分，这也是我们真正关心的重要部分，而不是整天纠结于通过锻炼可以让大腿围减掉多少毫米。

再现实一点考虑，外在的身体只是真实自我的一小部分。一旦女性开始意识到与自己身体的联系并不受制于媒体喧嚷的那种遥不可及的标准模板，就能接触到真实的自我了。也许我们不再每天花时间夹睫毛，而是用35分钟来阅读核物理。又或许我们跟朋友相聚时不再一起喝星冰乐，而是去空气新鲜的户外打打太极或踢踢球。将来我们也会带着儿子、女儿、侄子、侄女、孙子、孙女在公园像风一样奔跑，我们会跑得气喘吁吁，也会开怀大笑。当女性积极参与体育活动时，也许就会发现自身产生了这样一种感觉：自信、友善、应对生活中一切挑战的能量——从糟糕的人际关系、身为人母的压力到性别薪酬差距，都能一一克服，最终享受真正的美好时光。

正如女性为了争取选举权而进入投票站，每一项成就的取得都需要斗争，女性争取参加体育运动的权利同样需要斗争，我们不能放弃这一权利。古希腊的女性为了观看体育运动要把生命置于危险的境地，今天做出同样的举动的伊朗女性也面临着被监禁的风险，凯瑟琳·斯威策等人为了让女性自由奔跑而不懈奋斗，卡斯特·塞门亚、杜蒂·钱德都在为女性努力争取参与体育运动的权利，让女性不再被告知阴部应该长成什么样子。

我们需要让女性重归体育锻炼，运动应该成为女性生活的一部分,而不是某个仅供我们体验的虚构空间。我们可以决定自己想要的样子:无论我们是否需要刻板印象中女性化的事物——珠宝、美容护理、托儿所,或是某些免费通道,以确保所有经济水平的人都能参加。当体育运动以一种反映社会现实的方式变得正常化时——真实的女人去践行真实的体育锻炼,而不用顾虑别人的想法,我们就能真正悦纳自己的身体了。毕竟,从排便到蹦蹦跳跳,从来月经到怀孕,这些都是我们身体上的奇迹。不必硬要把自己塞进10码[①]的裙装,也不必非要追赶时髦。试着感知自己身上的肌肉,试着去运用它,哪怕只是从一点点开始。

[①] 英国上衣/裙子等8~10码对应的中国尺码是165~170/88~90,而相对应的国际标准尺码是S。

第三章

有运动经验的女性为何能在职场中脱颖而出

我要求加薪的次数有多少？一次，而且当时我差点哭了。我要求升职的次数有多少？从来没有。这是很多职场女性的问题所在，我们把职场当作 20 世纪 40 年代的下午茶舞会——好姑娘得等着人来邀请。但是工作了 15 年之后我终于意识到，或者也可以说是我听到的，男人在职场上的做法是截然不同的。比如有人会主动要求晋升为首席某某官，也有人会要求薪资必须比招聘启事上的高 1 万英镑，否则就拒绝入职。为什么我不能像他们一样如此要求呢？

一项引起全世界关注的研究表明，运动与职场密切相关。2013年，跨国公司安永（EY）发现，喜爱运动的女性更容易到达事业的巅峰。各家记者为此匆忙抢头条发布时，他们发现真人实例并不难找。从希拉里·克林顿（Hillary Clinton，大学时打篮球）、国际货币基金组织总裁克里斯蒂娜·拉加德（Christine Lagarde，前法国国家花样游泳队队员）、前美国国务卿康多莉扎·赖斯（Condoleezza Rice，花样滑冰和网球），到前巴西总统迪尔玛·罗塞夫（Dilma Rousseff，排球），再到百事可乐公司首席执行官因德拉·努伊（Indra Nooyi，板球），这样的例子并不稀少。然而，我一直以来最喜欢的一位成功女性是推特的董事会成员玛乔丽·斯卡尔迪诺（Marjorie Scardino），一位前马术骑师。

那么体育运动给女性带来了哪些从别处无法获得的影响？当然，运动教会了你如何赢、如何输、如何团队合作，但是根据安永的报告，运动带给你最重要的影响并不是这些，而是教会你遭遇拒绝、失败或大大小小的挫折后怎样重整旗鼓。女性参与运动既是解放也是赋权。由于男女薪酬差距，女性在整个职业生涯中平均损失10万英镑的收入，而运动则是弥补这种差距的一种途径。

米歇尔·穆尔（Michelle Moore）正是从体育运动中受益的人之一。她在年轻时曾经参加过郡级的比赛，现在年逾40岁的她，身上仍然有着运动员的特质。米歇尔说："最近有人跟我说，我经常用第三人称来称呼自己，这显然是运动员的典型特征。我总是在《体育周刊》（*Athletics Weekly*）的第89页找自己的名字，把提到我的文章保存在一本剪贴簿中。"从贝利（Pelé）到安德烈·阿加西（Andre Agassi），用第三人称称呼自己已经成为一个公认的体育界人士的特质。这种特质常常被认为是傲慢自大的表现，然而研究表明，这实际上是一种有益的习惯，因为它能让大脑平静下来，从而改善在工作场合的表现。

米歇尔说："毫无疑问，体育运动对我的职业生涯产生了巨大的影响。运动激发了我与生俱来的领导能力。无挡板篮球队的队长、跑得飞快的人、五个孩子中的老大，我有多重身份，是体育运动帮助我磨炼了自己。在我职业生涯的每个层级、每个阶段，我都能快速前进。我想要赢。我想要成为最棒的。我有着强烈的职业道德。"这种内驱力在米歇尔的事业中实现了转化，促使她成为一名成功人士。32岁时，她在一所中学担任副校长，成为少数几个在地方行政管理部门担任高级职务的黑人妇女之一，现在也是体育多样性方面的专家。米歇尔坚信，一个在运动场上拼搏过的年轻人，早就为事业上的成功做好了准备，其能够从外部视角审视自己，把自己看作一台机器、一个整体，从而能够不断对照外部标准要求自己。

米歇尔赞同安永的研究，她也认为正是运动中经历的失望激励了她。她说："作为女性领导，我们必须要有韧性。我永远不会忘记15岁那年在英国校园锦标赛上的经历，那是我参加过的规模最大的一场赛事。为了在400米决赛中争得一席之地，代表英格兰参加国际比赛，我要跟另外一名女孩展开较量。我极其想要赢得比赛，但结果我输了，因为我当时太紧张了。时至今日我仍然感到失落，还在生自己的气。那次失败至今对我还有伤害，我总是想象，如果当时我赢了的话，现在的生活会是怎样。"

运动员生涯结束之后，"赢"这个字仍体现在米歇尔生活中的方方面面。在伦敦奥运会期间，当地组委会要求各部门组织当地学校报名参观，并且确保自治市的学龄儿童能够获得门票。米歇尔决心要让当地政府成为全英国第一个组织所有学校观赛的政府。"我的动机是想为孩子们去做一件伟大的事,但是如果坦白讲,真正驱使我这么做的是一直以来争夺第一的执念。我只是钟爱成为第一名的感觉,哪怕这个第一名是隐形的,即使并没有人知道是我达成的,都不重要,我只是想要让我们成为第一名。"她这样说。

听到女人坦言自己在工作中的争强好胜,这种情况十分罕见。尽管我们的社会追求更高的生产力和经济效益,但是对于女性来说,争强好胜仍然是禁忌——因为不知怎的,好像女性为争得头筹就要变得粗鄙且恶毒。米歇尔点头同意:"总会有讨厌你的人,当你展现雄心壮志的时候,人们会被吓到,因此会奚落你。当你身处管理岗位,就像我这样,你就会被认为很难胜任。人们会说:'她的标准太高了,需要放低一些。'他们不明白——我把事情做好了,这就是我的荣誉。"的确,有雄心壮志,或者把事情做好,难道不应该受到称赞吗?也许,如果有更多的女性能够展现这些品质,在工作中积极追求这些目标,人们就不会如此抵触女性的雄心了。

奥运会铜牌得主、七项全能运动员凯莉·索瑟顿(Kelly Sotherton)对此则会意一笑,她说:"人们叫我'大喇叭''捣蛋鬼',说我无病呻吟、惹是生非——你从来不会听到人们这么说一个男人,对吧?"虽然凯莉在伦敦奥运会之前就退役了,但她就是安永研究报告中活生生的"证据"。作为一名年轻的运动员,凯莉也总是坦率地讲她在体育事业之外的雄心。她想成为一名首席执行官,对自己的运动事业持有发言权。这个目标从没有改变过。她说:"我希望有一天能够管理自己的运动事业。我的最终目标是成为国际奥委会主席。那是一个很难到达的高峰,但如果能接近那个高度,我也会很高兴。"现在,她正参与英国体育国际领导力项目(UK Sport International Leadership Programme),也许她会取得成功。与此同时,她在商界也受到了猎头的关注。当我问及,对于她这种出身田径场而非办公室、缺少商业经验的人,猎头看中了她身上的哪些技能,她给出的回答很有启发性。

"当我去见一家公司的经理或董事的时候,他们会说:'你身上有我所希望的可以共事的人所具备的特质。你在体育赛事中有能力取得成功,会计划,会执行。这些和在商业中必备的技能一样,你只需要再学一些商业知识。你已经接受了如何迈向成功的指导和训练,你还可以把握方向,接受批评,利用这些来转化成自己的优势——作为一名运动员,你不会因为受到批评而生气或受挫,你会借助批评来完善自己,我认为很多没有参加过体育运动的人都不具备这种能力。他们不喜欢受到批评,因为他们认为批评是唐突且无礼的。但如果批评是建设性的意见,它就可以让你从中学到很多东西,帮助你提高自己。'一路走来,我跟形形色色的人交流过,他们都认为体育运动经历对于从事商业而言是一个很好的背景,它会让你成为一个优秀的团队成员。"如果要找出一个能接受批评的人,那就是凯莉。在 2004 年悉尼奥运会中获得铜牌后,她的一位教练骂她是"胆小鬼",过去还常让她做臀部是否平整的"摇摆测试"①。

但是你并不必为了实现安永报告中的那种结论而去从事高水平竞技类运动。妈妈网(Mumsnet)的首席执行官贾丝廷·罗伯茨(Justine Roberts)从小就对体育运动感兴趣,她小时候经常和哥哥们在后院玩耍,现在她仍然是利物浦足球俱乐部的球迷。贾丝廷曾经在一家国家级的报社做体育记者,后来她决定开创一个造福万千家庭的事业,于是创立了妈妈网。这个网站现在是英国

---

① 指对产品的顶面或底面进行平整度检查。

最大的家长论坛，影响力极大，据说得到妈妈用户的支持就可以赢得大选。妈妈网的工作模式在设计上堪称典范，这就意味着父母可以在弹性的时间里工作。看起来贾丝廷的职业跟运动并无关联。生了四个孩子之后，贾丝廷说她对运动的兴趣对她的事业产生了极大的影响。她现在坦言："运动给了我极大的帮助，它帮我融入男性主导的社会——谈论体育是一个非常好的破冰话题，因为你根本就不需要绞尽脑汁去想要说什么——它也让我接触到如何应对竞争，如何在团队中工作。作为一个领导角色，让一两个佼佼者脱颖而出是没有用的，你需要把整个队伍团结起来，这是一个非常具有运动属性的场景。"体育运动中还有更多的例子——足球运动员克莱尔·拉弗蒂（Claire Rafferty）既是德意志银行出色的城市分析师，同时也是切尔西队和英格兰队的左后卫；埃尼奥拉·阿卢科（Eniola Aluko）既是一名优秀的律师，也是英格兰队的前锋；英国伟大的赛艇运动员凯瑟琳·格兰杰（Katherine Grainger）同时也获得了刑法及凶杀学的博士学位。

然而，在现实世界，有多少女人能做到像凯莉、米歇尔、贾丝廷、埃尼奥拉、克莱尔或凯瑟琳一样？我的同学当中几乎没有一个人认真参加过体育运动，那些曾经认真参加过的人早在青春期之前就已经放弃了。30年过去了，体育在学龄儿童——特别是女童的成长规划中仍然不受重视，这种形势不可能很快改变。全国课程负责人是否知道体育运动会对女性未来的职业前景产生重大影响？他们是否跟英国就业与养老金部谈过？是否有联合举措？因为无论是说让女孩参加体育运动，还是说"不要介意是跳尊巴还是打板球"，这些言辞层面上的讨论都没有真正发挥作用。我们不知道尊巴是否会让你更具竞争力，而安永的调查研究也并不涉及瑜伽、普拉提或其他有氧运动。当然，有种观点认为，所有这些运动形式都有可能让女性获得基于义务、纪律、努力这些因素的领导力和工作技能。但是如果并非所有运动形式都能让女性获得相同的工作技能，那么我们究竟应该如何培养一个具有运动背景的女性劳动力呢？

首先，我们需要更加认真地对待运动，把运动当作培养坚强的、有雄心、有独立思想的年轻女性的途径。坦尼·格雷-汤普森认为，体育应该脱离"文化与传媒"部门，成为一个独立的职能部门，配有专任的部长。这是因为，尽管体育有着巨大的影响力和改变生活的潜力，但并没有被认真对待。在报刊业,体育编辑部常被戏称为"玩具部门"。但体育运动的意义,特别是对女性的意义,其实远不止于此。体育运动具有革命性,它赋予人权力,它是激进的、带有政治色彩的。体育运动处在变革的前沿,如果我们想要让女性地位在职场中有所改变——从同工同酬到生育权利——那么我们就不能忽视运动在其中的作用。

想想最近的女权主义电影《妇女参政论者》(*Suffragette*)中绝不会被删减的一个经典场面:1913年的德比大赛,埃米莉·戴维森(Emily Davison)滑下埃普索姆的栅栏,倒在了国王赛马的跑道上。埃米莉是一个经验丰富的女权激进分子,她知道这场体育盛会是一个多么强大的平台——皇室、上流社会、记者和电影摄制组都参加了。她的死被拍摄下来,至今仍然是妇女争取平权历史上影响最为深远的影像资料之一。女权主义者一次又一次地借用体育运动来提升她们的行动目标,比如把乔治国王私人高尔夫球场的旗子替换为妇女参政的旗帜和要求妇女投票的手书标语,又或者攻击当时的首相赫伯特·阿斯奎思(Herbert Asquith)——当时他在埃尔金度假,打了一轮高尔夫球。全国各地的高尔夫球场都遭到了袭击，草坪上被倒上化学物质，拼出口号"运动之前的正义""妇女选举权"。板球馆和船库被点燃，水晶宫的保龄球馆和正面看台以及布莱克本的运动场馆也受到攻击。甚至有人企图烧毁全英草地网球俱乐部的所在地温布尔登。为什么会出现这些状况？当时《美国高尔夫球手》杂志（*American Golfer*）疑惑：既然高尔夫已经成为一项很受欢迎的"女性运动"，那么抗议运动不会对她们争取性别权利起反作用吗？妇女参政论者认为不会，而且领导者埃米琳·潘克赫斯特（Emmeline Pankhurst）还公开鼓励这些行为，因为它破坏了通常被视为男性社交消遣的内部"圣地"。

在某种程度上，现实中并没有多大变化发生。我有个从事金融业的朋友，她的老板是个中年人，办公桌上总是放着一个小记事本，他会记下办公室里每个打壁球的年轻人的得分。他喜欢记录谁输谁赢，但是他自己不打壁球，也不去看年轻人打球，仅保持着远远观望的兴趣。他用这种方法来评估办公室里的年轻小伙子。如果这些年轻的男性员工身上有着强烈的男子气概、令人称奇的运动能力和竞争能力，那么在未来提拔候选人时就会受到老板的额外关注。我还有个担任电视制片人的朋友,她说:"每次我问到电视节目里的两个小伙子是怎么认识的,得到的答案总是足球,这让我非常惊讶。他们会经常一起踢足球或是玩在线足球游戏。"

毫无疑问,体育运动对职场的影响就像办公室茶歇一样无处不在。无论是世界杯期间的赌球,还是邀请女性在办公室足球比赛中担任"啦啦队队长"(我另一位朋友的男同事跟她打趣时说:"足球协会规则明确规定,女性和男性不能参加同一场比赛。"),运动在工作中占据一席之地已经有几十年的历史了。

以英格兰银行一年一度的运动会,也就是人们熟知的行长日为例,它每年7月在位于罗汉普顿的英格兰银行体育俱乐部举办,场面极为奢华。这是银行社交场合中最大的职业发展机会,行长和最资深的工作人员会跟下属们欢聚一堂。备受瞩目的体育明星也会受邀来颁奖,甚至会跟银行职员对垒。行长日被宣传为一个"包容的""有利于家庭生活的"活动,有露天游乐场、食物、帐篷,欢迎大人和孩子前去参加。看到这都还是让人高兴的,但是翻阅一下媒体报道就会发现,活动焦点往往在男职员和体育男明星对战的板球赛或足球赛上。例如,2013年,在前行长默文·金爵士(Sir Mervyn King)的告别运动会上，默文和1982年的欧洲杯冠军得主阿斯顿维拉足球俱乐部的一些球员进行了两场比赛：一场全男性阵容的板球赛，一场明星云集的五人足球赛。事实证明默文也是一个维拉球迷，他喜欢和自己的英雄们比赛，他的孙子和一些同事也跟他一样。我的朋友向一位银行雇员问："那么，如果你是女性，在英格兰银行工作，在这场活动中做什么呢？""那你就只能跟着一块儿去，从边上观看比赛。"她回答说。

现在，这个有高级职员出入的地方仍然有穿粉色长衫戴高帽的门卫，对于一个有着320年历史的机构来说，这并不奇怪。2009年，经济衰退最严重的时期，英格兰银行建议女性职员不要穿得像个妓女。也许女职员们在想，显然脚踝链无论如何应该拿掉，但是高跟鞋和口红还是必不可少的。我很高兴她们在想这些事情。想象一下，如果没有一双合适的鞋子，怎么能试图解决经济危机。

我不想在没有亲自参加运动会的情况下做出评判，于是我请求参加行长日。遗憾的是，他们有严格的规定，禁止媒体参与。但负责媒体的官员确实向我保证，自2013年行长马克·卡尼（Mark Carney）上任以来，事情发生了重大变化。一方面,卡尼不再把板球比赛作为运动会的核心,他更偏爱圆场棒球或足球这样更具"包容性"的运动。尽管传统主义者对这一决定持反对态度,但许多人士表示,卡尼对老旧事物的现代化改革反映了整个金融领域的发展趋势。

类似的转变——从传统体育到大众体育——在20世纪90年代对政治产生了影响,其形式正是足球。托尼·布莱尔(Tony Blair)和新工党上台之际,正值英国的"小伙子文化"盛行,其代表就是足球的重新普及,从英超联赛的推出到尼克·霍恩比(Nick Hornby)的小说《极度狂热》(*Fever Pitch*),再到英格兰主办欧洲杯,以及人们痴迷于世界杯带来的激情。这是一个我印象很清楚的时期,当时我年仅17岁,在炎热的6月里,坐在厨房的柜台上,专心地听着英国广播公司(BBC)第五频道的广播,祈祷捷克在决赛中击败德国,然而他们没能赢。就我和体育的关系而言,那是一个对我影响深远的夏天。因为17年来,我从未融入他人的圈子——作为移民嬉皮士家庭的一员,我的书架上摆满了荣格和米兰·昆德拉的作品,我住在公屋里,吃着苜蓿芽菜三明治,连什么是约克郡布丁都不知道——当然最后我融入了主流社会。这都要归功于足球，它是一种共同的语言，可以把我们所有人团结起来，跨越时尚、种族、宗教甚至性别的鸿沟。整个英格兰疯狂热爱足球，我也跟着极度沉迷其中。我父亲不理解为什么女孩会喜欢看男人踢足球。他虽然后来为这一评论表示歉意，但他与整个国家的狂热情绪格格不入。彼时，《三狮之歌》（又称足球即将回归）给了我们一种爱国的出口，这不是狭隘的民族主义。在新时代的外衣下，足球比以往任何时候都容易得到接受，甚至影响到一些最不可能触及的机构。

足球地位及其影响力的变化不容低估。在 1995 年的工党会议上，托尼·布莱尔和纽卡斯尔联俱乐部的主教练凯文·基根（Kevin Keegan）进行了一场头顶球比赛，选民看到了这一幕，最终决定由布莱尔担任国家领导人。布莱尔还接受了曼联前主教练亚历克斯·弗格森爵士（Sir Alex Ferguson）关于领导力的建议。布莱尔在自传中回忆他问过弗格森："如果最得力的球员不按照你的要求去做，而是自行其是，你会怎么做？"弗格森的答案是："把他赶出球队。"布莱尔和布朗想要展现双方战线统一，但因传言说双方存在分歧，于是他们安排了一个拍照的机会，两人都坐在电视机前看足球，喝啤酒。全党都沉浸在足球中，如果你想取得成功，就必须紧跟社会潮流。

这种新动态如何影响政治世界中的女性？2008年，英国《金融时报》(*Financial Times*)政治版块的编辑乔治·帕克（George Parker）撰写了一篇题为《权力游戏》("Power Games")的文章，阐述了足球在政治中的作用。他断言足球使工党变得有点像周日联赛的团队出游，既令人神往又令人恐惧。如果你不是球迷呢？你应该怎么做？他写道："在工党执政的10年里，足球一直是主线。它是政治车轮的润滑剂，是勾织关系网的工具，也是政治信息的交接棒。"帕克说，即使是在戈登·布朗（Gordon Brown）——一个拉茨流浪者队的狂热球迷的领导下，足球也是工作流程的核心。他写道："布朗经常跟财政部部长杰弗里·鲁宾逊（Geoffrey Robinson）——另一个铁杆球迷，在格罗夫纳的酒店公寓里边吃比萨看球赛边制定经济政策。"他详细描述了足球如何在威斯敏斯特的权力通道中施以如此大的影响，以至于公务员和记者都愿意在周末钻研足球比分，这样他们就能在周一早上和部长们闲聊。

帕克特别关注的是一个由新工党成员组成的球队，叫作"恶魔之眼"（指的是1997年大选时保守党那张备受争议的海报，海报上的布莱尔有着恶魔般的红眼睛）。"恶魔之眼"在足球中的化身就是伊斯林顿区的中产阶级，他们在海布里球场接受训练，加入严苛的泰晤士联盟（两次获得晋级，2001年获得甲级联赛冠军）。影子内政大臣安迪·伯纳姆（Andy Burnham）回忆："我们的声望让对手相当不快。队友彼此之间会大力支持对方，结果也很有收获。"布莱尔的一个助手还曾卷入一场群殴。"恶魔之眼"还有自己的政治口号，他们会高喊："胜利者！"这支球队里的名字读起来就像是政治名人录：从伯纳姆到詹姆斯·珀内尔（James Purnell），从埃德·鲍尔斯（Ed Balls）到戴维·米利班德（David Miliband）。

虽然这一切听上去十分放荡不羁，充满热血和斗志，但是并没有逃过一部分女性的注意。1998年，跨党派智库Demos的联合创始人海伦·威尔金森（Helen Wilkinson）在《新政治家周刊》（*New Statesman*）一篇专栏文章中公开谴责工党的"小伙子文化"，她说："这种'小伙子文化'看似无害，甚至在团队凝聚力方面合情合理，但问题是团队合作太容易转向男性亲密关系。旧的男性关系网络可能已经从高尔夫球发展到了足球，基本规则却并无差别。"

第三章　有运动经验的女性为何能在职场中脱颖而出

当然，除非你是一个敢于加入男性团队的女人——就像乔·吉本斯（Jo Gibbons）。吉本斯长期以来一直是工党的幕僚，为托尼·布莱尔工作了很多年，现在是"女子运动"的董事会成员。她参加了唐宁街10号女队的比赛（"我们只有一场比赛，就是对阵白金汉宫女队，她们都很可怕，成员全都是前英国皇家空军的军人。"），但吉本斯还是强迫自己参加星期天早上在海布里球场的赛训，很多"恶魔之眼"的成员都会参加，她是其中为数不多的女性之一。

尽管没有踢足球的背景，但乔对足球充满了热情，在她成长的过程中，足球对女孩来说是禁区。"恶魔之眼"是一个全员男性的球队，但经过周日早上与那些有影响力的工党新秀对垒，她认为足球显然是她进一步发展事业的一种手段。她说："我立刻意识到了其中的机遇，通过足球，我建立了人际关系，毫无疑问这是我人脉网的一部分。我的一位女性朋友是工党的媒体官员，但是她的人际关系没有我的强大，我确定这背后的原因就是足球。"我不得不佩服她加入球队的魄力，在那时她就有着清晰的事业规划。乔描述了一个政治"男性化"的时代，那个时代充斥着"酗酒和热爱足球的家伙"。如果你想继续发展职业，那么就要很好地适应规则。她的姐姐曾是一名市场营销主管，在她的行业中也有类似的经历——学习打高尔夫球，以吸引客户来拓宽人脉。那么运动是21世纪女性的必备技能吗？

英国女性董事会的常务董事菲奥娜·哈索恩（Fiona Hathorn）刻苦学习体育和商业知识，她的经历和乔十分相似。该董事会是一个致力于在英国一些最有权势的机构中推动性别平衡的组织。在20世纪90年代，菲奥娜还是一名基金经理，她注意到男同事们总是会去打高尔夫球或是射击，或者在工作时间看F1赛车比赛、足球赛、温网比赛。虽然菲奥娜不是来自热衷于体育的家庭，但是女上司对她说的一句话鼓励了她，让她去试着了解一些基础运动。她说："我的老板告诉我，我必须抽出时间建立人脉网，因为人脉是与合适的股票经纪人交谈并首先获得最佳信息的关键。你都认识谁？他们总是先给你打电话吗？这些都非常重要。她说'你必须走出去'。"于是菲奥娜学会了打高尔夫球，也学会了射击，还有其他和运动有关的事情。她认为运动就是商业社交的首选手段。人脉在商业中就是真理。

根据领导力商业大师埃米尼亚·伊瓦拉（Herminia

Ibarra)的说法,人脉网主要有三种类型。

1)可用型:就是工作场合中你身边的人。菲奥娜说:"女性通常很擅长应对这种关系,虽然她们通常不会在自己的部门之外寻求交集,但正是通过这种关系网的建立才能向上爬。"

2)个人型:这种关系网可以是你社交圈的任何交集,你从学校接孩子放学时的互动闲聊都可以算在内。菲奥娜认为,男人自然会在社交圈里捍卫自己的成就,他们会在学校门口谈论工作,在足球赛上谈论工作,甚至在与朋友外出的夜晚谈论工作。菲奥娜解释:"这对女性来说,要难得多。举个例子,当我从学校接孩子的时候,我要么选择和学校门口的其他妈妈交朋友,要么直接去找在德意志银行工作的孩子爸爸交流。我将如何选择?你永远不会看到一个男人纠结这个。目前我们仍然拿这种陈旧方式来培养女孩——取悦于人。"

3)战略型:这种类型和大型会议和企业活动日有关。"在这三种类型中,运动都起着很大的作用。在办公室中,如果你的团队对板球很着迷,而你却一无所知,那么你就在团队中出局了,你和团队成员的关系也不会太牢固。而那些表现出色的人往往模糊了工作和生活的界限。"菲奥娜说。

这是因为商业在本质上更多的是人际关系，而不是我们理想中的那样。想想《华尔街之狼》(The Wolf of Wall Street)的故事吧，乔丹·贝尔福特（Jordan Belfort）组建了一支彻头彻尾的失败者团队，去经营一家最终价值达数百万美元的公司。但他的团队成员并不是什么年长的失败者，而是他的朋友。现在，我们都偏向于认为，对于一份工作而言，只有最优秀的人才能得到这个职位，或者猎头就是寻找佼佼者。但情况并非总是如此。因为我们是人类，我们喜欢人与人之间的联系，喜欢大家在一起开怀大笑，在彼此的陪伴中会感到无比舒适。

菲奥娜认为，分享运动经历可以打破人际关系的障碍，这也正是运动在商界如此受重视的原因。"正是那些有意思的小插曲造就了亲密的关系。就像有一次我去玩卡丁车，只有我一个人是小个子，他们没有准备一件为女士穿的连体装，所以我只好穿上了一件大男人穿的衣服。我不得不卷起袖子，挽起裤腿，每个人看着我都捧腹大笑。但是我在卡丁车赛中排名第二，因为我很敏捷，驾驶时能同时刹车、加速，非常有闯劲儿。几个月后，我去亚洲市场出差，无意中碰见了卡丁车赛当天的那些人，他们说：'噢！还记得你那套傻里傻气的衣服吗？太有趣了！'我们会一起开怀大笑。我所看到的是人们通过这些关系获得工作机会。"她说。

听了菲奥娜和乔的经历，我不禁感到稍稍有点沮丧。我对她们跌宕起伏的经历十分敬佩，只是不确定自己能否效仿。她们所分享的这些就是解决问题的唯一途径吗？学打高尔夫球、学射击，融入男性群体？所有这些在一开始都会让人感到勉强。就像那些旨在帮助女性如何在办公室闲聊中谈论体育运动的美国网站——"高跟鞋和头盔：女士们，参与进来，赢得比赛！"或"畅谈体育：成为运动女神的99个秘密"。也许这些指南帮助某些女性的职业生涯创造了奇迹，但是如果要说实话，我觉得这些方式有点奇怪。就好像追男指南上教的"伪装自己，直至得手"。我们为什么不能做真实的自己呢？

菲奥娜表示赞同："在我最近一次演讲后，一位穆斯林妇女跟我说了同样意思的话。她现在非常沮丧，她知道自己之所以出局是因为她是女人，还是个少数民族。更进一步说是因为她是穆斯林且戴头巾。现在又得知自己之所以轻易出局是因为不爱运动。看来她根本得不到机会。我认为她所说的是一件非常值得思考的事情，因为这一现象反映出领导能否考虑到客户群体的多样性。你的投入的确会影响你现有的客户群，但更应该考虑以10年后所期望的群体为目标。"

目前这些还不足以说明问题。菲奥娜最近在罗德板球场参加了一天的活动，她数了数：在那共有27个公司的包厢，每个包厢大约有20人，而场上只有两个女人。她说："人际关系就是在这样的包厢里建立起来的，人们喝得微醺，开怀大笑。男人们自然会倾向邀请其他男人一起玩，但是他们需要开始邀请女人，女人们也需要开始强迫自己参与。"但是如果你不喜欢运动呢？如果你不了解板球呢？你会不会担心被问到平均命中率？"说实话，他们当中有一半人根本就没在看比赛，只是一起吃午饭，喝得酩酊大醉，在此过程中建立了亲密关系。我不喜欢F1，但我喜欢比赛那天，因为那个过程真的是太棒了。你必须要把与人建立关系网这件事看作'我要去见有趣的人'而不是'噢天哪！我不想去'。你必须要制订一个计划：'我每年要参加两场大型会议、四个企业活动日。'即使无法全部完成，但一定要确保你完成了一部分。"

广告大师兼竞立媒体首席战略官休·乌纳曼（Sue

Unerman)给我讲述了同样的经历。她不太喜欢运动，公司邀请员工参加体育比赛时，她通常都会拒绝。（她打趣说："我要是去高尔夫球场的话还升不到我现在的位置。"）然而她工位的墙上却贴有黄色的便条，上面写着"背越式跳高"和有关英国自行车大师戴夫·布雷斯福德（Dave Brailsford）的信息。这不是很明显吗？

休解释道："我在工作中会用运动打比方。"作为一个在业内处于顶尖地位的女性，却花很多年时间做本职以外的工作，休是非常罕见的个例。"我这么做已经有15年了，因为你很快就明白，尤其是对于男人来说，没有什么比拿足球打比方更有沟通效果了。你可以花几个小时研究如何用统计数据和图表来推销一个想法，你也可以说：'我们支持哪队获胜？巴萨还是富勒姆？'男人们在会上听到后会点头赞同，因为我在用他们的语言说话。"她说。

休不看体育比赛，她从搭档马克（Mark）那里得到打比方的素材。她跟马克说明工作中的情况，让他在体育圈找一个类似的例子。休的比喻非常具有启发性，我不禁点头微笑，尽管我完全不懂广告和数以百万计的总账款，也不懂如何经商谋利，但是当她谈到体育时，我这个不懂商业的人却能明白她在讲什么。更重要的是，我在过程中感到很愉快。

"我记得我的一个客户非常善于分析，"休说，"他沉迷于自己的思维方式，不愿意尝试其他的东西。但我希望他能够放弃固执的想法，所以在我们开会的时候，我放出了一张2012年欧洲冠军联赛半决赛的照片，那场比赛中巴萨输给了切尔西。当时我说，巴萨在诺坎普输给切尔西的时候，全世界的巴萨球迷对着电视机大喊：'还不如简单粗暴点！'我其实不知道这是什么意思，马克向我解释说，巴萨以精细的控球式打法著称，这有时会减少在欧冠半决赛中获胜的惊喜感。结果我发现，人们真的很喜欢你用他们能够理解的语言表达，而不是干巴巴的广告术语。老虎·伍兹的例子也很有成效。这个类比针对的是公司应该在创新项目上投资还是专注于利润的争论。我说：'如果老虎·伍兹收入的10%来自高尔夫球比赛，90%来自赞助，那么他应该把时间投入到哪里呢？'这个例子在他过气之后显得更贴切了……"

休从小因祖母而对体育活动不太感兴趣，她祖母极为痴迷高尔夫球（"她每个周末都会让我在波特酒吧的高尔夫俱乐部为她做球童。"那是一个专门为犹太人设立的俱乐部，因为犹太人不被允许进入其他俱乐部）。休也总是最后一个入选进学校球队。她说："我的运动经历是失败的。"休认为这对她团队工作的能力有着深远的影响："在我职业生涯的早期阶段，我不了解团队的内涵。我是一个完美主义者，总是专注于自己的工作有多么重要。但是我学会后发现我自身是如此具有竞争力，于是我的职业能力得到了升华。我最终学会了努力让团队获胜。一起做一件事的乐趣是不可思议的，即便是一起失败也会有巨大的安慰。我很遗憾没有早点在学校学会这些。体育运动中的团队合作就是让人明白，一个人有多么可爱并不重要，要是其在比赛中没接好接力棒则绝对会让你失望。同样，你也不必在意某人是不是个混蛋，只要他能发挥自己在团队中的作用就好。这就是体育运动的中立性，一切都看表现。"

  我能够理解休所说的，因为我也花了很长时间才学会融入团队。小时候我讨厌团队，每当要小组合作时，我都暗自叫苦，我不知道怎样让围坐在一起的成员各尽所能，所以我会放弃领导，让其他人去做决定。就像休一样，我总是会关注个性品格而非客观实际。如果我喜欢一个人，我就会想要和这个人一起工作，而不管其在工作任务中是表现出色还是毫无作用。25年后，我终于学会了热爱并理解团队工作。在我所监管的行业社交组织"足球中的女性"中，我对于我们的集体成就感到十分自豪。看到别人在自己的强项上出类拔萃，我兴奋不已，这反过来又让团队变得更加强大。我不禁猜想，是否在很多年前我就可以学会这一切，那样的话我就会让自己免受内心焦虑和工作低效的困扰。而且，更重要的是，我们要如何确保下一代的女性不会陷入同样的困境呢？

即使政府对学校体育进行了大刀阔斧的改革，确保女孩们不会错过任何一项体育技能，那么对于那些为时已晚的数百万女性来说，她们又该怎么办呢？她们真的还要学习射击、学习打高尔夫球吗？假装像那么回事？还是认真参与进去？板球、足球——甚至是彩弹游戏——是帮助团队团结且高效的仅有选择吗？难道就没有其他方法，让那些以前从不做运动或从不喜欢运动的人，也能够在工作场所享受到运动带来的好处？除了在办公室举办的圣诞晚会上打打保龄球，我经常拒绝在工作中遇到的几乎所有的运动机会，我感到很内疚，直到乔吉·布伦（Georgie Bullen）的故事进入人们的视线。乔吉·布伦是盲人门球队队长，盲人门球是残奥会为盲人及视力障碍的运动员设立的一项比赛。乔吉把这项运动带到了全国各地的工作场合。员工被蒙住眼睛，尝试接力赛和门球训练。乔吉说："这比向后倒在同事怀里的测验更加有效。"她认为，剥夺员工的一项关键感觉——视觉——会教会人们如何更好地沟通，最终在彼此之间建立信任。

说实话，听说热爱运动的人通过创业来支持他们的运动事业时，我倾向于持怀疑态度。他们用自己的名字命名游泳馆、营养计划或是运动产品，所有这些做法都让人觉得缺少热情，仿佛就是为了赚钱。乔吉的故事大相径庭。她年仅21岁，经历却非比寻常。她的事业得到了王子信托基金和英国皇家盲人研究所的支持，是真正有助于工作场所的。它还让员工体验模拟眼镜——这种眼镜用一种好玩的方式模拟视觉受损的感觉，从而再现不同程度的视觉损害。乔吉也不回避英国视力障碍人群生活中面对的残酷事实。她告诉我，在这个国家，约2/3的盲人和视力障碍人群正遭遇失业，这让我大吃一惊。乔吉给我讲了她盲人队友的故事，队友的丈夫也是个盲人，多年来一直在找工作，但是一无所获。"他有学历，也很聪明，找不到工作不是因为尝试得不够多。他开始想用自己的学历找对口工作，但是最终还是申请了任何能找到的行政工作。我真的很想帮他。同样，当时我上的是公立学校，为了被录取，我需要确认录取条件有扩展到盲人这一项。"乔吉说。

乔吉通过残奥会才找到了生命的意义，就这么简单。乔吉所在的公立学校不允许她上体育课，老师说她并不够格，挑选队员时，她总是排在最后一个。乔吉从小就在后花园跟哥哥们一起运动，她把运动看作再正常不过的事情，所以在学校里的遭遇让乔吉很是困惑不解。乔吉本想去考体育项目的普通中等教育证书，但是老师们认为她没有能力考取，于是纷纷劝阻她。他们根本想不到乔吉能够在2012年伦敦残奥会上担任英国国家队队长。想想还有多少意识薄弱的孩子因为没有得到鼓励或是没有得到参与运动的机会而被甩在后面。我认识很多成年女性，她们常常会带着真正的好奇心思考自己在体育运动中的天赋——她们需要的就是一个恰当的机会。

乔吉讲述的不公平待遇让我很生气。好在，最终她有能力去参加残奥会，而且身边围绕着其他有视力障碍的运动员，她也随即将这些人组织起来，大家彼此支持，互相鼓励，这些朋友都身有残疾，对于共同经历过的疯狂的事，他们可以一起嬉笑怒骂。比如，他们说服某个陌生人和他们在街上一起追赶偷他们导盲犬的人。她说："人们不能理解视觉障碍，他们认为你要么是盲人，要么不是。很多人惊讶地发现，残疾人居然不用坐在轮椅上。"她有时会听到一些司空见惯的评论。"就比如人们意识到你的视力有缺陷时，他们会说：'噢！真可惜！你这么漂亮。'"乔吉笑着说。我却说不出话来。

乔吉的商业想法之所以成功，是因为她知道怎样利用残奥会的运动来教会身体健全的人一些重要的东西，从而提高他们在日常工作中的能力。主流想法认为，社会应该在某些道德义务的推动下发展残奥会运动项目或帮助残疾人，乔吉的做法与这种通常的说法形成了巨大的反差。乔吉认为，残疾能够教给我们这些拥有健全身体的人很多东西，而我们从中得到的经验教训影响将极为深远。虽然残奥会发展得已经很完善，但是英国残疾人体育联合会表示，2/3的残疾人不想参加与正常人有别的运动，他们想和其他人一起正常参与运动。对于那些有兴趣攀向体育事业巅峰的人来说，残奥会也只是代表残疾人运动中的一小部分，因为可以参加的运动类别实在有限。从工作场所到我们对健康话题的讨论，整个世界都是为健全的人建立的，而习惯性地忽视任何有残疾的人。

如果你在工作场所被禁止参加体育运动会怎样？这听起来有点极端，但是体育部长特蕾西·克劳奇（Tracey Crouch）发现自己正处于这种境况。她本人极为精明能干，作为议员的前途很有希望。我们在她办公室见面，就在议会广场对面。她怀孕几个月了，但是几乎看不出来，她把衬衫整整齐齐地塞进铅笔裙里，而我则忍着妊娠反应的强烈不适，不得不倒一杯茶来缓解。令人吃惊的是，她是第一个休产假的保守党部长。

特蕾西从小就喜欢在阳光下做各种运动，通常在操场上，老师告诉她不要这样做。他们会说："这没你的事，去干点别的吧。"在从政期间，她还在一个女子足球队执教 9 年，而且陆续教了其他运动。她这样的体育部长极为少见，能够承受住就职典礼上媒体可怕的体育知识问答，而没让她的顾问紧张到流汗。

我第一次听说特蕾西是在 2011 年，当时她抱怨没能加入议会足球队。我试探性地问了一下她现在的想法，想知道她成为体育部长之后，是否就不再有以前的想法了，但她对此事的反应和感觉似乎像曾经一样强烈。

"2012 年我当选的时候，足球协会正在整顿球队，规定球队必须要遵守足球协会的所有规则,比如球员不可超过特定年龄。所以我无法为足球协会整顿过的任何一支球队效力,包括议会球队和在党政会议上被淘汰的球队。但其实背后的原因也在于裁判和保险。尽管我接触过的许多专业裁判表示他们乐意这样做。"特蕾西补充说。在保守党会议上,球队决定让特蕾西上场,由此丧失了足球协会的财政援助,包括球衣和裁判。这对每个球员来说都是一个特别沉重的负担。事态似乎很荒谬,特别是特蕾西现在已经是体育部长了,足球协会必然不能继续坚持他们陈旧的立场,否认部长在球队中的地位。会有解决办法吗?特蕾西感叹:"我认为除非足球协会在管理议会球队时采取更加灵活的态度,否则就不会有解决办法。足球协会的运作方式可能有点太严肃了,你得让队里的球员乐意参加。当你让人们参观议会时,也总会有女士想要一起来加入的吧。我认为足球协会只需要在这个问题上别那么严肃,只有这样,我们才会前进。"她双臂交叉放在膝上说道。而我很愤懑:"但是特蕾西,你可是体育部长啊!这太不可思议了!""是的,"特蕾西开玩笑,"实在不行的话,我就只好撤回他们的资金或其他资助啦……"特蕾西说,她认同体育是人际关系和工作场所的重要组成部分，她认为女性不应该错过这个机会。"我并不认为我个人错过了与同事建立联系或接触的机会，但我觉得，如果人们愿意的话，无论年龄多大，他们都应有机会参加体育活动。"

那么，她在为下一代做什么呢？特蕾西对未来的看法比我乐观得多，当她还是个小女孩的时候，年轻姑娘们的机遇已经大为改善。我认为对于政治家来说，保持乐观是他们的工作。我只希望政府各部门能够加强合作。正如特蕾西所说："（学校体育）总有改进的余地，但我的部门并不负责监督……"所幸的是，特蕾西提出的新体育战略的目标群体主要集中在基层，而且在向多个部门征求意见。她说："我们正在研究所有年龄组，老年人参加体育活动能减轻国民保健体系的负担，因为体育活动减少了老年人的孤独感，参与体育活动对人们大有裨益。"更重要的是，2016年的战略针对的是5岁以上的儿童。这是一个可喜的巨大进步，因为旧的战略只是鼓励年满14岁的年轻人参加体育运动。

特蕾西说虽然她是个十足的体育迷，但是她已经爱上了尊巴，这让我对她产生了好感。她说："起初，我疑虑极深，不仅仅是因为我在舞蹈方面完全没有协调性，还因为我以前上尊巴课是在一个乡村大厅里,教练关掉灯,光只打在舞台上,所以我在后面看起来像木偶也不要紧,因为根本就没有人能看到我。我在尊巴课上流的汗比在球赛中还多,其实你完全可以自己随便跳尊巴,不必去上课。"

收回思绪,让我们再来看看工作场所发生的变化吧。我和安永赞助负责人汤姆·金斯利(Tom Kingsley)的谈话也让人精神振奋。我们边喝咖啡边聊,他谈到午餐时的步行会议或骑自行车上山已经代替了高尔夫球职场社交。他说这在很大程度上是由于公司面临更大压力,需要更具包容性——随着女性员工晋升,新的利益关系出现。这反过来又对女性运动产生重要的连锁反应——菲奥娜也强调过这点。如果高尔夫巡回赛让人感到乏味滥俗,那么女子橄榄球、赛艇或足球又如何呢?如果女性成为关注的焦点,那么她们对加入运动感兴趣的可能性就更大,"女性化"在商业领域风靡一时之际,公司因社会责任的附加值也会获得巨大利益。

但是变化并不仅仅是关于女性的,也与男性有关。汤姆讲述给我的事中,最好的莫过于这件:他有两个小孩子,不想因为职场社交而错过家庭时间。所以如果受邀参加周中的联赛，他宁愿选择待在家里，把孩子们送上床，再下楼看电视。如果是周末的体育活动，他也要确保不会占用家庭时间——他会问能否带上自己的妻子或两个儿子，他的家人都支持利物浦队。为此他会把公司的款待换成普通门票，然后在中场休息的时候上楼到包厢里和同事们一起喝一杯咖啡。他也意识到老一辈人看到他的做法可能会觉得别扭，但是作为一个有着年幼孩子的父亲，他非常清楚自己想在什么样的环境中工作，以及怎样做对每个人更好。

作为一个小女孩的妈妈，汤姆的做法真让我感到开心。这才应该是现代社会中职场爸爸的表率，我希望有更多这样的爸爸。我记得在我有了女儿之后，有一天，一位男同事用宝宝背带背着孩子来上班，人们对此议论纷纷，讨论这究竟应该被看作一个男性思想开放的伟大举动，还是更加证明男人可以做成女人没有胆量去做的事情。我有一位同事说："你不会带孩子去参加新闻发布会的，如果你带了，想想会引起怎样的公愤吧。"

这番话让我想起了克里斯·罗克（Chris Rock）的那篇随笔——关于男性做分内之事却获得称赞这种情况。对于那些叫嚣"我可是有在照顾自己的孩子啊"的男人，克里斯·洛克反驳道："你本就该这么做！你个混蛋！"这种文化让很多女性感到愤怒。男人某一天做了一些女人每天都会做的事情，比如照顾孩子，为什么他们就会因此而受到表扬？然而，虽然我理解这种沮丧的感受，但是我依然认为，父亲在做出改变的过程中确实扮演了重要角色。还有什么地方比工作场合更适合做出改变呢？也许我们应该感谢那些带头的人。

我确信汤姆的做法是大趋势的冰山一角，即从传统的工作方式转向更加人性化的职场关系，而运动在此中的地位并未削减。夏天的时候，一位律师朋友邀请我加入一个男女都可以参加的体育联赛，通常我遇到这种事都会逃之夭夭。但这一提议的聪明之处在于，她选择了大多数人都不太可能参加的体育活动——这再次证明，乔吉的理念十分重要——她认为需要创造一个公平竞争的环境，从而使运动尽可能不再带有歧视女性的意味。男女混合队由一位专家指导，这位专家在每项运动的开始给队员传授速成技巧，包括垒球、圆场棒球和我个人最喜欢的项目——草地滚球。

现今的工作环境比以往任何时候都更加需要与人的接触，如果说有什么不同的话，那就是随着远程工作人员数量的增加，更多的线上沟通取代了面对面的会议。当面对倦怠、压力和超负荷的电子邮件时，企业需要更多关注职员的健康状况，让他们远离电脑屏幕，获得精神放松。运动和锻炼正是实现这些目标的绝妙方法。《福布斯》杂志（Forbes）最近的一篇文章宣扬了锻炼能提高大脑效能，包括在运动后2~3个小时大脑血液流速的提高，内啡肽释放以帮助大脑优先处理紧急事务并保持专注，同时改善记忆力等。凯瑟琳·斯威策在20世纪70年代就宣传过，马拉松能够激发智力思维，在当今潮流下，运动锻炼和工作场所的联系越来越紧密，凯瑟琳的观点仍然具有重要意义。

十多年前，我刚成为一名年轻的体育记者，也是较早认同运动给职业带来好处的其中一人。我和另一位年轻的女作家一起报名参加了午餐时间的瑜伽课程。那位老师对串联体式的讲解非常在行。我永远不会忘记，他最喜欢的一个序列就是让你"把脚后跟埋在屁股"，这常常让我们笑得前仰后合。我们在课程中建立起亲密关系的重要性远超过那些疯狂的瑜伽动作。最终，在一个男性占据主导地位的行业中，"把脚后跟埋进屁股"让我们成了彼此重要的支持者。我不确定没有了对方，哪一个

第三章　有运动经验的女性为何能在职场中脱颖而出

能够坚持下来。

在工作场合，越来越多的组织正在转变思维方式——团队更富凝聚力，工作更加专注，员工更加健康也就意味着少请病假——从聘请普拉提教师，在员工午休时间进行指导的唱片公司，到每天早上一起去拳击馆的城市工人，到每天带着壶铃走进办公大楼的私人教练，再到为"创造性思维"设置乒乓球桌的电话公司，莫不如是。

最棒的是，你不需要在办公室里做运动也能感受到这些好处。早上让你的大脑运转起来的方法也不难，比如接送孩子上下学的高峰时放弃开车，或者不再每天乘公共交通工具往返于压力重重的上下班路上，而是选择步行 40 分钟穿过这座城市。手机上的健康应用程序现在可以自动测量我们每天走了多远距离，爬了多少层楼梯，哪怕是一丁点儿的体力活动也会让我们的大脑因受到血清素的刺激而感到愉悦。最重要的是，在我们坐下来面对那些可怕的纳税申报单或没完没了的证券成交价格记录之前，锻炼让我们觉得自己已经完成了一些重要的事情。它给了我们动力，让我们继续前进。随着工作中久坐的时间越来越长，人们比以往任何时候都更需要精气神,那么离开办公桌、收银机、汽车和电脑是必不可少的,一天中的任何时候锻炼都有效。午餐时间跑步会让我们在下午的精力更加充沛,下班后在泰晤士河游泳——野外游泳的狂热更是十足的魔法,河水在你身上轻轻拍打,白天的压力便会慢慢消减。总而言之,无论是让我们在事业上取得成功,还是帮助我们保持清醒,都不要搞错这一点:运动和锻炼是现今人类的生命线。

第四章

运动与禁忌
——月经、性与更年期

我们早就应该谈论体育运动中女性经期这个问题了。女运动员暗示她们很乐意帮忙,那么我们为什么不接过接力棒一起行动起来呢?反而是把经期当成房间里的大象①,记者、教练、医护人员、运动科学家和体育管理机构对此纷纷视而不见。

2005年,塞雷娜·威廉姆斯透露自己患有经期偏头痛,她是第一个打破禁忌的人。在英国,这个故事很

---

① 英国谚语,用来指显而易见的事实被人们回避或无视的情形。

少被提及。在美国则有更多报道,但这些不会成为头条新闻。随后,在 2009 年的温网中,耶莱娜·扬科维奇(Jelena Jankovic)将她的第三轮失利归咎于"女性问题"。媒体对这位前世界排名第一的运动员的反应十分异常。扬科维奇因为头晕不适,表示可能需要一辆救护车,但是记者却指责她是个小题大做的戏精。"第一年失利是因为停车场和直升机,第二年又成了'女性问题'的错。"英国《每日电讯报》(Telegraph)的一名记者写道,她可以交替使用这两个借口。

说到痛经,好像没什么大不了,只是女人在自我矫情。"有些医生告诉你那只是心理作用,"塞雷娜表示认同,"我的一个医生确实这么告诉我:'你必须克服它,其实你什么毛病也没有,只是觉得到了这个月的那个时候它又来了。'当时我就想:'我必须在精神上更加坚强。'"她最终得到了正确的诊断结果:经期偏头痛,这是一种让人虚弱的慢性病,她需要服用药物。塞雷娜当时已经赢得了七次大满贯。"我知道,这看起来并不影响我的网球事业。但其实不是,我的偏头痛在阳光下会更加严重。在澳大利亚避开阳光没那么容易,我记得在悉尼跟玛蒂娜·辛吉斯(Martina Hingis)打比赛的时候,我正是因为犯偏头痛而出局了。那时你只想爬到床底下，待在那不出来，"她补充道，"我想给所有的女人讲述我的故事，让她们知道还有希望，她们应该寻求帮助。"

10年过去了，社会观念终于开始迎头赶上。2015年初，两个词"Girl things"（女孩的事）为女性和月经开启了一个崭新的世界。英国网球运动员希瑟·沃森（Heather Watson）在澳大利亚网球公开赛被淘汰后提到了这两个词——"女孩的事"，她说自己头晕、恶心、精力不济，所以在第一盘比赛结束时不得不打电话请医生。

值得庆幸的是，这一次，媒体以一种完全不同的方式做出了回应，大量关于月经的报道突然出现在主流媒体上，体育记者疯狂地给通讯录上的每一位女性运动员打电话，要求她们谈论一个月当中的那个时间。对女性来说，这很奇怪，毕竟月经不是一个新的产物。不过一些人还需要调整和适应。我记得一位记者同事问她的编辑，她能否报道这个主题，编辑的答复是她需要确认一下读者是否已经"做好准备"。

现在我们可以公开谈论月经了，也知道了很多女运动员多年来一直在默默承受月经的痛苦。从温网一贯要求所有运动员必须穿白色服装，且不管一轮比赛用时多久，每轮比赛只有一次上厕所的休息时间，到女运动员经期时提供药检尿样时的尴尬——更不用说疼痛、不便、伤病和不适的问题。谈话无疑迫使我重新审视法国网球明星塔蒂亚娜·戈洛温（Tatiana Golovin）和她那著名的"别致的红内裤"事件，当时各路小报都在争先恐后地报道。戈洛温的红内裤看起来更像是运动短裤，现在我想知道她当时穿那种红内裤是不是因为来了月经。我真希望是这样，因为伦敦新闻界对这种"法式内裤"愤怒地讽刺不停，如果这种"法式内裤"只不过是经期裤，那么那些讽刺就太滑稽了。好在除开这些可怕的故事，也有一些令人欣慰的例子，比如英国女子冰球队，队员们经常谈论自己的月经，而队内的医疗部门则按时记录她们的月经周期。不幸的是，这些例子实在太少了。

如果说是希瑟·沃森打开了新世界的大门，让人们开始谈论运动过程中的月经问题，那么歌手 M.I.A. 的前鼓手基兰·甘地（Kiran Gandhi）决定在不用卫生用品的情况下参加 2015 年伦敦马拉松比赛时，就把这一话题的影响扩大了。甘地在赛前接受了一年的训练，但是当她在比赛前一天来月经时，她产生了一个极端的想法。她不仅要去跑马拉松，还要任由经血流出，表达对全世界所有无力负担卫生用品的妇女的支持。甘地的做法也鼓励了我们，不再面对进退两难的困境：是用棉条挣扎跑完26.2英里，还是担忧使用卫生巾带来的皮肤感染。

她后来在博客上写道："我想，如果存在一个全社会都不会去批判和痛骂的人，那大概就是马拉松选手了。而如果有一种方法可以超越压迫，那就是用你想要的任何方式去跑马拉松。在马拉松比赛中，性别歧视是可以被打败的，女性经期的污点是无关紧要的，我们可以根据自己的选择重写规则。其中女人的舒适取代了观察者的舒适。为了那些没有卫生棉条的姐妹们，为了那些不顾抽筋和疼痛，隐瞒经期来假装它不存在的姐妹们，我一边跑，一边任鲜血顺着腿滴下来。我这样做就是为了说明，月经的痛苦确实存在，我们平日里都在努力克服它。在那天以前，我未曾想过来月经时跑马拉松比赛会是如此激进、荒唐而又血腥。"

基兰发现，这种经历是有益的。尽管她的紧身裤里有经血，但是朋友们在身边陪她跑完了全程，父亲和弟弟也在终点线热情地拥抱她，祝贺她为乳腺癌筹集了6 000美元善款。"在马拉松比赛中，你不必担心自己在别人眼中看起来如何，这是一个很酷的观念。"她说。

基兰的做法引起了全英国媒体的关注。虽然有凯特琳·莫兰（Caitlin Moran）这样的人来称赞她具有"朋克摇滚"的力量，但是社交媒体上也有大量的键盘侠去攻击她"恶心、不卫生"。甚至在比赛过程中其他参赛者跑到基兰身边大放厥词。"有人跑到我身后，一脸厌恶地压低声音告诉我，我来月经了……我就像……啊，我不知道怎样形容。"她在博客中写道。

最终，所有的谴责也只更加凸显出她的核心观点——女人一直因为羞耻而对经期讳莫如深。虽然这项举动对改变中高等收入的女性群体的态度来说可能是切实可行的，但现实情况是，世界上的很多女性都因为经期而受到排斥——从工作场合到社会环境，甚至是自己的家庭。她们处处受到排斥，因为人们把经期视为耻辱。在印度，"不要碰泡菜坛子"这句谚语就反映了这样的羞辱——来月经的女人被认为是肮脏和不洁的，不能进入厨房和礼拜场所。报道称，在印度，1/5 的女孩会在月经来潮时辍学。2015 年，宝洁公司拍摄了一支广告，试图挑战这一糟糕的传统，同时也推销了旗下的卫生巾品牌"护舒宝"，宝洁公司因此而获奖。但是基兰指出，只有 12% 的印度女性可以使用卫生巾或卫生棉条，而其他人只能用破布、树叶，甚至是锯末来止住血流。在我看来，"护舒宝运动"虽然在西方人眼里值得敬佩，却进一步强化了这样一种观念：真正的解放需要一次性的卫生品。与之相反，基兰的观点是月经禁忌需要毫不留情地被打破。与此同时，美国有 4 000 万女性挣扎在贫困的边缘，无力支付每年大约 70 美元的卫生用品费用——因为这笔费用无法用食物券支付。在英国，基兰事件发生时，正值议会讨论是否要取消卫生用品的增值税——这一税收目前不用于佳发蛋糕、剃须刀和避孕套。在英国，女性平均一生花在卫生用品上的钱为 1.8 万英镑，这几乎是大多数女性一年的工资。

但是，如果说在日常生活中来月经都很麻烦，那么对于从事体育运动的人来说，经期似乎就更具有挑战性了。而对于顶级运动员，在这个问题上，最有影响力的故事之一出自对葆拉·拉德克利夫（Paula Radcliffe）的采访。这位马拉松世界纪录保持者透露，她曾警告英国田径运动员协会不要使用炔诺酮片——这是一种短效避孕药，可以防止比赛期间月经来潮。她说，因为这种药曾给自己和乔·佩维（Jo Pavey）带来了麻烦。她举了个具体的例子——服用这种避孕药导致中长跑新星杰茜

第四章　运动与禁忌

卡·贾德（Jessica Judd）在2013年世界锦标赛的第一轮比赛中失利。这次事件引发了一场讨论，思考体育管理机构应该为女运动员月经前后提供什么样的建议。

出于好奇，我想了解更多情况，于是采访了英国800米中长跑运动员玛丽莲·奥科罗（Marilyn Okoro），她是一个很有前途的中长跑运动员，但其在职业生涯中经常被伤病困扰。然而，多年之后，才有人提出她的伤势与月经之间可能存在联系。"过去我并不认为经期对我有任何影响，但随着年龄的增长，我对这方面的问题有了更多的了解，比如我的腘绳肌伤病和肌腱病史，"玛丽莲说，"我注意到一个典型的情况——每次在我来月经之前，左腿的腘绳肌肌腱就会疼痛难忍。我向理疗师提起这件事时，他们并不在意。直到我接受了女理疗师莉莉·迪瓦恩（Lily Devine）的治疗，我才获得了真正意义上的医学诊断。她说：'噢，这很好理解，因为所有这些痛感都跟你的髋部运动有关，你的髋部在经期变宽，对腘绳肌肌腱产生了直接影响。'她建议我做一些缓解疼痛的事情。职业运动生涯这么久以来，我才意识到月经对我有很大影响。"

"莉莉是我共事过的最好的理疗师，她还知道月经期间不给我施以针灸,因为会很痛——平时我可以承受,但是经期就不行。我记得有一次她说:'你现在是处于经期吗?你应该经常通知我你的经期,因为这个时候针灸不是一个好主意,身体的一切都会极其敏感。'我的筋膜很厚,所以针灸对我来说就像在承受酷刑,但是男理疗师总是会说:'噢,拜托!你只不过是胆小。'然后就把针扎进去。"她接着说。

田径运动中一半的运动员是女性,但令人感到非常失望甚至绝望的是,女性工作人员的数量仍然非常少,特别是女教练的人数,可以说严重不足。在2015年田径世锦赛上,39名英国运动教练中只有2位是女性:克里斯廷·鲍梅克(Christine Bowmaker)和卡萝尔·威廉姆斯(Carol Williams)。玛丽莲说她总是有意避开女教练,转而选择男教练。我一次又一次地从女运动员那里听到这样的偏向,这让我很难过。为什么会出现这种情况呢?运动员告诉我这反映了教练的地位:成功的教练都是男性,而优秀的女教练几乎没有。由此我想起了一段视频,视频中小孩子被提问,圣诞老人可不可以是女人。孩子们说当然不可以,因为女圣诞老人会在天空中迷路,或者忙着生孩子。可怕的是,对于女教练和她们的权威性,或者说她们承担角色的能力，人们仍然抱有类似的陈旧观念。这是一个由来已久的困境：如果不明白它，那么就不可能解决它。但是时代在变化，有意思的是，玛丽莲现在想知道，她和一个女教练之间的关系会有多么坦诚。

我问玛丽莲，她的男医生或理疗师有没有跟她谈过月经问题。她说，有关月经的全部内容仅仅是填写一张表格，用来记录她上一次的月经日期，或者如果她不想在一次重大锦标赛期间来月经，就给她提供延迟月经的药。玛丽莲总是拒绝后一种选择："因为我觉得避孕药会干扰我的激素分泌。"她说，几乎每一个她认识的运动员都接受过皮下埋植避孕法——将避孕针植入上臂皮下。但最终都被移除了，因为副作用非常严重。"跟我交流过的那些运动员说，皮下埋植让她们'疯狂地'患上了抑郁症——这种情绪在运动中普遍存在——焦虑、易怒、体重增加，这些对我来说都是灾难性的。我不需要植入物来体验这些症状。我不太清楚为什么这种方法会被推荐给运动员，但它应该是一个受欢迎的选择，毕竟它很隐蔽，也不需要侵入性的手术操作。"她解释说。

那么除了莉莉之外，田径运动中有没有其他人跟玛丽莲谈起过她的经期问题？她大笑着表达无奈："很明显，田径运动完全是由男教练主导的。我的教练很棒，但是他不懂经期给我的困扰，他会说'这不是借口'。还有另外一个极端的情况，有的教练会说：'鉴于你们的情况，我可以对你们宽容一些。'就好像月经是某种疾病一样。"她继续补充："老实说，我感觉男教练在这个问题上确实不知道该怎么做。我们去参加锦标赛的时候，会准备好所有小册子和物品，但是并没有与经期有关的准备，对此得到的最多的建议就是营养学家那些关于饮食方面的注意事项及其对身体的作用。我嗜吃油炸食品和咸的东西，所以我尽量多吃蔬菜来均衡饮食，还会喝很多水来帮助消除腹胀。在经期前 10 天我会服用月见草油，补剂的分量也会更少。"玛丽莲也指出，月经对她情绪上的影响比对身体上的影响更大："月经确实会让你变得比平常忸怩、偏执。我讨厌它，因为每到这时我的肚子就会发胀，让我觉得自己看起来像个女版米其林轮胎人，于是我就会担心肚子（在竞赛服下）突出之类的蠢事。但是只要我没有感觉到疼痛，我就知道我的感觉恐怕比看起来还要糟糕。你通常可以通过一个现象判断出一个人是否在经期——如果她平时穿紧身运动短裤，经期时穿的就是宽松款短裤。为了以防万一,我总是多带上一些东西,而且还要确保我的赛服颜色看上去稍微深一些。"我问她是否曾和运动心理医生讨论过经期情绪方面的问题,她摇了摇头。"没有,我不知道是不是因为我觉得他是男的。"她笑着说。

对于前英国七项全能运动员凯莉·索瑟顿来说,月经周期和伤病之间的联系显而易见。她告诉我:"如果我受伤,通常就发生在月经前一周,那就是受伤的原因。经期的我总觉得无精打采……所以我改变了训练周期,训练三周,休息一周。休息周便是月经前一周,因为那个时候我的身体正准备好要经历月经。每逢经期我就容易烦躁和抱怨,进而也会造成一些伤害。这样安排对预防伤病很有帮助。"虽然凯莉承认不是每个人都能在这个问题上如此开放,很多人仍然把月经视为禁忌,但是她确信教练和医疗团队能够及时了解她的月经情况。凯莉说:"我是一个非常开放的人,我不怕告诉教练'我正在月经期,有点无精打采'。你必须把一切都告诉你的教练,否则他们帮不了你,所以我得确保教练知道发生了什么。等9月一到,我就要开始为明年的锦标赛做准备,改变我的经期,这样就不会和重大比赛产生冲突。

我会提前很久做好计划，因为我并不热衷于通过持续服用避孕药来控制月经，也不会像其他女孩那样通过服药来实现几个月都不来月经。对我来说，有两个重要的时间节点——在奥地利的格齐斯举办的世界七项全能比赛（Götzis Hypomeeting）和锦标赛，我会根据这两个时间倒推出我的月经时间，然后通过服药来改变经期。"

玛丽莲和凯莉经过自身实践发现，经期正是让女运动员身体受伤的最大原因。夏洛特·考伊医生（Dr Charlotte Cowie）是圣·乔治医院的临床主任，她曾与各类运动员打过交道，从奥运会的运动员到超级联赛的足球运动员，都接受过她的治疗，考伊医生见证了经期对女运动员的影响。但是她告诉我，对于是否要谈论这个话题，她仍然犹豫不决，因为对于大多数女性来说，在经期之前及期间进行锻炼，其好处远远大于负面影响。她说："我确实认同，能够谈论这些问题是一个真正的进步，但我们必须要把它放置于这个背景之中——从统计学上讲，不经常锻炼的女性比经常锻炼的女性更容易出现痛经的症状，我担心关于负面影响的大规模讨论会让女性认为在经期锻炼是不好的或是很困难的。而实际上对女性来说，经期锻炼是非常重要的。不过一些关于伤病率和女性经期的研究表明,女性在月经期间似乎更容易受伤。"

夏洛特说,她遇到的一些比较常见的问题都是生活中切实发生的,这些问题可能会影响到任何女性,而不仅仅是运动员。她谈到了培训场地设施,那里的卫生间只供男运动员使用,但是女运动员必须在那里换卫生用品。对于刚进入青春期的年轻女孩来说,这可能会给她们做运动和锻炼造成额外的障碍。"对于年轻的运动员来说,只需要记住:做好适当的卫生防护很重要,有备无患,能帮人免去后顾之忧,也不必担心突然被叫去参加比赛而无能为力。"夏洛特说。对于任何年龄的优秀运动员来说,月经期间接受药检都会让人感觉备受侵扰。正如凯莉所说,药检人员将会观察小便的过程,以确保尿液样本的真实性。但对于一个处在经期的女性来说,这会令人感到非常丢脸。因为药检人员可能会看到她们的尿液中有血,还可能看见使用中的卫生棉条或是内裤上的一整片卫生巾。谢天谢地,药检人员至少是女性。坦尼·格雷-汤普森记得在她职业生涯中的一段时间,即20世纪80—90年代,她有时不得不在男医生面前提供样本。

治疗经期的常见症状,如痛经,通常用普通的止疼药就可以。尽管许多女性更喜欢使用月见草油等替代药物，但对于顶级运动员来说，这些药物可能会出现问题，因为她们服用的每一种药物都需要进行批量测试，以防止兴奋剂检测时出问题。夏洛特说："激素控制是个人的事情。如果女孩还很年轻，而且没有过性行为，那么对她们来说需要很大的勇气来开始服用避孕药。然而，如果一个人在恋爱期间需要采取避孕措施，那么她就可以服用避孕药。"

每一项运动都有自身的艰巨之处——奥运会运动员每 4 年才有一次机会登场参赛，相比之下，足球运动员一年四季都要参加比赛，而网球运动员一年至少要参与四大满贯的角逐。夏洛特说："如果你要参加举重、跆拳道等涉及体重的比赛，那么你就不希望在重大比赛前还要处理体内水分存留的问题。所以每个运动员的问题都需要个体化的解决方案。只有极少数运动员有严重的不适症状。这就是我为希瑟·沃森感到难过的原因，不仅是在于很难开口谈论，而且在于她的情况并不常见，其他的网球女运动员可能没有共鸣。我也照看过英格兰女子足球队，有几个运动员服用过消炎药，但是只有一个运动员真的会因严重痛经而纠结和挣扎。所以这样的情况并不是没有，但肯定不占多数。"夏洛特以前在全英草地网球俱乐部工作过，她认为网球运动员在经期最为辛苦，她们一年之中大部分时间都花在路上，要在世界各地寻求经期卫生用品，整个赛季下来并不是由同一名医生看病，因为医生分配是根据特定的比赛而非运动员个人。前英国联合会杯队长朱迪·默里（Judy Murray）也分享了她的观点。她和希瑟·沃森在同一个队。朱迪告诉我："因为女人的行程是由男人主导的，如果你的教练是单身男性的话，那么关于月经的所有事情就变得很难解释清楚，因为这不是一个男人可以亲身经历的事情。即便非单身，如果他们跟每个月都要处理这个问题的人——妻子、女朋友、伴侣之间的关系不密切，那么他们当中的很多人仍无法理解。但这是生活中的事实，月经会在特定的时间里对运动员的表现产生重大影响，所以我们要确保教练能够完完全全地理解，而不应该害怕谈论它。"

之后，夏洛特又透露了一些我感到讶异的事情。她说，关于经期和伤病的研究在过去近10年的时间里才展开。我惊呆了，忍不住让她重申这个事实。她说："是的，我们对运动领域开展的大部分研究都是关于男性的，所以一般会假设女运动员在相关的研究中跟男运动员的情况是一致的。"但是这怎么可能呢？男性的身体怎么可能如此随意地取代女性的身体？夏洛特实事求是地解释，因为优秀的女运动员要比优秀的男运动员少，而且参加锻炼的女性要比男性少，所以就导致招募被试时较不容易。另外还有资金的因素。"一般来说，男性体育项目的资金更加充足，因此相较对女运动员的研究，对男运动员的研究会获得更多的资金支持。"我又问，但是我们对女性的身体肯定还有很多不了解的地方吧？夏洛特说："是的，非常多。"

这是一个重磅炸弹。在体育研究中，用男性身体代替女性身体是极其不科学的。几周后，我去拜访卡罗琳·克里亚多-佩雷斯（Caroline Criado Perez），她是社会活动家，也是记者。当年英国中央银行决定取消五英镑钞票上的伊丽莎白·弗莱（Elizabeth Fry）头像，这意味着英国钞票上不再有女性形象，卡罗琳因为抗议央行的这一决议而闻名。她的抗议激发了人们的共鸣，这个有关货币的小细节滚雪球般地演变成了一场全国性的运动。不久，政客们就群起而攻之，卡罗琳和国会议员斯特拉·克里西（Stella Creasy）都因她们的大胆直言而遭到强奸和死亡威胁。

当我们见面的时候，卡罗琳告诉我她正在写一篇关于这个科学问题的专栏文章。她说："男性成为'系统预设值'，这是我觉得最有趣的一种性别歧视。"她告诉我，几十年来，碰撞测试的假人模型都是基于男性身体做出来的，直到后来才有人意识到他们应该研究碰撞对孕妇身体的影响。"药品也是如此，美国食品药品监督管理局认为应将女性的安眠药用量减半，因为女性身体代谢活性成分的速度要快得多。然而，他们在2013年才意识到这一点。"但卡罗琳说，有些情况要更糟：一些女性在心脏病发作时被误诊，因为她们的症状与男性不同。很多医生只接受过男性症状方面的培训，所以会认为只是胃部不适或消化不良的问题，而把她们送回家。当然，没有医生愿意误诊一个女人，但之所以会发生这种情况，是因为女性身体只被看作有胸部的男性身体。女性医学应该是关于女性的问题，而现代医学还是没有把我们的身体与男性的真正区分开来。

"最令人吃惊的是，没有对女性进行测试的根本原因竟是女性体内的激素波动过多。基于这些数据事实，再来看待这些现象颇为有趣。如果一项测试不能解释50%人口的身体状况，那么肯定是测试本身出了问题，而不是女性身体有什么问题。但是男性的身体也会随着激素的变化出现波动，所以这种科学是错误的，其研究结果也毫无意义。甚至连那些对事实感兴趣的科学家都是基于错误的方法做出决定。"卡罗琳说。

我们静静地坐在那里，沉思片刻：科学怎么会如此不科学？在接下来的几个星期里，我又陆续听到了几十个例子。在针对备受争议的女用伟哥药片的酒精测试中，一项试验的被试有23名男性，而女性却仅有2名。事实上女性对酒精的耐受性低于男性。我在《大西洋月刊》上读到一篇文章，讲的是一位妇女在极度疼痛的情况下去了急诊室，等了9个小时才就诊，而医务人员告诉她要冷静下来，停止哭泣，耐心等待轮到她。结果她被诊断患有卵巢扭转，再晚几个小时就会危及生命。这篇文章说，与男性患者相比，女性的症状在美国的医疗系统中经常被轻视。在美国，"男性平均等49分钟就会拿到治疗急性腹痛的镇痛药。同样的情形，女性平均要等待65分钟"。

由此我们很清楚，女性需要答案和指引。她们需要正确的科学，刻不容缓。在我写这本书的时候，玛丽莲已31岁，这可能是她职业生涯中最后一次参加重要的锦标赛了。她之前错过了那么多的专业意见，这太不公平了。她说："这并不是女运动员在找借口，不了解月经期间的运动是很危险的，比如穿紧身裤或骶髂关节会限制臀部的动作，这些也都是很简单、平常的事情。如果说有什么东西可以帮我，我希望获得专业知识，而不仅仅是通过反复试验来发现真相，我的意思是——是我自己在互联网上搜索出来的那些东西。"我认为这简直是荒唐。你能想象韦恩·鲁尼或尤塞恩·博尔特坐在笔记本电脑前拼命寻找解决医疗问题的方法吗？这是不可能发生的。

我想还是需要找个专家谈谈。碰巧的是，国际奥林匹克委员会的妇科顾问正在英国体育与运动医学协会发表演讲，题目是"流血还是不流血？这是个问题！"。迈克尔·杜利博士（Dr Michael Dooley）正是英国在运动和月经方面的顶级专家。

在接下来的四个月里，我每隔几个星期就会和迈克尔谈一次。我从未见过如此热情的人，或者说我从未见过对谈论女性身体健康有如此多热情的人。他跟英国最著名的女运动员——从葆拉·拉德克利夫到玛丽·金（Mary King）——一起工作，在她们怀孕期间也给予很大支持。他想给全世界讲述关于月经、不孕症、怀孕、更年期、运动的好处以及子宫健康等相关的知识。尽管他在职业生涯中花费了数年时间致力于这个领域，但在谈话过程中，我很快发现仍然有很多未解决的问题。他说：" 遗憾的是，你的很多问题都没有答案，因为我们没有掌握所有的数据。但这正是我想做的——进行更多的研究。我可能是英国唯一一个关注顶级运动员和休闲运动员的妇科医生，因为这个领域非常重要。"

但为什么没有开展更多的研究呢？我很气愤地问。他笑着说："因为我们是相当保守的一群人，一群医学界的老家伙。在我的一生中，医学界对女性和运动的态度经历了巨大的转变——在 1960 年奥运会上，只有 11% 的运动员是女性，而在 2012 年伦敦奥运会上，这一比例为 47%。社会关注的反响非常迅速，但医学上并没有采取行动，我们才刚刚开始意识到积极锻炼的好处。不过，从文化上看，我认为我们仍然不鼓励女性参加太多比赛或锻炼。我女儿备考普通中等教育证书时就停止了体育锻炼，而我儿子在校园里一直参与橄榄球和足球运动。" 迈克尔说缺少研究资金是主要问题，他正在努力筹建第一家（英国）全民医疗服务下的运动妇科诊所。

"毫无疑问,锻炼可以大大缓解经前综合征,对子宫内膜异位症和盆腔疼痛也同样有效——这里不是特指那些优秀运动员,而是说每个人都可以受益。毫无疑问,减肥可以提高生育能力,因为过多的体脂会影响激素分泌。因此,制订一个教育计划并不困难,但我们需要更多的数据来说明问题所在——我现在有一个相当庞大的数据库,记录了运动员向我反映的问题。五年前,我对体内脂肪含量较低的人说,服用避孕药很好。现在证据表明,情况可能并非如此,人工合成的口服避孕药可能并不像我们想象的那样有益于骨骼健康。含有天然雌激素的新型避孕药可能效果更好。"迈克尔说。

迈克尔的钻研领域是精英运动员,但是他认为运动与经期的关系涵盖的是所有女性,而不仅仅是运动员,这个观点的确值得深思。当我还是个在学校读书的年轻女孩时,许多朋友在月经之前和月经期间都极其痛苦。她们进出医生的诊室,通过服用不同的药物来缓解症状。我很幸运,从来没有过遭受过那样的痛苦,那看起来太折磨人了。在那段时间里,从来没有人建议她们去锻炼身体——就在她们生命中最需要参与体育活动的时候,在最有可能永远失去运动和锻炼机会的时候。医生的建议都是让她们抱着热水瓶蜷缩在床上，忍受腹部的绞痛。试想一下，如果有人告诉她们运动锻炼可以减轻痛苦会怎样呢？我们为什么不在学校向女孩们传达这样的讯息呢？我们为什么没有去教导年轻女性呢？无论是在她们走进全科医生的诊所时，还是在她们翻看的杂志中。

迈克尔突然问我是否读过《安妮日记》(*The Diary of Anne Frank*)。我回答他读过，但是我搞不懂纳粹占领和女性经期有什么关系。"说实话，"他说，"这本书很值得一读，因为安妮在经期这个话题上谈了很多。她说：'我虽不喜欢，但是它是我内心深处的秘密。'这点值得思考，因为它如此真实。当有人告诉我'我有规律的月经'时，我立刻就知道了她的激素分泌情况。"迈克尔的观点是，女性——所有女性，都需要放下羞耻来谈论她们的月经周期，因为月经反映了很多身体情况。我们应该积极地接受月经周期，感谢其反映出的关于我们身体的一切状况，而不应该把月经当作禁忌来回避。迈克尔说："我们必须要让女性认识到自己的健康状况，可以用作报告的形式进行宣讲。那些高智商、高权位的女性并不了解自己的身体，她们不了解绝经后不需要避孕，也不了解更年期的风险。她们不知道排卵期或经前综合征期间发生了什么，对这些问题缺乏了解，如果她们了解了，哪怕是最基本的知识，那么也能帮助预防很多问题。"

那性呢？我问他，性欲对女性的运动表现有何影响？就像所谓的对男性的影响一样——性和性高潮会降低睾酮水平，因此禁欲是运动员最好的方法？迈克尔说他不知道。他从未接触过任何关于女性、运动和性的研究。

不仅仅是迈克尔。我问的每个人，从医生到运动员，都告诉我同样的答案。而且，最关键的是，大多数人说他们以前从未想过这个问题。所以我发现自己跌跌撞撞地进入下一个信息黑洞。

几年前，我应邀为《观察者体育月刊》写一篇关于性和运动的文章。奥运会由 1988 年起向运动员派发避孕套，媒体总会大肆炒作有多少箱避孕套被提供给那些因比赛激烈而欲火中烧的运动员。这只是人们不可抗拒的轶闻八卦吗？还是真有事实？一位不愿透露姓名的英国短跑运动员谈到了他的女队友："一些女孩说，除非在比赛前一天晚上做爱，否则她们就不参赛。一个女孩告诉我，她在做爱后会觉得脚步更加轻松，而且会感到更满足和舒适。"

我需要找一个女运动员来问一问，那些说法是不是都是传言而已，还是其中多少有些事实。但是有几个女运动员会和记者谈论她们的性生活呢？如果有一个你可以问她任何事情的女人，那大概就是凯莉·索瑟顿，她一向因为发表大胆的观点而闻名。我把这个匿名短跑运动员的叙述说给凯莉听，她笑着摇头："那些短跑运动员在说谎！"随即又愤怒地说："说实话！我认为媒体把奥运会形容成了一场狂欢，人们喝得酩酊大醉，有些人可能会发生乱性，当然他们会做爱，但不是每一个参加奥运会的人都会领 10 个避孕套并且用完它们！"

凯莉承认，性话题在运动员中比我们想象的要更普遍。她说，一位教练曾经给她和伴侣提供实用的建议，以确保性行为不会妨碍运动成绩。"我们确实会公然谈论这些，走下赛场的时候我们就会谈论它。如果你是墙上的苍蝇，听完我们的谈话你都能写差不多 20 本书了，"她咯咯笑道，"教练给出的建议像是这样：如果男运动员采取站姿体位，那么他就会更多地用到腿，这样会容易疲劳。任谁都不会想在比赛前那样，所以我的教练会告诉我们应该避开哪些体位之类的。但我认为这一切都取决于个人，取决于他们的性格、生理和心态。"

凯莉解释，每逢 4—9 月的户外赛季，男运动员的性行为就会相对较少。她也承认这在很大程度上受迷信观念影响，而非依循科学事实。"如果你的身体状况很好，训练也很刻苦，那么对你表现不利的唯一因素就是睡眠不足。如果你跟伴侣在家，你们的做爱时间不长，那么你可能会不受影响。"她笑着说道。凯莉的话与英国国家队在巴西世界杯前夕得到的建议一致。法国球员只有在不熬夜的情况下才被允许做爱。尼日利亚队的球员则被告知只能和妻子做爱（因为有些人说，猎艳和睡眠不足才是问题的根由，而性行为本身不是）。

　　我想知道同样的规定也适用于女运动员吗？凯莉说："我真的不知道。我想一些女运动员可能会在比赛前有意克制欲望。话说回来，如果被告知在比赛前一天晚上做爱能够在标枪项目上多扔出 10 米，或者在 100 米短跑项目上跑快 0.1 秒，那么为了多得奖牌，她们应该会很乐意去做爱！"坚信做爱一定会有好处的运动员包括终极格斗锦标赛的明星选手龙达·鲁西（Ronda Rousey）。"对于女孩来说，做爱会提高你的睾酮水平，所以实际上我会在比赛之前尽可能多地做爱，但并不是滥交，"龙达说，"我不会在克雷格列表上登广告或是通过其他一些途径来寻找伴侣，但是如果我有一名稳定的伴侣，赛前我就会对他说：'哟！战斗时间到了。'"

我问凯莉和其他人，反过来关系会怎么样？如果女性锻炼得多，会增加她们的性欲吗？人们的共识似乎是肯定的，从心理角度看，锻炼让女性对自己的身体更有信心，而这反过来又会让她们更想做爱。这一切都跟你的身体联系在一起，与对它的乐观感觉有关。

但还有其他影响吗？我的意思是，当涉及性的时候，运动对女人的身体有什么影响；反过来涉及运动的时候，性又对女人的身体有什么影响？我在网上搜索答案，几乎找不到什么证据，直到迈克尔提到他在《泰晤士报》（*The Times*）上读到的一些内容。该报的常驻问答专家苏济·戈德森（Suzi Godson）回答了一位45岁妇女的来信，她说最近自己开始健身，又参加了马拉松比赛，发现性欲增强，唯一的问题是丈夫不能满足她。苏济列举了一系列研究，它们表明，男性通过锻炼可以提高睾酮水平，从而增强性生活中的耐力——从18岁的小伙子到中年人都是如此。到目前为止，回答还都是如此熟悉的内容。我对苏济的回答最感兴趣的是，她提到了女性锻炼后的变化。她写道："大量研究表明，锻炼对女性的性生活有显著的益处。一项研究显示，女性运动员的性功能和阴蒂血流量要优于久坐的健康女性——但你不需要成为奥运选手来体会运动带来的性爱质量的回报。"

最后这一点真的非常重要。如果运动可以增进女性的性欲,那么我们可能就会发现,对于那些目前正在与性欲做斗争的女性来说,这种困境会有重大突破。无论她们性欲减退是医学或激素方面的原因,比如更年期、性心理问题,还是仅仅因为压力过大而没有时间或精力。当全世界都在竞相研发一种有争议的药丸——女性伟哥来寻找性欲解决方案时,或许一种更简单、更健康、更安全的选择就在我们眼前?毕竟,性不正是连接身心的重心所在吗?但在西方社会,我们整天都被大脑所主导,从工作到社交媒体再到技术,我们迫切需要更多的"身体时间"。当久坐一段时间后锻炼,我会感觉自己的身体正在苏醒。我突然感受了自己所有这些身体部分——我的脚!我的脖子!我的脊椎!当然,我们整天都在使用自己的身体,但运用的是一种非常不连贯的方式。

至少近年来,人们更有兴趣去试图解开女性性高潮之谜。这些研究中有一些偶然发现,这些发现跟女运动员和热爱运动的女性有关。有一个著名的例子:美国长跑运动员林恩·詹宁斯(Lynn Jennings)在1993年赢得美国10千米比赛冠军后，打破了一个长久以来的禁忌。据报道，林恩将自己的胜利归功于前一晚的性行为，她说这"巩固了内心的幸福感"。几年后，以色列医生亚历山大·奥尔森尼茨基（Alexander Olshanietzky）证实了这一观点，他的结论登上了头条：女运动员在体育赛事前一晚达到性高潮的话，会在比赛中表现得更好。他当时说："我们相信女性在性高潮后，会在体育比赛中取得更好的结果。一般来说，跳高运动员和跑步运动员都是这样。性高潮越多，获得奖牌的概率就越大。教练通常要求运动员在比赛前克制性欲。但对女性而言，这是错误的建议。"

与此同时，在2006年，心理学教授巴里·科米萨鲁克（Barry Komisaruk）和性治疗师贝弗利·惠特尔（Beverley Whittle）在罗格斯大学联合开展了一项开创性的科学实验，测量女性阴道自我刺激对疼痛阈值的影响。令人难以置信的是，他们发现手淫使女性的疼痛阈值增加了一倍。在随后的一项研究中，学者们继续研究分娩时的疼痛阈值变化，他们发现婴儿通过产道，到达G点附近时，会使分娩过程更加顺利，并最终帮助母亲与新生婴儿建立联系。受此启发，他们开始研究患有脊髓损伤的女性。这些女性被医生告知，她们再也不会感受到阴道或阴蒂刺激的感觉了。惠特尔和科米萨鲁克绘制出一条女性生殖器和大脑之间的通路。

这一切对运动员或热爱锻炼的女性而言意味着什么？不幸的是，现在对此尚不明晰。但是性高潮或阴道刺激减轻女性身体疼痛却是一个有意思的发现，如果进一步探索的话，可能会彻底改变我们谈论性和运动的方式，无论是哪种体育活动。一些跑步杂志和运动出版物已经将这项研究解读为对女性身体活动的重要意义——推测那些痛苦的长跑可以通过一两次的性高潮来缓解。

无论这些解读是不是对研究的真实解释，它们都强调了科学必须全面地追求对女性身体的更多了解，而不是依赖系统预设的男性身体来得出关于人体的各项结论。如果锻炼和运动真的能提高女性的性欲，那么这会是一个多么聪明又健康的方法。上一堂有氧健身课远远好过每天吃一颗药丸！关注这些研究可能会给世界各地女性带来人生中极为重大的改变。

每当提及体育运动或女性运动时，我们总是习惯性地谈论二三十岁的年轻女性。但是其他人呢？我们已经放弃 40 岁以上的女性了吗？那么 50 多岁的呢？或者像我妈妈这样 70 多岁的女人呢？在我的调研中，最感人的场面来自我与英格兰体育理事会的首席执行官珍妮·普赖斯（Jennie Price）的会面。我必须承认，与首席执行官交流通常不会让我产生太大的兴趣。但是珍妮坐下来，手里拿着《星球大战》的笔记本，她的与众不同之处就显现出来了：她有一个真实的人生故事要讲。

自珍妮小时候起，她的父亲就是一名职业运动员（她的父亲是伍尔弗汉普顿流浪者队的足球运动员），但她从来没有真正参加过任何组织的团体运动。实际上，她以前一点都不爱活动，直到 30 多岁时，她在工作上遭遇了很大的压力。有一天，一位男性朋友建议她去健身房，她才开始锻炼身体。这样的情况对于很多女性来说非常真实，她们往往都是后半生才开始运动。珍妮在健身房度过了愉快充实的 10 年（她以前一直害怕这个地方，直到年轻的顾问告诉她，不必理会那些身着专业莱卡运动衣的人，虽然他们看上去很凶悍，但是"他们只是在专注于自己"）。可是，珍妮搬家后，突然发现自己的锻炼习惯已被抛之脑后。她找不到自己喜欢的另一家健身房，或者锻炼的设施场所对她的新生活来说并不方便。她的故事在很多女性听来再熟悉不过，她们很容易放弃，然后几番挣扎后才能重新健身。某天，珍妮终于发现了健步走这种方式，于是她很快爱上了这项运动。

但有一天，发生了一件可怕的事情，几乎彻底摧毁了珍妮的信心，让她无法再在公共场合锻炼。"在健身房待了这么多年，我习惯在身上裹件大罩衫，以为这样就不会有人注意我，所以我没想到有人会在我出门的时候注意到我，"珍妮回忆道，"某次出于某个愚蠢的原因，我把手机落在了家里，而且我意识到的时候刚好已经走到了离家最远的地方。就在我快速折返的时候，一个男人打开了他快餐店的店门，冲我叫嚷。我也不想具体说他嚷了什么，但是确实有很多骂人的话。他挥动手臂，打手势，大声叫喊，我突然回过神，天啊！他是在冲我喊。也许我看起来糟透了，也许我不应该在这里，也许每个人都在想：'我的上帝，她在干什么？'这太可怕了。我走进家门就哭了起来。"珍妮觉得极其尴尬，两个星期都没有告诉丈夫这件事。她说："是不是很糟糕？我觉得特别丢脸。"我问她哪里丢脸了，她回答："我当时看上去确实很糟糕，也许我真不应该在公共场合锻炼。也许我看起来确实很可笑——既然有人这样对我，那我当时一定碍到了他的事。我想我应该不会再这样做了。后来我转念一想,哎呀,珍妮,你都为乳腺癌筹集了几千英镑,别跟自己过不去。所以,我又回到了健身房,但还是很紧张。"

珍妮的经历发生在"这个女孩能行"运动之前,这项运动是英格兰体育理事会发起的一项具有开创性的运动,旨在鼓励妇女和女孩参加体育活动。但是正是在这项运动的研讨和创建过程中,所传达的信息突然触动了珍妮——这已经不仅仅是一场运动,它还关系到珍妮自己的日常生活。"我们正在做意见调研时(英格兰体育理事会的调查发现,75%的女性想要参加体育运动,只是担心遭到非议),他们拿出了一张照片,上面是一个男人怒盯着一个正奔跑的女人……"珍妮深吸一口气,说道,"嗯,我想,是的,我认出了那张照片。"

"这个女孩能行"活动正式开始之前,珍妮决定把自己的故事讲给大家听。"我原本没打算这么做,"她现在说,"我早先已经有一个大纲,但里面并没有这个故事。但是看着那些观众,我就突然想,我知道这是什么感觉,也需要承认这一点。我想让他们在感情上和这件事联系起来,所以我要冒这个险。我认为那是一种私密性的人际联系,这种联系让人们意识到我参与这个活动有正当的缘由，而不仅仅因为这是我的工作。'这个女孩能行'运动是我在事业上投入感情联系最深入的一件事。即使没有得到报酬我也想投身这项运动，因为我真的对此深有感触。我曾经是个胖胖的女孩，也曾经是那个站在跑步机上的女人，脑子里总在想着'我的天哪'。我已经经历了太多的事情，但因为这项运动，我一直觉得自己经历过的远远不够，这对我来说真的很重要。"

我听着珍妮讲述她的故事，想到她现在已经是一个50多岁的女人，我之前并没有真正考虑过50多岁的人面对这些挑战是什么感觉。"这个女孩能行"运动受众的目标年纪最大也不会超过40岁。我们这才发现自己在谈论一个话题空白区，作为一个30多岁的女人，我根本就没有打算在书中写。这个空白区就是更年期。

珍妮率先提出这个问题。她小心翼翼地说："我通常不会谈论这个话题，但它确实相当可怕。尤其是当你接近更年期的时候，你经历的身体变化和青春期一样多，但是人们谈得却不多，所以在日常生活中就会把这些变化视而不见。你知道吗，我在开会时就会突然感到一阵潮热，但我们都假装没有发生任何事。"说完她哈哈大笑，我也跟着笑了，但是我真的不知道她在说什么。确实，我听说过潮热——可是并不像了解其他事情一样了解这种感受。

"潮热在运动中会让你不再像以前那么灵活，这和控制体重不是一回事，也没后者那么容易。你的身体会出现一些令你担心的问题，但你还有很多其他事情要处理。这一切都很容易让人想到，哦，（运动）跟我再也没有什么关系了，所有与运动有关的兴奋和乐趣对我来说都不再适用了，我认为这是一个非常强烈的感受变化。如果我去参加一个体育研讨会，人们大概会说：'哦，我想我们应该让50多岁的人打打保龄球……'我55岁了，但天哪，我还不想打保龄球呢！我还能做很多其他的事情！我想我们需要更多的女人站起来说这种话。"珍妮说。

我们会这样做。我告诉珍妮，我希望类似"这个女孩能行"运动的下一阶段的目标对象能够覆盖中老年妇女群体（当前的目标群体是14~40岁的女性）。后来，我联系了"这个女孩能行"运动的先驱——一项名为"如果你愿意我就愿意"的试点项目，这个项目是一个关于如何让整个小镇的妇女和女孩积极参与体育活动的实验，总部设在伯里市。我听说过一些案例研究，例如71岁的安妮喜欢参加拳击运动；我还听说过随流行乐起舞的弹跳活动，在蹦床上，无论是产后的妇女还是其他各年龄段的女性，无论她们在蹦蹦跳跳时是什么样子，教练们都持开放态度。她们都很喜欢这样的关系，一种"彼此亲密无间的伙伴关系"。教练会提醒妇女们在上课前去一下厕所，或者确保自己垫好了卫生巾。

我很清醒自己走上了一条正确的道路，去考虑40岁以上的女性的运动。如果英国女性的平均预期寿命是81岁，那么究竟有什么理由忽视她们一生中一半时间的运动呢？如果女孩和妇女在她们二三十岁的时候未能积极锻炼身体，那么就必然要抓住那些年华已逝的女性——那些40岁、50岁、60岁，甚至是年纪更大的女性，这些女性可能会采取一种能让她们更加幸福、更加健康的生活方式。

很多女性就像珍妮·普赖斯一样，往往都是在中老年的时候才开始锻炼身体。但那恰恰就是她们最需要抓住机会锻炼的时候。我最近读了艾玛·布里奇沃特（Emma Bridgewater）的传记。艾玛是英国的陶艺大师，她的陶艺作品几乎装饰了英格兰中部的每一个梳妆台。如今，50多岁的艾玛盛赞运动对于女性的重要性，因为女性往往要平衡事业与家庭，面对这种忙碌而艰难的现实，她们迫切需要一个发泄的途径。她在自传中写道:"如果你不好好照顾自己,那么很简单,你肯定会生病。我以前拼命工作,丝毫没有注意到身体不适的信号,后来我的免疫系统出了问题,患上了轻微的类风湿性关节炎,这个病仍然没有引起我的重视,但是最后我发现自己几乎动弹不得了。"艾玛现在每天都锻炼身体,十分热衷于通过锻炼获益。"大致说来,你需要在每天结束时感觉身体恢复正常,不要再让压力积聚。游泳、跑步,或者最好的锻炼方式——散步,这些都是用来摆脱白天积累的压力的好方法。"

我给迈克尔打电话,询问他对于更年期和运动有多少了解。"我就这个话题写了一本书!"他在电话里大喊起来,"运动对于上了年纪的人——无论男女都大有裨益。但是对于女性来说,绝经还会有一个额外的风险——患上骨质疏松症。可怕的数据显示,这种病就是一个潜在的杀手。"我皱眉表示不解,杀手?我祖母就患有骨质疏松症,她在80多岁的时候开始弯腰驼背,那看上去是很可怕,但是我不认为是骨质疏松症害死了她。骨质疏松症不就是骨骼的退化吗?"是的,但是骨质疏松症确实是一个隐形的杀手,因为一旦你不幸发生骨质疏松性骨折，死亡风险就会高于常人。而且伴随骨折和愈加无法行动，还会产生其他并发症。"迈克尔说，负重锻炼是增强骨密度的最好方法，诸如跑步、网球、体操等，但不包括游泳（虽然游泳是很好的有氧运动）。而任何与心血管相关的锻炼都有助于预防心血管疾病、肥胖及2型糖尿病。"运动本身不足以预防骨质疏松症。但由于你的肌肉更强壮，你跌倒的可能性就更小，因此发生骨质疏松性骨折的可能性也就更小。我问我妈妈是否做了很多运动，她看着我说：'迈克尔，我不能做运动。'她现在89岁了，头脑完全清醒，但是完全动弹不得。这实在是太可怕了。"他说。

迈克尔盛赞运动的作用，因为运动可以对抗更年期的一些症状，特别是抑郁症。当我问到他关于潮热的问题时，他的建议是做瑜伽训练："潮热往往是由紧张而激起的。瑜伽中有种呼吸控制法，叫作交替式鼻呼吸，那些将要发表讲话或参加会议的人，如果坐下来采用这种呼吸方式——左右鼻孔交替呼吸，就会减轻压力和皮质醇的分泌，进而缓解潮热。"

这之后的某天晚上，我妈妈打来电话，我跟她说了我和迈克尔的谈话内容。"妈妈，更年期太可怕了。"我说。妈妈说:"哦,安娜,你不用担心这些。你怀孕了,而且你还有好几年的时间才会到更年期。"但是我在脑子里快速地盘算了一下,发现并非像我妈妈说的那样,其实我距离更年期已经没有多少年了。我快要 37 岁了,如果更年期始于 50 岁出头,那么它距离我就像是 20 多岁那样遥远,然而坦白讲,我感觉青春期那些日子就像是几天前一样。那么更年期这个重大的、改变人生的时期也将在几年以后到来,我怎么能够对此一无所知呢?为什么没人谈论这些事情?我妈妈告诉我一些她所知道的事情——她谈到了激素替代疗法、抑郁症、体重增加、骨质疏松症,以及尿失禁和阴道干涩。我说:"妈妈,这就好像,当你还是个孩子的时候,你就知道了月经;当你还是个年轻女人的时候,你就经历了分娩。但是你意识到全世界都在对你隐瞒这个巨大的秘密。""是的,"我妈妈回答,"确实就像你说的那样。"我上床睡觉的时候就在思考更年期,思考它对我究竟意味着什么。突然间,生活似乎与往常大不相同。

第五章

如何避免孕期停顿

　　时间回到 2014 年 1 月，杰茜卡·恩尼斯-希尔宣布怀孕，伴随着这一消息而来的七嘴八舌的议论令人再熟悉不过了。留言里充斥着这样的怀疑："她还会有坚持下去的雄心壮志吗？""这是她职业生涯的终点吗？"这就像听到了上百万名上司通常质疑女性下属的声音，只不过这种声音在全国的电视和广播中被放大了。

　　看到杰丝（杰茜卡的昵称）在北京赢得世界冠军后，人们感到无比荣耀，原因之一正是——她不仅在赛场上击败了世界上最优秀的七项全能选手，还击败了世界上最大的怀疑者。她的胜利不仅是我们的胜利，还是对母亲形象认知的一次巨大飞跃——人们通常认为母亲总是疲惫不堪的，她们经常唠唠叨叨，忙着梳理头发。然而我们并不需要永远拥有漂亮的头发。女士们，漂亮的秀发并不会有助于产生更多的女性总统、神经科学家和商人，也不会弥补工资的差距！

杰丝赢得金牌的比赛，距离她生下儿子雷吉（Reggie）仅过去13个月，她的精彩表现令我十分激动，我的眼睛里充满了泪水，喉咙也哽住了。女人展现出的运动往往会让我激动不已，但是杰丝的世界冠军意味着更多。这个冠军头衔给所有质疑她只是往日神话的人一个如此镇定、自信、完美的回击。真是个了不起的女人！"女人？"我丈夫一脸敬畏（这个表情在他脸上实属罕见）地说，"不，她简直是超人！"超人？矛盾的是，至少在我看来，成为母亲让杰丝变得比以前更有人情味了。母亲的身份让她——还有她那令人难以置信的六块腹肌——离我们大家更近了一点。因为这个人在过去的一年也会经历睡眠紊乱，垫着令人难受的孕妇护垫，乳房时常漏奶，还要洗衣服，努力坚持做好这些日常琐事，也要兼顾孩子和工作——既想要把整个生命奉献给这个小孩，又希望保有自己作为个人取得职业成就的权利，她感到左右为难，但最终还是走出困境，取得了成功。

多年前我在谢菲尔德的一家三明治店第一次见到了21岁的杰丝，到今天她成了全民的文化偶像，这么多年来，我对杰丝经历的巨大转变感到惊讶。回想那时候我采访杰丝时，她曾被认为是前途一片光明的田径明星，当时没有公关人员在场，只有杰丝自己，她坐在椅子上，大口吃着帕尼尼。她谈到了自己的建筑工人男友安迪（Andy，现在成了她的丈夫），她的大学心理学学位，还有和朋友一起购物的经历。采访期间她一直保持着微笑，显得很健谈，也很亲切可人。

从那时起，她就已是一名最不可思议、不屈不挠的运动员。作为一名体育记者，在2008—2012年，无论是在春季多风的南约克郡库兹沃斯那只有50名观众的赛场，还是在纽约面对数千名观众的华丽赛道上，我都渴望看到她参赛的身影。我最钦佩的是她具备自我调整的夺冠能力，她能从绝望中迅速恢复过来，能在千钧一发之际在最薄弱的项目中逆转翻盘，没有多少运动员能做到这一点。她总是这么平静地坚持下去，带着一点小小的骄傲和微笑，庆祝七个项目中取得的每一个新的成功。很快杰丝和她的完美腹肌就闻名于世界，但她从未真正改变过，她会坐下来接受采访，给你涂一些护手霜（她会说："这真的是一支很好用的护手霜。"然后从随身携带的包里拿出一管伊丽莎白·雅顿护手霜，慷慨地挤出一些在人手上），有时她会跟你谈到伴侣、孕期、新的手包等。她为人自来熟，很快能和任何人打成一片，不愧为全民运动公主。之后她小心翼翼地坐上一辆适合体育明星身份的跑车离去，一群男生在后面追着她喊："杰丝，我爱你！"此时你才突然想起她是个多么出色的赛场主角。

杰丝竟有足够的勇气在事业巅峰时期成为一名母亲，这样的举动意义深远。我记得一位顶级女运动员曾说过，教练经常给女运动员施加压力，让她们推迟组建家庭的时间，因为孩子被视为她们职业生涯中的绊脚石。当然，这也同样适用于职场。我曾被人笑着告知："千万不要怀孕！"以前甚至我的一个上司公然咆哮："办公室里的每个人都有孩子！"说完似乎还特别想让我跟他产生共鸣。

这也是为什么杰丝能成为所有职场妈妈的偶像。因为有孩子的妇女一直被视为工作场所的资源消耗者。英国每年有 5.4 万名妇女因孕产歧视而失业，这已成为一件全国性的丑闻。仍有很多人认为，女人通过怀孕来欺骗雇主，好让自己获得福利待遇。他们一直认为怀孕的女性会让所有人失望，她们一旦重返工作岗位，就会变成无用的行尸走肉，痴迷于孩子，头脑空空。即使你还不是一名母亲，不能生孩子或者根本不打算生孩子，也都会感受到这种趋势的影响。

有了女儿之后，我对从女性律师、教师、建筑师、记者、市场营销高管那里听到的各种各样的职场恐怖故事感到震惊，甚至有一位还是顶尖平等组织的女员工。然而，政府的言论在哪里？运动在哪里？关于负担得起的儿童保育，已经有大量相关的讨论，但似乎没有人质疑更大的问题：为什么我们不能真正重视职场妈妈的价值？《向前一步》(Lean In)①的使命非常了不起，但是妈妈们除非得到支持，否则并不能"向前一步"。正如"足球第一夫人"卡伦·布雷迪（Karren Brady）曾经和我说的那样："我喜欢雇佣已育女性，她们做事有条不紊而且效率极高。她们也擅长如此。"我们又何必对她们这么苛刻呢？

现在，至少在英国，为妈妈们引领力量之路的人似

---

① 脸书（Facebook）的首席运营官谢丽尔·桑德伯格（Sheryl Sandberg）的女性励志图书，旨在帮助职业女性实现梦想。

乎就是女运动员。我们都听过乔·佩维的励志故事：已经有了两个孩子的她，在40岁的时候赢得了职业生涯中第一枚重要金牌，成了家喻户晓的人物。读到报道，听说她在苏黎世欧洲锦标赛期间给孩子们手洗衣服，然后在窗台上晾，我忍不住笑了起来。当她反复说，是孩子让她最终在这么重要的舞台上一鸣惊人时，你怎么能不高兴呢？每次乔这么说，我都想跳起来拥抱她，因为这是一个我们需要呐喊出声的信息：生孩子不是女人职业生涯的终点。作为母亲，女人可以成就很多美好的事情，而这与"身为母亲便拥有了一切"这一荒谬而又令人愧疚的表达毫无关系。这些美好仅仅是为母亲的身份而感到自豪，而且我们有信心和后盾去实现令人惊叹的事情，而不是被看作只会哭哭啼啼的废物。

我知道有些人觉得女运动员分享有关母亲身份的故事都只是自命不凡。他们争辩说：为什么我们不能仅仅获知她们的体育成就就够了？为什么还要了解她们母乳喂养的过程，或者是她们与先兆子痫的斗争经历？每天都有女人生孩子，这没什么大不了的，但我确实觉得生孩子是非常了不起的事情。我遇到的每一位父亲或伴侣，在目睹自己的另一半经历这一过程后，都充满了敬畏，而且对所有的女性都重新产生了尊重，因为各种形式的分娩都是身体上的创伤。分娩和母亲对于女运动员来说怎么也不能被定义得如此不重要，而且公开庆祝这些故事是件好事。因为分娩的实况以及身体的恢复情况，往往都被隐藏起来。在电影和电视剧中，我们只看到女人们气喘吁吁的画面，也许伴随着几声尖叫，然后就出现了一个可爱的婴儿，一切就都结束了。

但这还没完。分娩仅仅是个开始，我指的并不是需要面对新生儿带来的所有挑战，而是影响产后妇女的身体创伤。无论是自然分娩的创伤，还是跟伤口和失禁做斗争，又或者不得不处理剖宫产疤痕，她们都会在分娩后至少6周内不能提重物也不能开车。此外，产后创伤还包括腹直肌分离征，即怀孕后腹肌不能正常恢复到正常状态，这种情况会影响到1/3的女性，该病症还会导致慢性背痛。更不要说乳头破裂出血、硬膜外麻醉引起的偏头痛和会阴切开的术后恢复等。一位专门从事产后恢复锻炼的教练告诉我："生孩子后的休养与从伤病中恢复无异。"

所有这些问题都对分娩后的母亲造成了巨大障碍。如果我们没有充分了解这些经历的真实情况，以及它对女性身体的影响,一切都于事无补。这也是为什么我在写关于前英格兰橄榄球运动员艾玛·克罗克(Emma Croker)作为一名母亲重返国际橄榄球职业生涯的故事时会如此兴奋。艾玛做了剖宫产手术,由于需要更多的康复时间,她被告知要休养4个月才能恢复训练。艾玛一边数着回归训练的日子,一边害怕自己会因伤口而无法承受橄榄球运动给身体带来的伤害。所以她做了唯一能想到的事来消除自己的恐惧。她让队友贝琪·埃塞克斯(Becky Essex)用全力撞向她的腹部。砰!伤口的疼痛总算撑过来了。艾玛后来笑着说道:"生了孩子以后,我对疼痛的忍耐力增加了。"尽管在英国超过25%的妇女选择剖宫产分娩——在巴西高达50%——但这是一个很少公开讨论的现实问题。事实上,我敢肯定,自己这篇文章是国家级报纸第一次在体育版面上发表有关剖宫产的重要里程碑。我还清楚记得存档后,我的编辑给我打电话。他停顿一下,带着鼻息声:"嗯……报道里有很多关于剖宫产手术的内容。"但他的声音很平静。"是的!"我很兴奋地回答,"但这难道不是一个令人惊奇的故事吗?"令人欣慰的是,他没改动故事里的任何一句话。

当然,关于母亲身份的故事并不总是令人振奋,毕竟为母之道也没多少惊心动魄的故事。有时这是一场伟大的抗争，而如果我们不讲这些故事，我们就不能带来改变。就拿凯蒂·查普曼（Katie Chapman）来说，她在过去的10多年里一直是英国的明星中场球员，她说自己在2011年世界杯前被迫退出国家队，因为她负担不起照顾孩子的费用。史蒂文·杰勒德（Steven Gerrard）的情况相似，他说他必须放弃在英格兰队的职业生涯，因为需要照顾孩子们。当然，育儿负担这种情况永远不可能发生在男球员身上，杰勒德的工资足够支付英格兰队里任一位女球员的托儿费用。然而，女球员为了生计，往往不得不在踢球的同时兼职别的工作。从那以后，英国女足的工资大幅上涨，但是仍有一名明星球员因育儿费用而被迫退出了世界上最大的锦标赛，英国足球协会对此居然表示无能为力，这让我感到十分不解。

相比之下，美国女足国家队的做法就完全不同。主教练、世界杯冠军球员吉尔·埃利斯（Jill Ellis）是一位母亲，也是球队中的明星之一——其他响亮的名字还包括克丽丝蒂·兰波内（Christie Rampone）和香农·博克斯（Shannon Boxx）。联邦政府会支付球员保姆费、差旅费和住宿费等托儿费用。孩子们随队四处参赛，旅馆、更衣室、食堂到处都有小孩的身影。显然,安排还是有一些限制的,队员的子女并不是在所有比赛中都能免费随队。世界杯和奥运会的决赛就不会为队员们免费安顿小孩,但如果母亲们不用为一年四季的训练营、友谊赛和其他比赛支付托儿费用,那么每四年举办一次的锦标赛费用也就不会那么难以承受了。

英国足协从 2011 年起改进了相关的育儿支持政策,凯蒂得以重返 2015 年加拿大女足世界杯的国际赛场。但是由于缺乏经济和文化支持,妈妈们仍然感到困难重重。不论是育有一对双胞胎的守门员凯茜·斯托尼(Casey Stoney),还是有三个儿子的凯蒂,都承担不起带孩子去加拿大参赛的费用。如果在那年剩下的时间里有更多的支持政策,也许她们就能负担得起。

难免会有人问:雇主为什么要承担员工把孩子带在身边的费用?他们没有这样的责任。此言差矣,听听吉尔·埃利斯的观点:"我认为这很明智,因为它充分表明了对女运动员的尊重。有时我女儿会随行,我喜欢这样,这使我充满动力。允许孩子在身边实际上是一种奖赏——运动员是专业的球员,她们能把握好各项因素。这种奖赏也意味着,你感到自己的身份被人重视,你有值得真正投入的决心。在更衣室里，孩子们在跳舞——你看到队员们也都被孩子们感染得精神焕发。"如果所有球队都像美国女足国家队这样的话，说不定真的有助于赢得世界杯……

好吧，我们大多数人都不会想到带着孩子去工作，但话说回来，为什么不呢？记者阿富阿·赫希（Afua Hirsch）几年前在《卫报》上发表过一篇引人入胜的报道，讲述了加纳的母亲如何带着孩子工作。"实际上，大多数母亲只采用了一个非常简单的解决方法，那就是把孩子绑在背上去上班。"当时阿富阿带着一个1岁的婴儿在加纳做记者，她的大多数同事都认为这份工作与母亲身份不符，但她对文化差异的思考是深刻的。她写道："我注意到非洲妇女不会浪费太多时间为职场母亲不可避免的不完美处境感到内疚，相反，母亲是杰出女性身份的一个重要组成部分。"我的上帝，这句话会激发许多欧美母亲的观念变革吗？显然，看似更进步的发达社会依旧还有一些事要学习。

这一切对普通孕妇意味着什么？是的，女运动员是她们伟大的榜样。她们有可能改变社会对母亲所能取得成就的刻板观念，也有可能改变作为母亲的想法。但从身体状况的角度来看，普通妈妈们和女运动员相差甚远。运动员的情况适合那些想在孕期或产后锻炼的妈妈们借鉴吗？再想想那些每天早上走进办公室、学校或医院时都会跟跟跄跄的女性？或者根本就没有时间？还有些人甚至本身就很劳累？一份最近的报告称，只有23%的妇女在怀孕期间锻炼身体。在对我的妈妈进行了快速的调查之后，我对这个数据并未感到惊讶。这些孕妇中，没有任何人从全科医生或助产士那里得到关于如何在孕期或产后锻炼的建议。

要清楚，孕期锻炼不是为了减肥，而是一种合理的体力活动，以使准妈妈们的身体保持健康和强壮：让她们的骨骼能够承受额外的重量，为孕后期做好充分准备，再之后还有分娩这项持久战。虽然我知道很多准妈妈在怀孕期间都在与自尊斗争，但不得不说，我发现怀孕缓解了我对自身形象的焦虑。在对自己的外形担忧了多年之后，我终于感觉到自己的身体有了一个目标，一个使命——它正在出色地完成这个使命。当我低头看着自己隆起的腹部，我看到了美丽、紧绷的肚皮，就像我第一次看到六块腹肌！多么可爱的隆起，以本真的状态呈现。我生平第一次为自己的身体感到自豪。在32年后，我感觉自己像又回到了生命的起点。

我没有做好准备的是应对医疗知识上的缺失。首先，医生向孕妇广泛推荐的唯一的有氧运动就是游泳。其他一切运动都被认为是不安全的，因为怀孕期间的"身体过热"会对未出生的孩子造成伤害。我相信不管有多勇敢，听到这句话也会让大多数孕妇担心自己所孕育的小生命，尤其是那些不易怀孕或流过产的孕妇。医生跟很多孕妇说的这句话，就等于让她们放弃了跑步、运动和健身课。但是过热的定义是什么？指的是出汗吗？我们怎么可能在不出汗的情况下保持健康呢？这些问题让准妈妈们比以往更加困惑。游泳虽然是一种很好的运动方式，但它并不十分方便。许多孕妇都要现学游泳，这是非常耗时的，特别是对于已经有一个或多个孩子的母亲来说，她们承担不起高昂的时间成本。此外，还有泳池的狂欢、飞溅的水花、对游泳规则的无知等种种问题，而且我们当中有很多人，在穿着泳衣来展示近乎裸体的身体时，普遍会感到紧张不安。

除了游泳外，你可以散步，还可以选择做为期12周的孕期瑜伽，这种方式不会让你出汗，但是它的花费往往极其昂贵，就像我的朋友凯特所说的那样："这就相当于，在地板上哼着歌并躺一个小时，基本上就花掉你10~15英镑。"客观地说，我真的很喜欢孕期瑜伽课程，也一直坚持上到了孩子出生的那天。我推荐所有怀孕的妈妈都去尝试。虽然正如凯特所描述的那样，重点是放松，但除此之外还有伸展运动、体式练习、身体意识，还包括分娩过程中怎样呼吸等重要话题。我学到了关于分娩的最有用的信息："你认为自己不能继续承受的最痛苦、最糟糕的时候，就是转折点。你会认为自己想放弃，或者想用麻药，但实际上你就快成功了。"在我女儿出生的时候，这一点点的信息给了我极大的安慰。但是有关孕期瑜伽就能让我们在怀孕期间保持身体健康，我并不确定。更重要的是，游泳和孕期瑜伽似乎并不是完全包容的，不能说是一种完全不存在歧视的运动。每当我去游泳，或者去瑜伽馆时，我看不到多样性的存在。还有其他怀孕妈妈应该做的运动吗？

起初我试图装出一副勇敢的样子。我非常喜欢当地体育馆的有氧运动课程，而且我在网上了解到，只要你在怀孕前就已经开始锻炼，那么就可以在孕期继续坚持下去。但是当我告诉课程老师我怀孕的情况时，她让我离开教室，除非得到医生的证明，她才会允许我回来上课。她的话让我很震惊。我感觉自己像是被打发走了，既尴尬又内疚。她难道认为我是在拿我未出生孩子的生命冒险，去满足自己运动的需求？我之后再也没回去过。这也是我之后反复听到的：如果你在一个女人尝试运动或锻炼的任何时候阻挠她，之后她将不会有信心再去尝试。显然，女性需要更强的触底反弹力，但或许我们也需要从周围的环境中得到更多的支持。结果就是我放弃了所有的乐趣。我放弃了我喜欢的健身课，告别我在课上课下习惯见到的那些同伴们，她们不停地做着腹部拉伸运动，脸上带着坚忍的表情，还笑着谈论复杂的步骤和尊巴动作。终于能完全恢复锻炼之后，我又回到最初的状态，把锻炼当作一种必要，而不是乐趣。

尽管全科医生警告过我，但我还是坚持在第一次怀孕的前几个月继续跑步。医生的警告在我的脑海里回荡，我在公园里跑步时总觉得自己"大逆不道"，尤其是我的肚子一天天地变大，还得用运动胸罩勒住日益肿胀的胸部。我的丈夫陪着我一起跑步，是为了给我支持和鼓励，这很辛苦，但感觉很好：带着我体内的小宝贝一起奔跑，让其在肚子里就学会健康生活，拥有一颗强有力的心脏。我有点担心，人们看到我肚子一颤一颤地跑动时，会怎么看待我。在没有支撑措施的情况下,腹部的上下颠动也是相当不舒服的,所以怀孕5个月的时候我停止了跑步,因为肚子实在太大了。但我一直坚持游泳和做孕期瑜伽。对我来说,尽我所能为即将来临的分娩过程保持强健状态,这是非常重要的。

医生和助产士会警告孕妇不要跑步或做有身体对抗的运动,虽然看起来过于小心谨慎,但也是可以理解的。没有人会想告诉孕妇,她可以继续进行柔术运动,毕竟没人敢保证这不会给腹部带来糟糕的一击,给未出生的孩子带来悲剧。但是或许医生可以给准妈妈们提供更详细的信息?给那些已经乐于运动的人提供更多的建议?传奇人物女男爵坦尼·格雷-汤普森告诉我:"不幸的是,全科医生和体育教师是一样的。他们在指导体育活动方面不会给到多少帮助。此外,如果是一名女全科医生,而且有过痛苦的体育锻炼经历,那么大概只会告诉孕妇们散散步就好。"

坦尼说,当她怀上第一个孩子时,一位医生认为她需要完全停止训练。她并没有采纳这个建议,而是通过其他途径寻求这方面的信息,主要是通过上网查询,还有咨询澳大利亚的朋友们,因为她认为澳大利亚的文化中女人们更倾向于参加体育运动。对于坦尼来说，当务之急是要有一个健康的孕期，同时尽一切可能，确保她能在女儿出生 6 个月后参加英联邦运动会。

坦尼并不是唯一在怀孕初期需要保持活跃的运动员。凯蒂·查普曼怀孕四个月的时候还在踢足球，而巴黎圣日耳曼的中场球员法特迈尔·阿卢什（Fatmire Alushi）怀孕四五个月时，还在 2015 年欧冠决赛中发挥出色。最让人啧啧称奇的是美国 800 米中长跑运动员阿莉西娅·蒙塔尼奥。2014 年，她在怀孕 8 个月的时候参加了全国锦标赛，最后阶段还直线冲刺，她把 34 周大的肚子塞进粉红色的跑步背心，简直让人难以置信。实际上，我们通常不会看到怀孕的妇女如此拼体力。这既令人震惊又令人不敢相信。阿莉西娅事后说："我感到非常高兴。让人们的目光回到我身上真是出乎意料，但我为此感到非常兴奋。这真是发自内心的喜悦，就像……天啊，太感谢你们了！"《每日邮报》甚至也写了一篇专栏赞扬她。当然，还有葆拉·拉德克利夫，她也因怀孕参赛而出名。玛丽·金则在 1995 年欧洲马术锦标赛上获得团体金牌和个人铜牌，当时她已经怀孕 5 个半月，而彼时孕期参与运动还是一大禁忌。

英国前奥运队医迈克尔·杜利是玛丽的密友，早在玛丽上头版新闻前，他就是知情人之一。玛丽在离欧洲锦标赛只有几周的时候向他透露了自己的秘密，她说："我怀孕 20 周了，你介意我去参赛吗？"

"嗯，"迈克尔说，"我很敬佩这个女人，于是我说：'放手去拼搏吧！'"迈克尔如约为她保守秘密，在接下来的 20 年里，他一直致力于运动和怀孕方面的研究和指导，以逐渐打破这种禁忌。"我之所以被任命为国际奥委会委员，参与制定关于怀孕运动员的指导方针，就是因为我们还不知道如何对待怀孕的运动员。目前仍旧不知道！"他生气地说，"这不仅是给运动员提供建议，难道不也是在给管理部门提出建议？当时一种禁止孕妇运动的隐性文化已经发展起来，可以说简直是一场噩梦。我要改变这种文化，让人们保持开放的态度，我坚信我们没权利阻止孕妇参加比赛，但我们必须制定安全的指导方针来帮助她们，这便是我的理念。我们必须保证运动的安全性，因为运动对你有好处。"不过有一点需要注意：过度运动是不利的。他补充道："我见过一名运动员在运动中出现相对能量不足的情况（相对能量不足反映了体重过低的危险），而且她在生育方面也有各种各样的问题。"

迈克尔和我在几个月的时间里一直保持联系。他是国际奥委会怀孕运动员指南的全球咨询专家之一，该指南将于 2016 年春季出版。他就是一个信息金矿，我多希望在第一次怀孕的时候就能拨通他的热线。作为皇家妇产科学院的一名研究员，迈克尔和其他研究员共同撰写了孕期锻炼指南，他的建议比我在其他任何地方得到的建议都灵活得多。首先，这本指南鼓励有氧运动和力量训练，建议把运动强度控制在一个"稍有难度"的范围，逐渐从温和过渡到极端困难的程度。皇家妇产科学院认为，运动不会增加不良的妊娠反应或新生儿问题的风险，适度的运动也不会影响母乳喂养。唯一被严令禁止的运动是水肺潜水，不过在骑马、滑雪、体操、冰球和骑自行车方面也有相应的警告，因为这些运动都有坠落的危险。尽管如此，撇开现有的医疗条件不谈，孕妇们也有一个可以享受运动乐趣的名单，包括舞蹈、有氧运动、尊巴、跑步、网球、羽毛球和水中有氧运动。然而孕妇在诊所做孕检时，为什么没有医生提到这些运动？

如果你是一个优秀的运动员，怀孕时身边很可能会有像迈克尔这样的人，或其他非常权威的专家来帮助你。坦尼告诉我："怀孕后，我被配备了一个心脏监测仪来确保我没有运动过量，但大多数女性不会有这样的条件。"那么我们这些普通人该怎么办呢？我希望皇家妇产科学院的指导方针能得到更广泛的推广，因为广大女性迫切需要更有效的建议来指导她们如何在孕期锻炼——这样一来不爱动的女性就能更健康，活跃爱动的女性也不会过度锻炼。不幸的是，很多事情事与愿违。我的一个朋友是一名私人教练，怀孕7个月以来一直在工作，这意味着她需要大量刻苦的跑步。在分娩前的最后几周，她不得不拄着拐杖以支撑身体。我的另一个朋友参加了一个瑜伽课程，这个课程难度很大，老师会强迫怀孕的母亲做出危险的动作。在怀孕后期，她也不得不拄上了拐杖，后来她只能聘请保姆来接女儿放学，因为她根本无法完成这一小段路程的步行。虽然我在孕早期就停止了跑步，但作为体育记者，我的工作非常忙碌，经常出差。怀孕7个月后，我坐在工位上都会感到异常艰辛。我的全科医生给我介绍了一位全民医疗服务理疗师，他诊断我是骨盆带疼痛，并给出了各种解决方法。然而全职工作并没有给我足够的休养时间。在某个终生难忘的时刻，我实在疼痛难忍，不得不在一个长篇文章的写作中期停稿，请求总编延长交稿的最后期限。我们都有工作过量的风险，但在医学建议方面，适度的运动似乎是让我们在孕期保持最佳状态的关键。而且，迈克尔提到了挪威的一项研究，该研究表明，怀孕前锻炼的女性在怀孕期间患骨盆带疼痛的可能性比没有锻炼的女性低14%。他还说，适度的锻炼会帮助你怀孕——这是所有母孕信息交流群中一个令人振奋的突破，这个消息甚至震惊到了一些备孕的朋友们。一位朋友和我说，"仰卧抬腿"这种运动原本肯定不在备孕日程上。

2015年底，两份关于健康和怀孕的新报告出炉。其中瑞典的一项研究警告母亲不要在怀孕期间增加体重——即使只是轻微增加13磅[①]，因为这会让孕妇死于孕产的风险增加30%～50%。另外一项研究来自英国首席医疗官萨莉·戴维斯（Sally Davies），该研究敦促女性在怀孕期间保持健康合理的体重，不要相信要吃两人份饭量的错误传言。在这份报告中，萨莉认为怀孕是妇女与公共医疗部门联系的重要时机，是检查妇女整体健康状况的重要机会，尤其是在国民肥胖率不断上升的情况下（英国25～34岁的妇女中有一半人被认为超重）。听到萨

---

① 1磅 ≈ 454克。

莉强调全科医生在建议女性保持健康体重和身体活力方面的作用，我很激动。新闻报道的标题常常被解读成一个又一个羞辱女性身形的例子。女人被指责她们看起来不好看，这已经够糟糕的了，但如果把婴儿的死亡也归咎于孕妇体重增加，那就更糟了。

根本上，我们不能把这仅仅当作女人的问题。为了后代的健康，我们必须找到一种更好的方法来支持妇女在怀孕期间的锻炼。产前锻炼课程应该更加有效，价格更实惠——仅仅让我们躺在地板上呼吸这样的方式是远远不够的，必须给女性提供多样性的选择和乐趣。如果未怀孕的女性因运动种类可选择性较少而苦苦挣扎，那么仅仅给准妈妈们提供游泳、散步和孕期瑜伽这三种单调的选择的话，我们又怎么能够不切实际地期望她们参与呢？英国只有不到1/4的女性在怀孕期间进行锻炼，因此应该敲响警钟。孕期是一个女性运动率大幅跌落的时间点，女性自此很可能永远不再掌握健康的生活方式。当我们探讨从摇篮到坟墓的运动方式时，必须确保不会在孕期出现停顿。女人不应该在运动的道路上再遇坎坷。

第六章
产后马拉松,或腾出时间运动吧

你在孕期就下定决心锻炼,一直拖到分娩成功,等你成为一位母亲,一切都改变了。分娩之后的最初几天,我感觉自己就像一个外星人一样。某天我丈夫没打招呼跑出去给我们买 Nando's 的外卖,因为我们当时太累了,没办法做饭,我却哭得很伤心。五分钟后,他拿着半只烤鸡和香辣米粉回来了,我抽泣着说:"永远别再离开我们了,好吗?"这件事后来成了他调侃我的笑料。但我没有发神经,事实证明,当时我之所如此情绪化,只是因为我的奶水来了,还要应对激素的冲击。

重新开始正常的生活之前,每个妈妈都要经历6周一次的检查——剖宫产的妈妈们需要接受伤疤检查,而顺产后接受阴道缝合的妈妈们则不必再忧心于伤口的愈合情况。然而2014年,妈妈网和国家分娩信托基金对4 000名母亲的一项调查发现,这个6周一次的检查除了让人安心之外并没有什么实际作用。超过45%的受访者认为这项检查并不彻底,所以没什么作用也不稀奇。20%的人称检查时间不到5分钟。只有35%的母亲接受了缝合检查。这项调查并不涉及腹直肌分离征,这种症状也确实不是产后必须要做的检查。但是,如果我们真的想让新妈妈回归运动,那么在把她们送出医院之前,难道不是应该给她们做一个彻底的检查吗?就在我写这篇文章的时候,国民保健体系正在就产妇服务征询民意,但我担心调查结果不足以令人信服。在网上调查中,虽然有很多关于怀孕和分娩的问题,但只有一个小版块用来评论个人的产后护理经验,这表明这项内容并不处于优先地位。形势让人担忧。

如果按照我所设想的进行,这个6周一次的检查应该要为妇女们提供更多信息。我希望每一位新妈妈都能接受腹直肌分离征检查,教给她们一些简单的练习去解决这一问题。但实际上，大多数妈妈都没有得到正确的指导。我的朋友安贾娜·加吉尔（Anjana Gadgil）是一个非常活跃且健康的女性，产后她的肚子上有一个手一样宽的空隙。遗憾的是，在她生了第二个孩子以后才被诊断出来腹直肌分离征，以下是她的故事：

"当我怀第一个宝宝3个月的时候，助产护士跟我说：'你的腹肌已经分开了——这出现得太早了。'后来我生了第二个孩子，还是剖宫产，在多次产前产后检查中，没有人再提起这个问题。所以生完第二个孩子，我就去减'妈妈肚'了。通过踢足球、打网球、练瑜伽和普拉提、做仰卧起坐，我减掉了差不多一个孩子的重量，却没有减掉肚子。更可怕的是，我的肚子中间出现了一个不断变大的'深沟'。最后，我的姐姐（一个老年病专家）帮我做了一次检查之后便确诊了我的病——腹直肌分离征，就像她在老年人身上看到的疝病一样。

"我的左腹和右腹之间的距离大概有五指宽，她跟我说我需要手术。我的全科医生从来没听说过我这种情况。我停掉了之前所有无济于事的锻炼活动，虽然没有治愈，但是已经好多了。我问了很多朋友，但是很少有人知道这种情况，更不用说如何应对它了。"

让我感到惊讶的是，一个全科医生居然无法确诊安贾娜的病情，而且那么多的助产护士和卫生探访员也从来没想过要检查或提及这个情况。安贾娜的情况并不是个例。在这本书的调研过程中，我听到了很多关于女性患腹直肌分离征的可怕案例，其中就有一个女人倒在了操场上，她的腹部肌肉已经被拉开了很大的距离。社交网站上也反复出现同样的故事，数十位女性描述了她们腹直肌分离征的情况。很多人最终不得不通过手术来治疗。在被确诊之前，没有人听说过这种情况，确诊时往往为时已晚。许多人发现她们的全科医生对此毫无头绪，然后她们就像安贾娜一样，尝试去做仰卧起坐、平板撑和举腿等动作"改善"腹部的外观——结果却更糟糕了。其中一些妇女最终在国家医疗服务中心支付高昂费用来接受侵入性手术。所以，如果专业人员能够诊断出她们的腹直肌分离征，并及时通过理疗手段来治疗，数百万妇女或许就能简单地摆脱困境。

腹直肌分离征并不仅仅导致臃肿的"妈妈肚"，它还会引起严重的背痛、失禁，甚至是疝病。美国的一项研究发现，66%患有腹直肌分离征的妈妈同时患有盆底功能障碍——程度从失禁到脱垂不等。但悲哀的是，这种情况在产后恢复中依然不受重视。令人难以置信的是，在21世纪，当一个妈妈说她背痛的时候，得到的回应仅仅是耸耸肩，并说那只是因为你总是用背带挂着孩子、抱孩子、哺乳，而且一般的母亲都会这样。为什么医护人员不能检查一下母亲的腹部？那只需要30秒而已！为什么那些"婴儿车健身"[①]教练，或者声称针对产后锻炼的专业人士，不能每次抽出5分钟来指导妈妈们做一些适当的核心运动？为什么医生、母亲和祖母不去告诉刚生完孩子的新妈妈要多做有效的盆底运动？分娩后身体上发生了这么多新的变化，新妈妈们迫切需要得到指导，教她们如何进行锻炼。

从我第一次怀孕，到发现第一家提供专业知识的健身班，这期间经历了四年。我住在伦敦——一个能够提供各种各样课程的城市，你甚至可以带着宝宝一起跳芭蕾——如果你愿意每节课支付20英镑的话。虽然我的产后课程并没有达到我想要的效果，但是它们的确教给了我一些特别的东西。公园里的婴儿车健身训练教会了我如何在不伤害身体的情况下推婴儿车（肘部内收，背部

---

① 英国一种产后锻炼的活动，很多妈妈推着婴儿车，一起锻炼。

挺直，不要弯曲手腕等），而且它还能让每周我都会走出家门去参加当地社区的家庭健身课程。

专为产后妈妈提供的这类运动课程资源稀缺，越来越多的人开始自己安排。我的朋友埃米（Emmi）和当地一群妈妈一起去游泳，轮流照看孩子，这样她们就可以在泳池里玩更长的时间。还有一个朋友在公园里自己尝试婴儿车健身。我也听说过一个叫"母亲会"的活动，它是一个全国性的组织，来自创意产业的妈妈们聚在一起享用商业午餐，她们推着婴儿车，穿着耐克鞋一起进行锻炼，所有人都带着孩子。

"准备就绪妈妈"计划是拥有三个宝宝的领导力专家凯蒂·通杰尔（Katy Tuncer）发起的，她和国家卫生探访机构合作推出了这个计划，它旨在帮助妈妈们走出家门去锻炼。确实，卫生探访员在妈妈群体中的口碑不是很好。我永远不会忘记那个建议——让我在女儿出生3周之内帮她剃掉头发，"这样她长大以后头发就会长得更好"。我听过各种各样的抱怨，抱怨那些严厉又不近人情的女人给出的建议自相矛盾又让人迷惑不解，听了她们的建议你甚至立刻会后悔亲自给她泡了一杯茶。但是凯蒂倡议的活动真正值得人们去支持，所有的这一切都是为了将妈妈们聚在一起，按照自己的意愿锻炼身体，同时尽可能利用国家卫生探访机构提供的帮助。目前全英国大约有50个母亲会团体，但凯蒂希望在英国的每个儿童中心都能看到一个这样的团体，想要实现的话大约需要3 000个。凯蒂回忆说，一份研究报告发现，锻炼是治愈轻度到中度产后抑郁的最有效方法，比抗抑郁药的效果更好，这很符合英国皇家医学会报道的关于锻炼的最大益处——增强自尊。

凯蒂在谈到女性签约参加"准备就绪妈妈"计划的原因时说："虽然人们的反响很积极，但从情感方面讲，她们参与运动的动机并不积极，这些人往往想要减掉体重。可悲的是，妈妈们担心自己会成为孩子们的反面教材，她们担心自己会因'肥胖'而让孩子们难堪。比较心酸的是，我们很少在主流媒体上看到产后的女人身体，所以即使是那些在怀孕期间感到快乐、自信的女性，在生完孩子后也会有不同的感觉。"这是所有当了妈妈的女性都能理解的。虽然人们习惯上会告诉女性她们在怀孕时看起来有多棒，但是当婴儿出生之后，我们就不再赞美她们了。凯蒂给我发送了一个由美国摄影师杰德·比尔（Jade Beall）制作的项目链接，他拍摄了70个产后妈妈的照片，做成了一本影集，名为《一个美丽的身体杰作》（*A Beautiful Body Project*）。这些照片既特别又感人——凹陷的肚子、妊娠纹、圆实的身材和带有明显哺乳特征的乳房，她们可爱的孩子们紧紧抓住妈妈。我吃惊地瞪大了眼睛，我从未见过女性产后的身材以这种方式公开，真是出人意料。

所有这些蓬勃发展的举措都有一个共同点：妈妈们可以带着她们的孩子一起锻炼身体，而不需要寻求托儿所或儿童保育设施的帮助。在我看来，对妈妈来说最有效的就是那些计划。作为一个新妈妈，我从公园里的婴儿车健身开始锻炼，这是一个很棒的体验，这种情况一直到我的女儿7个月大，她不喜欢坐在车里了，才不再继续。最后，我在当地的"救世军"分支机构里做家庭健身。

那时埃拉2岁，正在学习跟人交往。她想多走路，这就意味着坐婴儿车的时间少了，我自己的锻炼时间也少了。与此同时，母乳喂养的压力减轻了，我还养成了喝茶配蛋糕的习惯。我没有足够的时间和钱，也没有了照顾孩子的便利条件。我带着埃拉一起去社区中心锻炼，每个小时只收取2.5英镑，这改变了我的生活，也是一种我们母女俩可以一起享受的特殊体验。心情不错的时候，她会握着我的手，模仿我的动作，在原地慢跑、跳跃和做健美操，或者在空中做一个滑稽但可爱的动作。心情糟糕的时候，她会哭泣，伸出胳膊让我抱着她就好。我会和她蹦蹦跳跳地一起向前跑去，大笑起来。我每次都把她放下来，让她待在角落里，跟玩具和其他孩子待在一起。当我感受到熟悉的内啡肽，感受汗水顺着我的太阳穴滴落的时候，我的身体也变得越来越好，女儿也学会了如何共享玩具，在交换葡萄干和面包棒中收获友谊。我喜欢母女在一起的时光，这对我们来说是很宝贵的，当我女儿跟别人说起我和她做"母亲与女儿之间的练习"，并且回家向她爸爸展示我们一直在做的事情时，我会感到非常自豪。我觉得，在女儿很小的时候，我们就已经很幸运地采取了积极的生活方式。社区中心活动结束的时候，志愿者们会用吸尘器清扫面包屑和捣碎的葡萄干，把玩具收起来。我十分热衷于参与这个计划，我希望这个国家的每个社区中心都有这样一个活动。

一些妈妈能够负担得起把孩子放在健身房的托儿所里的费用，还有更多的妈妈会为这个做法而挣扎。因为有的孩子难以与陌生人相处，还有的孩子会出现分离焦虑，或是有的妈妈只是害怕被叫出健身房、游泳池、桑拿房，把原本用来锻炼的时间用去哄孩子，又或者有些人根本负担不起一个儿童友好型健身房的会员费，所以托儿照看不是适用于每个人的全能解决方案。

我们调查了身为优秀运动员的妈妈们，有意思的是，她们似乎得出了相同的结论。谢莉·拉德曼（Shelley Rudman）是一名前俯式冰橇世界冠军，她带着女儿在训练营地和家庭学校之间的冰面上跑步；获得11块金牌的残奥会自行车手萨拉·斯托里（Sarah Storey）重返训练场并给女儿路易莎（Louisa）喂奶，直到她蹒跚学步；杰茜卡·恩尼斯-希尔经常把儿子雷吉带到赛道上，或者每天晚上把他哄到床上，然后在一个临时健身房里训练。而就像杰茜卡一样，萨拉总能找到一种方法让女儿参加她的锻炼，不管是把她放在运动自行车旁边的婴儿摩西提篮里（车轮发出呼呼声来抚慰她入睡），还是把女儿绑在身体上徒步翻越山坡，抑或在她进行道路训练时，让女儿和丈夫巴尼（Barney）待在车里。这些举措的关键就在于得到支持，杰茜卡的例子更能说明这一点。就在杰丝做妈妈之前不久，她的教练托尼·米尼基耶洛（Toni Minichiello）也成了一名家长，他觉得有个孩子在身边很心安。他知道杰丝的生活已经改变了，她不会像可笑的报纸标题说的那样，在金牌和孩子之间反复纠结，她的生活里需要雷吉。重要的是，教练十分清楚，杰丝生活的一切都发生了变化——从雷吉成为她生活的全部，到她的身体面临新的未知挑战。所以他给杰丝提供了能够安静应对这些挑战的环境，找到恢复体力和体育实力的解决方法。事实证明教练的举措卓有成效，回报就是世界锦标赛的金牌，这也证明了支持妈妈们的新生活方式是多么重要，这样她们就可以继续实现目标——不管是那些世界级的体育竞赛，还是只是和朋友出去游泳。

随着调查的广泛开展，我发现了越来越多的妈妈在她们自己的领域中创造了"母婴友好型"的锻炼环境。于是，我带着女儿，穿上运动装备，坐上了一辆开往伦敦南部的火车，去看望我的朋友——前泰拳拳手西蒙娜·哈维（Simone Harvey），她为妈妈们和她们的孩子开设了一个拳击班。

杜尔维奇足球俱乐部的下层，曾是前职业足球运动员兼职业拳击手利昂·麦肯齐（Leon McKenzie）的训练房，一群女性坐在男厕所外的长椅上，向我讲述她们的故事。拳击台上到处都是玩具，蹒跚学步的孩子们一边聊天一边玩耍，一个小婴儿随意地咬着被汗浸湿了的绑带。拳击班上的女人们从来没有见过我，但她们热衷于分享自己的故事，讲述这个课程如何改变了她们的生活。凯特（我在这本书的前言提过她），39岁，她以前从未锻炼过，但是后来有了两个孩子，"还吃了很多饼干"，这使得她的身体和以前不再一样，她对新形体感到既陌生又难受。虽然她不喜欢拳击，但因为要照顾两个孩子，西蒙娜的课是唯一可以带孩子去锻炼的地方。她笑着说："第一节课上我没太适应，我只能热热身。"然而她对自己的进步感到惊讶，没过多久她的丈夫回家后就发现她已经能够和西蒙娜在后花园对打。运动和练习过去一直是凯特的禁区，但在爱上运动的过程中，她的生活中开始出现了其他的转变。"突然间，我可以做一些我一直认为是'禁区'的事情，"她反思道，"我开始重新思考自己的职业生涯，在大学里上了一门考古学课程，这可能不是巧合。我一直想做这件事，但总是被阻止。我爸爸曾经说过，考古不是一份适合女人的工作。"凯特现在正在攻读旧石器时代考古学的硕士学位。

安娜（Anna），36岁，有两个孩子，她有着跟凯特相似的经历。安娜是一名律师，她通过运动和为人母的经历改变了自己的生活，重新接受了影像艺术家的培训。

在参加西蒙娜的课程之前，她一直讨厌体育运动，也不喜欢与拳击有关的任何东西。"我每每看到人们在家长论坛上发布当地的拳击课，就会想：'真可笑，我永远不会那么做！'"安娜说。每当她丈夫在电视上看拳击比赛时，安娜就会离开房间，她说这让她感到不舒服。但在经历了怀孕、分娩、哺乳和育儿的漫长五年之后，她需要的不只是做个妈妈，还要做点其他的事情，或者说为自己做点什么。拳击课和孩子们日常活动的时段刚好契合，最重要的是，她能带着最小的孩子一起去上课。"我知道有人说你可以使用健身房的托儿所，但我不喜欢那样，因为我会非常想知道是谁在照顾我的孩子，总是分神去担心。"安娜说。

当安娜告诉我她怀上第三个孩子时，我不禁感到有些震惊。我刚试打了几个回合，然后拿着靶子让另一个女人打我。医生的警告在我耳边回响，怀孕的时候打拳击真的安全吗？安娜解释说："我不会去那种老式的拳击场馆让他们跟我对打，这里是一个特殊的环境，是专门为妈妈们准备的，来这里的每个人都会照顾彼此，我们都有着相似的经历。我认为最安全的运动就是去到一个由妈妈开设、为妈妈服务的课程。我不会怂恿每一个妈妈都跑出去上拳击课，也不想给任何人施加压力让她们运动。保持健康强壮的身体去养育孩子，能够成功地分娩，这对我个人而言非常重要。"训练过程中，安娜很小心地拿着护具，让护具与身体稍微有点距离，而不是贴着腹部，这样对手就不会直接攻击到她了。拳击课的气氛十分友好，大家相互支持、相互鼓励。教练西蒙娜时刻保持警惕，而每个人都会留心在地上爬的婴儿，在体育馆蹒跚学步的小孩，还有在角落里哺乳的妈妈。

伊索贝尔（Isobel），27岁，是一名室内壁画家，有两个年幼的儿子。她每周开一小时的车去伦敦，只为参加这个课程。她的孩子们喜欢和其他蹒跚学步的小孩子一起敲打拳击台，一起玩玩具，她则喜欢妈妈们一起在健身房挥汗如雨的积极氛围。她说："我喜欢那种迫使你不断思考的运动。因为有时我觉得平常情况下跟孩子在一起，自己的思维都在慢慢退化。我试着让孩子们参与进来，但这并不是智力上的刺激。学习新东西对我的大脑有好处。"当西蒙娜大声喊出每一个步骤——交叉拳、左勾拳、上勾拳、左勾拳、交叉拳——我就明白了伊索贝尔所说的要保持大脑警觉是什么意思。

伊索贝尔在24岁生下第一个儿子，当时她是国家分娩信托产前课堂上年龄最小的妈妈。她说:"我当时在大学学习。星期五我拿到了学位证书,星期一我生下了斯坦利。我是朋友圈中第一个有孩子的人。"尽管年纪已长,生了两个孩子,但她觉得大自然给了她极不公平的待遇。"我的身上有了糟糕的伤疤,腹部和胸部都有严重的妊娠纹和下垂的皮肤。虽然我比以前更健康、更苗条了,但我仍然有一个讨厌的火鸡般的肚子,老实说,这很可怕,我似乎无法摆脱它。在这之前我没有意识到我是那么的虚荣,怀孕确实对我的身体造成了伤害,而且它的影响远远不止身体上的。"伊索贝尔看起来棒极了,她又高又壮,肩膀线条分明,看起来像个运动员。她有着我见过的最酷的平头发型和漂白的头发。尽管伊索贝尔的身体有问题,但她很清楚自己从锻炼中获得多少益处。她每周都要跑几次步。"这是我能离开孩子20分钟的唯一机会,"她笑着说,"我知道这听起来很可怕!但跑步感觉就像一种解脱,一个自我清醒的机会。"

我认识的每个母亲对于锻炼的看法都是:这是你自己的空间,一个非常现代化的个人空间,在这个好似与外界隔绝的时段,我们比以往任何时候都更需要与自己的身体紧密联系。但创造这样的空间似乎是不可能的,因为无论是做家务、睡觉、送孩子上学,还是努力维持社交生活,母亲们都在不断地与伴侣、育儿机构、雇主协商自己的日程安排。锻炼在日程表里似乎微不足道。大家都知道,如果我们能出去锻炼,就会感觉很好,但锻炼在我们日程表上的地位不断下降,差不多排到了列表的最底部,跟纳税申报单和清洗踢脚板这样的事情并列。想想我生活中认识的男人,他们似乎没有这个问题。他们会大声宣布"我要去健身房"或者"我要去踢足球"。男人去锻炼与否不是一个需要协商的问题,除非有一个具体的实际理由来说服他们为什么不能去。这是一个很棒的范例,妈妈们!锻炼不应该是需要协商的事情,它关乎你的健康,你的理智,你的时间和空间。锻炼作为社交活动的一部分,你可以和朋友一起做,也可以自己做。如果你完全是为了照顾孩子,我希望你也能和你的孩子一起做这件事。这些为女性提供的锻炼途径多多益善。

问题是,当你有了孩子以后,你就很容易半途而废。你推婴儿车健身,但你的宝宝可能会讨厌婴儿车;你去上有氧运动课程,孩子们会产生分离焦虑;你在工作日的早上去上课,孩子就要开始在托儿所生活。

我第二次怀孕的时候，就几乎停止了锻炼。所有的事情都中途放弃了，我试图把去托儿所接送孩子当成一个新的锻炼惯例，也试着挤出时间去开辟新的运动项目，这样的想法充斥着我的大脑。我清楚这不是一件好事，但我不知道如何改变。我的丈夫给我买了一双漂亮的深紫色跑鞋和一件昂贵的运动文胸，但是运动鞋在走廊里放了好几个月，运动文胸仍然在漂亮的盒子里整整齐齐地叠放着。

我回想起自己第一次怀孕的情景，想起我以前是如何跑步穿过公园的，但这次情况有所不同。我已经有了一个需要照顾的孩子，还有三份兼职工作——需要占据每周三天半的时间。我觉得身体很不舒服，当我给女儿洗完澡时，我躺在走廊里，涌起一阵阵的恶心。

怀孕到了第 12 周，随着第一次检查的日期越来越近，发生了一些意想不到的事情。我内裤上出现了一个小小的血迹，那个血迹非常不起眼，真的非常小，很容易就让人忽视了。但那块粉色绝对是血。

我忽视了那点血迹。第二天，出现了另一个更大面积的血迹。到了第三天，还有更多。我打了国家健康服务中心的求助热线，他们让我去急诊科检查，但也很可能什么事也没有。轻度出血在孕早期是很常见的现象，通常没什么好担心的。我丈夫要飞往葡萄牙，我告诉他一切都会好起来的。

第二天早上，情况更不妙了。我哭了起来，女儿爬上了我的大腿。"我只是需要检查一下宝宝的情况就行了，"我告诉她，然后尽量让自己保持冷静，"咱们需要去医院确认一下。"我和父母坐在急诊科冰冷的灰色长椅上。等待时，父亲买了薯片和葡萄。我希望不要有满身是伤的人走进接诊室，吓到我的女儿。

从突发事故到紧急入院是有层次的。你必须耐心经过每一步诊断，在你遇到真正能诊断出你身体状况的医生之前，你要不停复述你的状况。在这之前，除了等待没有别的事情可做，最后我女儿感到很无聊，她想要玩耍。听到她说这些话，我从来没有这么高兴过。我让父亲带她去了公园，我继续坐在椅子上等待着。

两个小时后，我和妈妈终于进入了妇科急诊室。医生检查了我的肚子，用超声探头比来比去，在我看不见的屏幕上出现了一幅图片。突然，她停了下来。"我需要做一次内部扫描，婴儿看起来很小，"她说，"在等待区的是你妈妈吗？"我点了点头。"我想她最好进来。"

妈妈坐在旁边拉着我的手。我的眼泪开始流出来。我的孩子还好吗？其实只有两个答案：好，不好。我在脑海里的两个极端之间挣扎。我应该坚强起来做最坏的打算吗？还是祈祷得到最好的结果？

我躺在黑暗中等着听结果，感觉过了很长一段时间。最后医生取出了探头，挂在插座上。她双手交叉放在膝盖上，转过脸对着我，严肃地说："恐怕不是个好消息，胎儿已经停止生长了，它现在很小。没有人知道为什么会发生这样的事情。你先穿好衣服，我们需要谈谈如何把它拿掉。"

你无法想象这种转变有多快，在听说你的孩子死了之后，你必须马上决定如何拿掉它。我穿好衣服，坐在椅子上，拿着传单，听着医生说的话，试图去理解。医生告诉我有五种选择：1）在家药流。2）在医院药流。3）全身麻醉手术。4）局部麻醉手术。5）或者顺其自然，但实际上这意味着死去的胎儿会在你的子宫内四处流动，流出的时间并不确定。

我强迫自己做出决定，最终选择了手术。这是最快的解决办法，为了照顾女儿我需要很快恢复健康。我打电话给我的丈夫，在电话的另一端，他试图安慰我。他已经收拾好了行李,在去机场的路上,在公司批准他飞回家之前,他就已经上路了。

妈妈和我漫步在阳光下,适应着光线。马路对面是一个繁忙的集市,鲜艳的塑料碗上画着鸟的眼睛,旁边是成堆的苦瓜和小山一样的新鲜药草。所到之处都能买到最香甜的淡橙色阿方索芒果。我们买了半打回家。

那天晚上,我丈夫很晚到家,筋疲力尽。三个人都挤在床上,女儿轻轻地在我们之间打呼噜,我和丈夫牵着她的手。手术需要再等几天,我现在需要休息。

但是事实令人措手不及,两天后我开始大出血,一个血块从我身体流出来。我一直以为,流产时从我的身体中会流出一具婴儿尸体。但我只是流出了一个血块。你能对血块做什么?没有什么可告别哭泣的。它就这么出现了,就像成熟的李子慢慢从树上掉下来。

我女儿问我孩子在哪里。这是个好问题,但我不知道答案。医院的字典中没有婴儿,只有"血"和"组织"。但是,没出生的婴儿不只是血和组织,它身上被赋予了家庭的希望、梦想、兴奋、规划、忧虑和爱。这是早在卵子受精之前就存在的事情。我女儿一直想成为一个大姐姐,她既自豪又兴奋,她想抱着孩子,逗他,喂他,哄他睡觉。现在孩子到哪里去了？我没法解释。

手术那天，我确信胎儿已经从我的体内全部出来了。我丈夫陪我去了医院，我费力地爬上了地铁的楼梯，在地铁高峰期感觉整个人都轻飘飘的，我小步小步地走着，尽量不让任何东西流出来。

我躺在医院的床上，他们再一次扫描了我的肚子，血就这么滴在地板上。我低头一看，它是灰色的，看起来像恐怖电影里才会出现的东西。我做了个鬼脸。谢天谢地，我身边有个体贴的国民保健服务护士，她已经工作了30年，以前见过我这种情况。她给我端来一杯茶，还有一杯不错的巧克力波旁威士忌。

在此之前，我坐在一个术后监护室里。并不是所有的东西都排出来了，护士们给我拿了药片，五个蓝色的，三个白色的，我把它们都吃掉，然后继续等待。我的身体开始颤抖，感觉像在燃烧，整个房间都在旋转，我又害怕又虚弱。宫缩开始了，我知道这种痛苦，以前就感受过。但上次我躺在一个阳光明媚的房间里，结束的时候我们美丽的女儿就在我的怀里。这一次经历结束的时候并不会带来那样的欢乐，我吃力地拉着我丈夫的手。最后，在痛苦的宫缩间隙中，我跟丈夫说我们要一起度过一个美妙的假期。他笑着说，无论我想去哪里，我们都会去，他保证。护士们都很和善。慢慢地，我开始恢复过来。我喝了一杯加糖的茶和半杯巧克力波旁威士忌。"你现在看起来好多了。"医生微笑着说。

流产与运动和锻炼有什么关系？其实，这本书是关于女性身体的故事——不仅仅是我的，更是我们所有人的。在我们身体里发生的所有事都与我们的运动和锻炼相关或者不相关，这样的关系贯穿了我们的一生。怀孕、分娩、流产、哺乳、堕胎、月经和绝经——这些是很多女性在生活中都会遇到的经历。它们是女性身体的常见创伤，但我们对其保持沉默，强化了我们自己的"沉默法则"。在这种沉默中，滋生着谜团、误解、无知、焦虑和困惑。在写这本书的调研过程中，我一次又一次地从医生那里听到女性多么不了解她们自己的身体的案例。杜利医生说，他常常遇到那些所谓精干、要强却不知道生殖健康基本知识的女人。《卫报》上的一篇文章也报道过，一位有四个孩子的母亲问医生"子宫"是什么。当然，大多数时候，我们甚至不知道如何谈论自己的生殖器官。但是，我们之所以不了解自己的身体，也是因为我们不被鼓励去谈论它们——从一位年轻女子在社交网络上发布自己的经血照片而遭到死亡恐吓，到主流媒体普遍避而不谈月经、分娩和流产，这样的情况比比皆是。约 1/5 的女性有过流产经历，但她们的故事很少为人知晓。

当我逐渐讲出自己的故事之后，很多男人或者女人告诉我，他们也曾失去自己的孩子，数量之多让人震惊。朋友、邻居、同事、朋友的家人、母亲、女儿、父亲——他们都自发地分享了自己的故事，隔着花园的墙头，在育儿室的门旁，在地铁车厢里，通过短信和横跨大西洋的电话，如此多的故事，悄悄地、秘密地分享出来。有双胞胎的流产，有四胞胎的流产，有使一些人放弃生育的流产，也有让一些人鼓起勇气继续尝试的流产。有最初几周的流产，有中途的流产，也有分娩时失去孩子的情况。也许最悲哀的是，一个已足月的婴儿夭折了，这让所有人都伤心落泪。

当我躺在床上，不知道如何向同事和朋友解释我不得不取消本周剩余时间的约会时，我感到一种奇怪的虚弱感，还有一种想要动弹的强烈冲动。现在我正被命令休息，但是我迫切想要活跃起来。

我足足等了两周，然后，在一个阳光明媚的早晨，我穿着新运动鞋和运动文胸去了公园,这是我四年来第一次跑步。这种感觉就像解放,奔向我的身体,奔向我的生命,奔向我自己。当然,我身上疼得要命。肺部很痛,心脏也跳得很快。我想停下来,每件事都让我感到不舒服,我觉得很不自在,肚子仍然肿胀着,因为胎儿在那里生长了那么多星期。但我也觉得很神奇,在回家的路上,我感觉我的大脑就悬浮在头顶的某个地方,享受着初夏的微风。我感觉到腿部的力量,大步地走着,感受内啡肽在燃烧。在接下来的六个星期里,我经常跑步,变得越来越强壮,也由此爱上了跑步。

这就是我重新开始锻炼的方法。作为一个母亲,我曾经无数次地爱上锻炼,也曾无数次地中断了锻炼。所有的干扰因素包括:宝宝长大了,不会耐心地坐着不动,他们会开始爬、学走、学跑;分离焦虑让你不能离开孩子太长时间;新的育儿安排;阳光下每一次和孩子游戏的机会;工作时间的增加,等等。每一次你都必须做出新的调整,重塑自我,重新开始。这一切让人筋疲力尽。

在我们在抚养儿女的过程中,在运动方面一直重复着同样的错误和老一套做法。因为我们不知道如何与孩子一起在公园里踢足球，所以经常只是给孩子扔球，我们很少出于乐趣去跟孩子们在路上奔跑，也不常鼓励他们看体育比赛。这种循环似曾相识，跟原来父母陪伴我们的时候一样。

正如米歇尔·奥巴马所说，母亲是改变下一代现状和改变自我的根本。前美国第一夫人米歇尔在母亲角色和锻炼之间建立了重要的联系，她强调为什么这种联系如此重要。因为这不仅仅是为了保持健康，更是为了树立一个榜样，给自己创造一个作为女人的时间。你知道有多少妈妈会这样做吗？米歇尔·奥巴马说："当我起床锻炼的时候，我是在为我的女儿们而锻炼，就像我为自己锻炼一样。因为我想让她们看到一个深爱着她们的母亲，我在她们身上投资，但我也在自己身上投资。这样做是想让她们知道，作为一名女性，把自己放在优先级名单上是完全可以的。"米歇尔·奥巴马发起的终结美国儿童肥胖的运动向我们展示，为什么对女性来说，体育活动是一个女权主义的声明。米歇尔在白宫跟勒布朗·詹姆斯扣篮比赛 50 次的时候，她看起来非常酷。

我在西蒙娜的拳击课上遇到过一个妈妈，她的故事很简单，她叫杰丝（Jess），29 岁，是一名护士，来自伦敦南部。在她还给第二个孩子喂奶的时候,她开始了锻炼。杰西之所以可以去上课,是因为西蒙娜根据她的哺乳需求调整了训练。因为她不想把女儿留在托儿所,此外也不得不带着一个蹒跚学步的儿子,所以没有一个健身班接受她,母婴健身班和婴儿车健身班都拒绝了她。杰西让我想起了杰茜卡·恩尼斯:同样天生的运动型体格,矫健的身材。我以为她会告诉我她从小就一直喜欢体育运动,但她说自己在学校里讨厌体育课,这让我很吃惊。幸运的是,她的父母每周都去跑步,给她树立了榜样。"我的弟弟也一样。这可能就是我这么做的原因。因为我感觉这么做很正常。"她说。

感觉正常,这四个简单的字却是如此珍贵。我们希望每个女孩和女人都能有这种感觉——感觉正常。做一些体力锻炼的时候感到舒适,这就是妈妈们来锻炼的原因。每次在锻炼的时候,我们都在不经意间向孩子展示通向未来更光明的道路。

有时我们甚至不知道未来会有多么光明。就拿奥运冠军、自行车选手劳拉·特罗特(Laura Trott)来说,她就是因为妈妈才参加了这项运动。格伦达·特罗特(Glenda Trott)开始骑自行车前的身材尺码是24号,她和家人在美国度假时被拒绝乘坐缆车,这迫使她做出了巨大的改变。她的医生建议她去游泳,但她无法接受公共游泳池,于是她就买了一辆自行车,开始在当地维而温花园城的赛道上训练。全家人都和她一起去了。劳拉在接受《每日电讯报》采访时说:"我妈妈以前不运动,后来她突然就变成了女超人。上班前她会做一会儿室内锻炼。下午她会和朋友们骑车10英里,然后爸爸下班回家的时候,她也会和爸爸一起出门散步。"格伦达在18个月里瘦了8.5英石①。她那时完全没有想到,她的两个女儿后来都会痴迷于骑自行车,劳拉更是会成为英国最受欢迎的自行车手之一。

重点是,如果格伦达没有足够的勇气去骑自行车,或者没有家人支持她一起骑自行车,这一切都不会发生。那样的话,多年以后,格伦达仍然会回到医生那里,对自己的体重感到不安,通过节食来拼命减肥,仍然不愿意去泳池。格伦达说,她在生完孩子后就像很多女性一样体重增加了。我们要在母亲们人生最关键的时刻去鼓励她们,并以正确的方式支持她们,这才是最重要的。

---

① 1英石 ≈ 6.35千克。

支持可能改变数百万母亲的生活，可能改变数百万儿童的未来。而且，谁知道呢，或许我们还会在这一过程中培养出更多的奥运冠军。

第七章
"你是茶水助理吗"及其他常见问题

如果你要到一个赛场上的记者席去写一份比赛报道，而不巧迟到，那就非常糟糕了。所有其他记者都已经集合就座，到处散发着一股霉烂味。如果赛前餐准备了咖喱，那么可能至少有一名同事会犯肠易激综合征。这时你注意到了自己的座位号——见鬼，居然正好在这一排正中间，你踱步向前，一个挨一个的媒体记者像女王一样高冷，一脸不情愿地站起来让你过去。在狭窄的空间里，你尽量避免让彼此身体的敏感部位发生接触，之后你快速在地板上找到一个笔记本电脑的插座，蹲下来，你以为终于可以大功告成了吗？就在这时，你听到了一个声音。这个声音来自坐在你旁边的家伙，他老得都能当你父亲了。"你在我下面呀，亲爱的……"他说，在旁边的座位上咯咯地笑，露出了满嘴黑牙，而你面红耳赤，陷入深深的自我怀疑之中。欢迎来到男性主导的体育新闻界——这个在过去的12年里我称之为家的地方。

在遇到竞立媒体公司的休·乌纳曼时，我跟她讲了这个轶事，她会心地笑了。"但他什么意思啊？"我问，"他可能并没有什么意思，是吗？"她看了我一眼。"你以前没听说过吗？"她问，"这是这些男人的传统，我听过很多次了，可以确定，他们就是那个意思。"我才意识到我花费了10年时光来假设这家伙是无辜的，是多么浪费自己的时间。因为我无法理解，为什么会有人在职业场合跟一个刚刚认识的女人开一个关于口交的玩笑。

这不是我唯一的遭遇。多年来，我听过很多这样的玩笑，就像在体育界的女同事人数一样多。但是，如果有人讲了这样一个令人作呕的笑话，你会怎么回应呢？没有人想大惊小怪，没有人愿意成为受害者，也没有人想破坏这个聚会，尽管这个聚会不是很有趣，你也不确定自己是否真的想去参加。在为"你在我下面呀，亲爱的"这个玩笑辩解时，他也可能会被遇到的这个女人吓得不知所措。我认识的每一位从事体育工作的女性，甚至只是喜欢体育运动的女性，在赛场经常会被问道："你是茶水助理吗，亲爱的？""你在等男朋友吗？""你真的喜欢运动吗？"无论你是一个在体育行业工作的女性，或仅仅是一个在电视上换台看比赛的体育迷，他们都不希望你掺和进来。女性被认为是体育运动中具有挑逗性的附属品——但是作为粉丝？记者？裁判？或是首席执行官，又会怎样呢？不一而足。

英国 F1 赛车手、花花公子詹森·巴顿（Jenson Button）说，乳房和月经妨碍了体育运动。他认为，女性和运动在生理上就是不相容的。"每个月都有那么一个星期，你不会想和女人待在一起的，不是吗？"2005 年他对《男人装》杂志（*FHM*）说，"一个大胸女孩在赛车里肯定不会舒服。机械师们也不能集中注意力。你能想象给她系上安全带的样子吗？"奇怪的是，我似乎没听过简森对赛车女郎发牢骚。

那是因为性感美女在体育运动中一直都被认为是恰当的存在，当电视摄像机扫过人群去搜寻辣妹时，人们几乎眼睛都不眨一下。从温网到世界杯，皆是如此。观众得到的潜在信息就是，电视上的体育节目再现了男性对异性的关注。如果你是一个女性参与者，那么说明你是一个异类。这个趋势成就了20世纪最史无前例的性感偶像之一——帕梅拉·安德森（Pamela Anderson）。20世纪80年代，在加拿大的一场足球联赛中，人们通过电视摄像机在人群中发现了帕梅拉。当时，在美国男子团体运动中，啦啦队队长是最耀眼的女性人物。后来，就开始有人雇佣"前凸后翘的女孩"，她们大露乳沟，穿着性感的牛仔热裤为赛车手撑伞。还有举牌女郎，在拳击比赛中她们举着牌告诉我们下一轮比赛。最近在电视上看克里斯·尤班克（Chris Eubank）的儿子直播打拳时，我不敢相信主持人居然为克里斯说"睾丸"这个词道歉。我无法理解为什么这个词被认为是无礼的，而雇佣近乎半裸的女人让人盯着看却十分合理？如果衣着暴露的女士们只是一种无害的乐趣，那为什么——在我第一次参观职业拳击比赛，阿米尔·汗职业生涯的首次登台中——周围的人都在用性侵犯的口吻谈论那些女人？"哇，快看那个女的！"其中一个人开始喊，"我想让她有天在我脸上尿尿。"听见这话时我真的想缩到座位下面。

　　就连女子运动也不能幸免。2015年夏天，环弗兰德斯钻石巡回赛中，四个身着比基尼的女人站在冠军两侧，这让荷兰自行车手马赖·德弗里斯（Marijn de Vries）非常生气，她在推特上大胆地反映了这个问题。美国自行车手安娜·兹瓦茨（Anna Zivarts）巧妙地把克里斯·弗鲁姆（Chris Froome）在领奖台的照片旁用修图软件加上了几个穿泳裤的男人，比利时的组织者为这次事件进行了道歉。但更大的问题是：为什么在21世纪，运动比赛仍在被性感化？

我不认为"体育运动行业已经意识到了这个问题"是一个讨论焦点，它实际上仍然是一个盲点。就连自行车运动的全球管理机构国际自行车联盟也出现过意外情况：一个女子团队的赛服让她们腰部以下看起来像是裸露在外。哥伦比亚波哥大市哈门那队的连体赛服包含一条覆盖腹部的肉色织物带，在一定的光线下拍照，看起来有点像"骆驼趾"[①]。这些图片让国际自行车联盟陷入了滑稽的灾难之中，主席布赖恩·库克森（Brian Cookson）给它贴上了"不符合任何体面的标准"的标签。这种双重标准让人难以置信：模特在获胜者的领奖台上穿比基

[①] 指妇女因穿着紧身的裤子而使得女性阴部形状突显的视觉效果。

尼是可以接受的，但如果某件服饰看起来太像真实的人体——尽管可能是无辜的、偶然的——那么它就是一种令人厌恶的下流标志。

我经常被问及一项运动中的情况是否比另一项更糟。我不认为这是一种有用的对比，而且不管怎样，在我遇到的每一项运动中，令人沮丧的故事似乎都被曝光了。人们不可避免地会认为，体育运动只不过是社会态度更广泛的反映。在某种程度上，的确是这样。但是，如果我们对议论置之不理，那么也就给了体育运动一张"免死金牌"，一种耸耸肩说"真过分！谁能做点实际的？"的态度真的让我沮丧。实际上，我们可以做很多事情来改变现状。卡罗琳·克里亚多-佩雷斯在《像女人一样做》（*Do It Like A Woman*）一书中探讨了女权主义和性别歧视的方方面面。我问她，体育运动是否与其他行业不同，她的回答很有启发性。"好吧，我认为在一个领域中歧视女性的预设和偏见在另一个领域是一样的。"她点头又继续说，"但我想，在体育运动中，人们并不鼓励女性表现得积极主动，女性始终表现为被动。就像在电影中那样，女性不太可能扮演主要角色，她们总是扮演配角，而且通常会妨碍男主角完成他的任务。体育运动就是一种典型的女性没有被鼓励成为主动的一方的领域。"具有讽刺意味的是，在体育运动这一最为活跃的领域，我们经常把女性压制为最消极被动、最沉默不语的角色。当女性敢于扮演发言的角色——比如记者、主教练、首席执行官，或扮演参与的角色——运动员、裁判、医生时，她们就会显得违逆潮流，这样的行为也会遭人愤恨。

卡罗琳认为，这样的趋势是阻止女性从事体育运动的关键所在。确实如此，从一开始，社会就扼制了女孩们参与体育运动的愿望，因为人们认为女孩不能卷入体育。她们只能呈现出边缘化的角色，这种角色必须表现出传统观念下的性感或美丽。而男孩们在体育运动中就可以随心所欲，也没人在乎。人们对男孩的评判完全取决于他们的才能。

让妇女和女孩身体活跃起来是关键。主流媒体一直认为女性应该完全专注于一个完美身材的静态形象，并以此作为终极目标，没有任何信息是关于实现过程、活跃的身体以及我们的实际感受的。"我认为，在给女性推广运动和锻炼的过程中，真正缺失的就是这一点，"卡罗琳说，"它没在强调你能用身体做多么炫酷的事，而只是关于女人穿上比基尼好看不好看这种问题！这并不是在鼓舞人心！因为它不会促使你去实现自己真正所想之事。所以当你真正在锻炼的时候，你就会想'到最后我会有漂亮的身材吗'，而不是'我要边跑边关注着自己的腿'，后者才是让你持续跑步的理由，它甚至会改变你的运动方式。如果运动时我想的是'哇，我刚刚冲刺真是棒极了'，而不是'如果我每周锻炼两次，到夏天结束的时候，我就不会有大肚子了'，那么我就会更加享受运动的过程。我认为，我们在如何向女性展示运动魅力这一点上确实缺少技巧。尤其对女性来说，我们很少有机会把自己想象得很强大、有能力，身体就是我们的工具……这个感觉多么美妙啊。"

对我而言，认可"这个女孩能行"运动具有开创性，其原因之一就是认可女性本身。在这个运动发起之前，我们从未见过女性在主流电视上活跃的画面，尤其是在黄金广告时段。我们从来没有被鼓励去享受身体运动的本真状态——不去关心身体看上去是否好看，也不关心是否需要减肥。但在这则运动的宣传画面中，我们看到了女性脸上的喜悦和决心。我们看到的是过程，而不是最终结果。这几乎与每一个主流媒体描绘女性身体的基调背道而驰，这样的信息是强有力的。

对卡罗琳来说，促成女性参与运动的综合考量因素中较为关键的便是力量部分。她在 30 岁时重新发现运动的乐趣，起因是她的一个朋友写了一篇关于如何让身体变强壮的博客。她说："那是我第一次读到这样的东西。通常，当女人写她们身体时，说的总是关于她们是如何讨厌自己的身体，只有男人才会写怎么变得强壮。"因此她受到了鼓舞，进入健身房开始练习举重，享受着通过重量来衡量进步的满足感。在逐渐尝试过拳击、跑步和攀岩后，很快她就"上瘾"了。在很大程度上，男人们一直在给予帮助。而那些没有安全感的男人可能是对自己的能力缺乏信心——就像卡罗琳遇到的那些在英国央行运动中给她发出死亡和强奸威胁的男人一样，他们暴躁易怒，当她起身时，他们会翻白眼或不耐烦地叹气。但是在公共场所进行锻炼确实会引起不必要的注意，她尤其担心那些年轻女性可能会因为受到恐吓而放弃锻炼。"有时，我和女性朋友在公园打拳击，偶尔会遇到一个一辈子都没打过拳击的男人跑过来，告诉你你做的一切都是错的。那感觉就像是在说：'这是男人的领域，我才是它的权威。'这种情况时有发生，"卡罗琳说，"男人想要表现出他们对这项运动比你了解得更多，总有一些家伙会提出质疑或发出嘘声。但这对我来说无关紧要，因为我足够成熟而且坚定地支持女权主义，那些人根本影响不到我。但如果是在我更年轻一点的时候，我可能会觉得不那么安全，于是就不再锻炼了。我发现真正有趣的是，每一个听我讲拳击故事的女人会说：'哦，天哪，太酷了，我能和你一起去吗？'所以我认为女性还有一种尚未开发的渴望，那就是变得坚强，变得能够保护自己并且掌握技能。"

我对这一点很好奇。作为一个年轻的女孩，我记得我曾经想要像班里的男孩子们一样滑滑板。我还想学点花招，比如在自行车上做后轮平衡特技，更梦想着能在操场上一边踢足球一边围着男孩子们跑圈，那将会多么炫酷。但我从来没有去实现过这些事情，其实坦白讲，我是不敢这么做。因此，随着青少年时代的到来，我就把这些雄心壮志抛诸脑后了，以为自己似乎没有必要再拥有这些身体技能了。但是，回想起来时，我仍然记得那种极度兴奋的感觉，当时我想象如果自己能玩出那么多的把戏的话该有多棒。当想到自己认识的那些人，想到他们在五人制足球比赛中所做的那些令人印象深刻的事情，或者想到他们灵巧地用石头打水漂，每每想到这些我都不禁羡慕不已。就算成年后，他们的生活之中仍然有那种身体上的、好玩的元素，而且这些元素让他们很开心。如果妇女和女孩们也能有这种感觉，那岂不是很棒？

卡罗琳谈到在公园里和一个朋友练习拳击时，我想起了妈妈打来的那通电话。她告诉我，她在当地的公园里看到一个女人在打拳击，她真的很喜欢这个样子。她喜欢"变得强壮"这个想法。我的妈妈71岁，除了游泳、瑜伽和散步之外，她的一生中从未做过其他运动。我认为女性在公共场所做这些事情，展现了多么强大的力量啊，这个想法能传播得多远啊。当人们在户外做什么事的时候，能允许其他人自己去尝试，才会更容易改变现状。

但是想要成为与众不同、出类拔萃的人并没那么容易。安妮·扎伊迪（Annie Zaidi）是一位来自考文垂的年轻教练，她在足球行业掀起了波澜。作为一名妇女，一名戴着头巾的穆斯林，人们期望她去和穆斯林妇女一起工作，或者执教女子足球。不过，安妮很清楚自己要朝着哪一个方向走，她不希望自己被置之不理，甚至还关注到了职业男子足球队的一个角色。在安妮的职业生涯早期，她就已经开始产生了影响——在离开女王公园巡游者队之前，她曾经与莱斯·费迪南德（Les Ferdinand）和克里斯·拉姆齐（Chris Ramsey）共事。我也曾见过安妮几次，她看起来一副大人物派头，总是滔滔不绝地谈论替换阿尔塞纳·温格（Arsène Wenger）和蒂埃里·亨利（Thierry Henry）。她精力充沛，幽默诙谐，说话直言不讳，与她的对话总是充满笑声。当她同意为这本书接受采访时，我听说了她的另一面——一个克服了生活中极端障碍的年轻女性。当她给我讲述她的故事时，我听得入了迷。

安妮从小就遭受慢性湿疹的折磨，她曾连续几个星期进出医院，浑身缠满绷带。她说当病情突然发作时，你几乎无法辨认出她的眼睛在哪。安妮甚至因此错过了许多学校，受到了各种欺负。"人们会根据你的外表来评判你，"安妮说，"我的求婚者因为湿疹而拒绝了我。当时我说：'妈妈，他们如果因为这些肤浅的事拒绝我，他们就不是虔诚的穆斯林，对吗？'足球成了我摆脱所有歧视的出口。我用连帽衫把脸遮住，当时足球就是我最好的朋友。"但事情并没有那么简单。在一次组织有序的足球比赛中，安妮被要求穿短裤。皮肤暴露在草地上，导致她的湿疹更严重了。因为她出身于一个传统的巴基斯坦穆斯林背景的家庭，每周中有5天要在放学后去参加清真寺礼拜，周六和妈妈在一起做饭。社区不喜欢她穿运动装——"男人的衣服"——这并不是一个女孩该有的样子。"我妈妈现在是我的头号粉丝，她接受了我的做法，但要改变几代人、改变整个文化还是很困难。"安妮说。

当安妮试图从事教练工作时，她几乎每一次都要面临偏见。在她自己的社区里有一些人叫她"椰子"或"赏金"，穆斯林神职人员还会特意穿过马路告诉她，她给女孩们带来了糟糕的示范，甚至还有来自白人女孩的种族歧视。对于安妮应该执教的方向，每个人都有看法：一些人说她应该只教穆斯林女孩。在伦敦"7·7"恐怖袭击事件发生后，当地一家穆斯林足球俱乐部表示，她的头巾会让担心极端主义的父母感到不快。安妮最终找到了一个教练工作，执教于一支年龄不满10岁的男子球队。在400名教练中，她是唯一的女性。在球场的边线上，她经历过对手教练和父母们的性别歧视和种族歧视。如果抱怨的话，她就会被视为麻烦制造者。"你必须要厚着脸皮才能从事足球工作，但即便如此，我还是不得不离开那份工作，因为它毒害了我对足球的热爱。"她把遭受辱骂的事告诉了妈妈。"我母亲开玩笑说：'那你期待什么？这是一个男人的世界！就好比你爸爸走进厨房就会把事情搞砸了，都是一样的！'"安妮笑着说道。

但她并没完全放弃教练的工作，因为这对她来说太重要了。"有一次，我作为西米德兰兹郡青年社区的一分子，与性剥削受害者一起工作。她们来自各个种族，以前从来没有踢过足球，"安妮说，"其中一个女孩对我说：'这是我有生以来第一次感到充满力量。'我明白她的意思。每当足球触到我的脚底时，就会有某种东西环绕着我。我感到被保护着，很安全。"我告诉安妮，她描述了一幅多么有力的画面。她点了点头："我说的是我的脚底，但我也在说我的灵魂。两者兼而有之。"

安妮通过体育运动获得力量的经历，对于所有的女孩来说都是有启发的，我想用广播把它送进每个学校里。打打球，跑跑步，专注于身体上的东西，就会产生一种疗愈效果。现代社会的人们沉迷于实现这种精神状态——甚至还有正念和禅宗色彩的书籍——但如果我们能给每个人发一个球来玩，那该会多神奇？

安妮说，她很幸运，有一些希望她成功的男人和女人指导她，他们非常了不起，包括：克里斯·拉姆齐、莱斯·费迪南德、华莱士·赫米特（Wallace Hermit，他是黑人和亚洲教练协会的联合创始人），以及英格兰女足的助理教练玛丽安·斯佩西（Marieanne Spacey）。但也有一些人打压她，说她暗箱操作且不择手段，说这就是她得到机会的唯一原因。她面临着一个所有女性都能理解的两难境地——我们应该讲述自己的故事吗？应该揭露出我们面对的挑战吗？应该冒着成为受害者的风险，大声疾呼反对偏见？还是应该保持沉默，继续战斗，让其他女性永远怀疑她们才是唯一经历过这种事情的人？就我个人而言，我尊重安妮分享自己的故事，尊重她坚持自己的信念，如实讲述自己的经历。我不认为她是受害者，而是把她看作一个坚强的女人，为别人领路，以让后来者的道路变得更容易一些。"女人们彼此间需要互相帮助，"安妮直言不讳，"能够得到男人的支持也是好事，但是他们没有经历过女人承受的非议与诋毁。女人是一个团队，我们需要互相支持，足球行业的女人是我最伟大的队友，她们是我的左后卫和右后卫，也是我的中锋和前锋。"

这也是"足球中的女性"的创立初衷，2006 年，我与谢莉·亚历山大（Shelley Alexander）共同创立了这个足球行业的女性就业网络。该组织的存在是为了在女性觉得自己不能发声的时候，能够替她们发出声音，或者在她们为自己发声的时候去支持她们。它的存在也是为了告诉足球行业，女性不应该在工作场所受到性骚扰，不应该因为有了孩子而被解雇，不应该因为薪水低而被迫离开，不应该被贬低，不应该被剥夺工作机会，不应该因为同性恋者的身份而遭受非议，不应该被要求清洁地毯或在会议室里倒茶，她们应该做自己能胜任的任何事情。多年来，女性一直在向我们讲述她们在这个行业的经历——我们对她们所遭受的不公对待感到震惊，对她们那令人难以置信的坚忍感到敬佩。

同时有一些观众很高调地倡导种族主义和仇视同性恋的男性运动——这在很多足球场都能活跃气氛。令人沮丧的是，目前还没有任何措施来解决看台上的性别歧视问题。妇女占全国人口的51%，她们在英超联赛比赛日的收入中贡献了25%。如果没有其他原因，只是出于纯粹的经济学原因，那为什么要忽略全国一半的人口，不把性别歧视包括在影响平等的综合因素中呢？

有时候我很想知道足球行业是否理解性别歧视的基本原理。每当和足球主管部门谈论性别歧视问题，往往就像把头往墙上撞一样。其他行业，包括建筑业，都已被迫改变了这一错误观念，但足球仍在坚持一个属于20世纪70年代的理念。我们当地的警方最近已经在鼓励妇女，如果她们在街上遇到骚扰，就要喊叫，像猫一样尖叫或狼一样吼出声来。而足球行业却说，成千上万球迷对着跑上场救助伤员的女医生吹狼哨，他们对此也无能为力。可能还不只是口哨，还有反复地叫嚣，从"她是个妓女"到"滚回厨房"，从"奶子和屁股"到"她是不是把屁股翘起来了"，这样的声音无处不在。电视节目主持人加比·洛根（Gabby Logan）因为"把你的胸露出来给小伙子们瞧瞧"这句话而出名，尽管当博比·查尔顿（Bobby Charlton）爵士大胆地露出胸部并晃了一下的时候，她也脸红了一下。要是我们每个女性的生活里都有这样一位帮助英格兰赢得世界杯冠军的传奇人物该多好啊。

有时，这种虐待会呈现出一种更黑暗的基调。如果你是一个考文垂球迷，可能还会记得谢菲尔德联俱乐部前锋马隆·金（Marlon King）性侵的认罪口供："她说是的，马隆。""她是个妓女，马隆。"然后球迷就用"她是个妓女"高唱了一段，讲的是一个被足球运动员切德·埃文斯（Ched Evans）强奸的女人。还轻描淡写地说："他只是上了他想要的人。"阿森纳的球迷们对罗宾·范佩西（Robin van Persie）转会到曼联队很不满，因此引用了他2005年因强奸被捕的歌——是用克雷格·戴维（Craig David）的《倒带》（"Rewind"）改编唱的："范佩西，当女孩说不时，就骚扰她。"不可避免的是，球迷论坛经常把这些不敬都当成玩笑，而且奉告"如果你不喜欢，就别来"。这些都不是孤立事件，一个赛季票的持有者告诉我，有个男人因为他支持的球队输掉了比赛而大喊"等我到家时，我老婆就会挨踢"；一名电视记者在直播中不得不忍受"荡妇"这个词；2014—2015年，伊娃·卡尼罗（Eva Carneiro）遭到对手球迷的严厉辱骂——"向我们展示一下你从哪尿尿的，你这个渣滓"，而这样的行为并没有受到管理机构的制裁。

长久以来对这类现象的辩解就是，足球是一项为工薪阶层人士所喜爱的运动，一周中应该有一天让他们可以放松下来。他们已经为自己的座位付费了，理所应当喊出想喊的任何东西。总之，人们认为这些只不过是一个玩笑而已。但值得欣慰的是，足球运动的发展改变了这一落后氛围。它摒弃了20世纪80年代那些流氓一般的球迷，取而代之的是社区计划和家庭聚集地。这项运动迫切需要更大的包容性，但要实现这一目标仍然任重道远。

即使你把那些粗俗的东西都剔除了，仍然会留下很多男人们默认为是调侃和玩笑的球迷小曲，如果你是一个女人，加入进去必然会感觉很不舒服。一项面对我的女性球迷朋友的快速调查显示，她们中的大多数不会唱"托特纳姆男孩们制造的噪音"，也不会唱"布拉莫巷体育场的肖勒姆男孩"，因为那些歌曲与她们无关。

托特纳姆热刺队的终身球迷、"傲娇的白百合"（因为主场队服是白色的，故别称为白百合）联合主席克丽丝·保罗斯（Chris Paouros）告诉我，每当白鹿巷球场开始播放那首歌时，她的汗毛都立起来了。"我不唱，因为这首歌基于一个男人的立场，"她愤怒地说，"这不难理解，不是所有人都是男孩。我现在几乎不看比赛了，因为任何表现出来的种族主义、性别歧视和对同性恋的憎恶都是那么的可怕。我很爱表达，我经常会想要说些什么，尤其是在主场比赛的时候，因为我觉得这时候的托特纳姆就是我家——以前我没有买赛季票，但是因为他们都认识我，还是放我进来了。不过你从一个人的眼神里就能看出来他的想法:'如果我非得听女人向我抱怨的话,我还是待在家里好了。'"

尽管如此,克丽丝和我所认识的其他女性球迷仍然热爱足球。她们忍受着挑战,不断地去看比赛。为什么?因为40年来,在克丽丝的家庭生活中,支持托特纳姆队已经是一个惯例了。她说:"我奶奶从塞浦路斯来到伦敦北部时,她不会读书写字,但是她在电视上自学了'托特纳姆'这个词。这样她就能看懂足球的比分,也就知道她儿子是否会高兴地回家了。"足球的地位在她的家庭中已经无可撼动——观看英格兰足总杯已经成为一种传统,在起居室里放上一盘考究的烟熏三文鱼卷,这样三代人就可以围坐在一起看比赛了。足球代表了英国文化的一部分,它使伦敦北部的新一代移民有了归属感。这可不是小细节。作为一个成年人,白鹿巷球场已经成为克丽丝的家。多年来,她一直坐在同一个人身边共同观赛。"我非常熟悉这种生活。在比赛进行到42分钟时,他们中的一个人总是站起来说:'约翰,你要大啤酒还是苦啤酒?'另一个人说:'我不知道,丹尼,你喝什么?'15年来,我的爱人莫妮卡总是和我一起看足球,我们也会跟这些朋友坐在一起。我从没在球场之外看到过他们,但莫妮卡去世时,每一个人都来参加了她的葬礼。"克丽丝说。

克丽丝反复思考我们国家队的内在矛盾,思考它是如何成为家一般的存在、一个恒定的场所——尽管体育场、球员、装备和管理人员都在改变,以及它是如何成为一个舒适的存在——尽管有一些最恶劣的歧视仍然存在。对于一个女同性恋者来说,象征男人世界的足球并不是一个可以找到共鸣的地方——首先是因为恐同歧视,但克丽丝认为这与身份有关。她说:"我们开玩笑时会说事情有点'热刺(失望)',意思是这群疯子挺进了1/4决赛,但没有进入冠军联赛。但他们还很骄傲——这能怪谁?都怪热刺。"

克丽丝下定决心要领导她想要看到的改变。作为一个喜欢看男子足球的女同性恋者,她不仅受够了看台上听到的偏见,而且对那些试图只代表男性观点的性少数群体感到厌烦,她觉得是时候确保女同性恋者参与对话了。在"傲娇的白百合"和运动保护组织"足球的骄傲"工作时,克丽丝一直热衷于在足球运动中消除对同性恋的憎恶,强调足球运动不只是对男性开放的。为了实现性别平等,组织中设有联合主席,强调与女性的接触以提高她们在组织中的参与度。克丽丝说她的工作也将帮助女性足球运动员们走出来，只要她们愿意。克丽丝也表达了自己的不满，那就是即使在女性比赛中，性相关的话题也不够开放。在20世纪90年代末，克丽丝执掌了哈克尼女子足球俱乐部，这是第一支女同性恋者球队。自那以后，性少数群体的运动境况发生了很大变化，但即使是在女子足球当中，人们面对性话题也仍旧羞涩。出柜对于英格兰球星凯茜·斯托尼来说是一件大事，克丽丝希望更多的女性球员能舒适地谈论这些问题。她自己是在希腊裔塞浦路斯的家庭中长大的，她妈妈不在意她的假小子形象，甚至在她出柜的时候也是如此。如果英格兰球员能尊重那些对自己的性取向持开放态度的人，必将对球队内的和谐一致带来很大帮助。克丽丝说："这件事情还没有被提及，真是太可惜了。它需要规范化。我不是指要公开曝光同性恋者，而是强调包容的重要性。"

我觉得克丽丝的故事非常鼓舞人心。我们不能只因有人保留着陈旧和令人不快的观念，而放弃自己热爱的运动，克丽丝就是活生生的证据。其实有很多人——男人和女人——想要让运动成为真正不排他的、家庭友好型的运动。可喜的是,有很多像克丽丝这样对实施变革充满激情的人,他们并不会坐在那里思考事情是否会发生,而是直接自己去做。这正是我们在运动中需要的——我们需要更多的女性,以她们自己的方式来改造运动,把运动塑造成她们想要看到的对象,让她们成为一种更宽容、更有同情心、更有趣的新体育文化的建筑师。

这个信条是朱迪·默里在整个运动生涯中一直遵循的,无论是20世纪70年代在苏格兰缺乏设施和专业技能的情况下努力打网球,还是现在努力把已经出名的儿子们带到体育运动的顶峰。她总是依靠自己的足智多谋,深入探索一条路并继续下去。她不得不这样做:因为即使儿子安迪赢得了美国网球公开赛的冠军,她自己仍然无法获得苏格兰体育局的资助。

一路走来,她一直面临着主流媒体的谴责,多年来,主流媒体总是把她描绘成存在感极高,但本质上一无所知的"爱出风头的家长"。针对女性在运动中的角色的漫画讽刺总是习惯性地集中在体育明星身边的女性身上,如妻子、女友或母亲。这是严重的性别歧视,也是不公平的。我遇到的被划进的"明星球员太太团"的大多数人,都是聪明、善于表达、受过良好教育并以职业为生活中心的女人。与那些刻板印象不同,她们当中很少有人是全职太太。然而,一旦她们表现出一点点敢作敢为的勇气,显示出一点点商业意识,她们就会被刻画成不讲情面的婊子,在极力控制着丈夫的生活。有两个备受瞩目的例子,分别是罗杰·费德勒(Roger Federer)的妻子米尔卡·费德勒(Mirka Federer)和莫·法拉(Mo Farah)的妻子塔尼亚·法拉(Tania Farah)。虽然这两位才华横溢的女人可以同时做到照顾家庭和管理丈夫的事业,但是她们经常被描绘成现代版的麦克白夫人。法布里斯·穆万巴(Fabrice Muamba)的妻子肖娜(Shauna),代表了另一种重要的女性形象——她经营着自己的加勒比酱生意,名字就叫穆万巴夫人的加勒比酱。她丈夫法布里斯曾在白鹿巷球场的比赛中心脏停搏了78分钟,整个民族都为之屏住了呼吸,在等待法布里斯康复的日子里肖娜的生意养活了全家。后来法布里斯奇迹般地康复,但当丈夫适应了没有足球的生活时,肖娜不得不扮演起养家糊口的角色。

体育明星的妈妈们也并不容易。从1966年世界杯冠军杰克·查尔顿(Jack Charlton)和博比·查尔顿的母亲茜茜·查尔顿（Cissie Charlton），到杰梅因·迪福（Jermain Defoe）的母亲桑德拉·圣海伦（Sandra St Helen），这些母亲往往被描绘成专横跋扈、爱管闲事的形象。杰梅因搬到加拿大，在美国职业足球大联盟中为多伦多足球俱乐部效力时，《多伦多太阳报》(*Toronto Sun*)的一名记者专门用一整篇专栏来谈论他那"脾气暴躁"的母亲，说她是杰梅因职业生涯中的"破坏球"。而父亲们的情况却截然不同。回想一下查德·勒克洛斯（Chad le Clos）的父亲伯特·勒克洛斯（Bert le Clos）。在2012年伦敦奥运会上，查德击败了迈克尔·菲尔普斯（Michael Phelps），获得了200米蝶泳的金牌。他父亲伯特在场外激动得怒吼，一时间成了媒体报道的热门人物，风头甚至盖过了获得冠军的儿子，而且公众很崇拜他。

相比之下，朱迪却有一条截然不同的道路。她告诉我："我在做'妈妈'的过程中饱受诟病，很多人指责我独断专行。我只得安慰自己，说这些话的人不认识我们，他们从来没有和我或我的家人说过话。他们都只看见我在打拳击时拼命挥拳，他们显然是把我当作了一个神经错乱的疯婆子，但这与事实完全不符。"实际上，朱迪一路走来的每一步都在埋头苦干，无论是在自己的网球生涯中，还是早年间指导儿子们打网球，她都付出了巨大的努力。苏格兰从来就不是网球天才的聚集地——在这里，没有人去寻求建议，没有资金、设施和资源方面的支持，也没有人相信苏格兰人能成为世界级的网球人物。对此她非常沮丧，最终辞去了国家队教练的工作，独自一人去培训儿子的技能。朱迪说："我做所有的事情全靠自己，因为我认为没有人相信我的孩子，只有我相信。这对我来说是全面的学习经历，我必须学习各种各样的东西。因为没有钱做公关，我自己上了一个公关课程，这样我就不需要付钱给别人去做。我学会了如何建立网站，还可以在三个不同的国家做纳税申报。我开始学习生活和事业所需的方方面面。这个经历是一场巨大的冒险。"大多数人都不知道她的这些事情，他们可能认为她只是带着男孩子们一起做了一些打球练习，然后坐在温布尔登的专席上，把头发梳理整齐，给孩子们加油打气。"嗯，我从来没有跟任何人说过这些事情，"她说，"我从来没有接受过采访，我只是把注意力集中在我想做的事情上。在过去的几年里，只有安迪赢得了大满贯以后，我才有信心谈论这些事。"

随着谈话不断深入，我不禁感到，她真的受到了不公平对待。如果一个父亲养育了两个像安迪和杰米一样有才华的儿子，而他承受着经济和情感上的双重困难，只为让儿子们登上一个顶级舞台，那么这位父亲就会被誉为天才。回想一下刘易斯·汉密尔顿的父亲，他经常因为儿子的事业受到赞扬。他为了帮刘易斯争取一场顶级比赛机会，努力工作身兼数职，这个故事是众所周知的。为什么朱迪没有得到同样的赞美呢？

朱迪和她的儿子安迪一样，也经常被媒体描述成一个严峻冷酷的人。但在我们谈话几分钟之后，我觉得她并不像媒体所说的那么严肃。她痴迷于做蛋糕，她跟我说，每次儿子们回家，她都要做"礼帽"蛋糕，让我忍俊不禁。她说："说实话，它其实也不算烘焙，我只是把巧克力融化后再将其放在蛋糕盒的底部，然后切开一块棉花糖，往上面放一大块巧克力，使它看起来就像一顶大礼帽，这可是孩子们聚会上的好东西。在安迪的婚礼上，我做了几千个'礼帽'，但杰米、安迪和杰米·德尔加多（Jamie Delgado）把它们彻底捣毁了。这些'礼帽'让他们回想起了儿时的聚会。你已经习惯了他们在精英体育环境中的样子，而彼时看到他们围坐在这个'礼帽'蛋糕托盘旁，谈论着小时候的聚会食物，这个画面真是太有趣了。"我们还谈论了柠檬蛋白派、维多利亚海绵蛋糕和科堡蛋糕。这是朱迪最喜欢的话题之一,我喜欢谈论蛋糕,而不是饮食营养或蛋白质奶昔,虽然后者是众多体育明星的访谈标配话题。朱迪说这些东西是她家庭生活的重要组成部分。"作为一个家庭,我们在一起的时间很少,孩子们回家的时间不多,所以相聚的时刻非常珍贵。在圣诞节的时候,我总是会准备晚会烟花和靠垫之类的东西,这能让我们一起欢笑、追忆。"

随着儿子们陆续取得成功,有些女性组织开始向朱迪求教,请求她帮助消除所在部门的性别不平等现象。作为联合会杯的队长,朱迪已经亲自见证过这些问题了。"我意识到,在女性群体中促成一件事要比在男性群体中困难得多。每件事的焦点都在男人身上。每个人都在谈论戴维斯杯,它有更高的公众关注度,举办的历史更长,也处于更重要的位置。在女性巡回赛中基本没有女教练,当然在男性巡回赛中也没有——安迪请阿梅莉·毛瑞斯莫(Amélie Mauresmo)执教这一做法极大地挑战了那些认为女性不应该被纳入考虑的看法。"她说。

然而,朱迪觉得在会议或媒体上站出来发表演讲不是一件让人觉得自在的事情。当"女子运动"组织宣布只有 0.4% 的赞助流向女子运动项目时，朱迪十分震惊。"但当时我说，天啊，不，我不能谈论除了网球之外的任何事情。我说肯定有其他人可以，我在镜头前很不自信。难道没有另一位高调的女教练吗？因为我从没想过自己可以去公开发声。他们对我说：'好吧，你能想到有谁吗？'结果我并没有想到。"之后朱迪只好同意坐下来研究，她了解得越多，就越生气。"既愤怒又失望，"她说，"我知道在运动中女性一直属于少数群体，但我没有意识到情况如此糟糕。"国际网球联合会的董事会中没有女性；在国际足联的投票中，女性占比不到 1%；足球联合协会的理事会中只有一位女性。让女性坐到会议桌前，尚有很长的路要走，更别说站出一位为平等发声的代表了。

这些赤裸裸的数字促使朱迪采取了行动。如果没有人站出来说话，那么她就只好这么做了。"所以自那时起，我就开始做类似的事情，因为我意识到自己的话确实有分量。我认为让女性担任要职是很重要的，这样更多女性就能看到希望。这不只是我自己的事情，我不会因为站出来做一些事情而惴惴不安，只是觉得很焦躁，但最近几年我变得更有信心了。谈到我们如何从苏格兰的一个小镇踏上了这一伟大的冒险之旅，最终又登上顶峰，谈到这些事情时我觉得更自在了。这一过程之中我遇到过困难，因为我是女性，也是他们的妈妈。有些事情困扰着我，但我从来没有让任何人看到过。我一路奋力前进，不能被这些烦扰分心。"朱迪说。

我喜欢朱迪快刀斩乱麻的做法，她能够当机立断，做出决定，成为她所期望的变化的一部分。作为一个高调的人，她可以很容易地逃避责任，但她热情十足，决心要有所作为。我第一次见到她本人，是在女子运动信托基金的启动仪式上，她站在演讲台上，怒诉体育界缺少女教练的现状，历数种种不公正现象。她对这些问题的承诺真的让我既震惊又备受鼓舞。最重要的是，她不只是一个会发声的女人，更是一个会行动的女人。

2014年，在女子网球精英赛最后一场令人沮丧的经历中，朱迪决定推出"击球吧，女士"计划，旨在鼓励女孩打网球，鼓励女性担任教练。参与这个计划的女孩人数是男孩的四倍，朱迪认为，在英国，女子精英网球运动要想有所改变，必须要在草根比赛中有所作为。大多数人会等待管理机构为他们制订一个计划，但朱迪是那种卷起袖子就去做的人。"我只是觉得如果我去和全英草地网球俱乐部谈，事情永远不可能取得进展，"她坦白地说，"而我之前取得的所有成功都是靠自己实现的。"

朱迪个人投资了 30 万英镑来启动这个计划，把网球打造成了一个没有规则的比赛。她说："网球是一项非常复杂的协调运动，你会遇到一些小女孩，她们从来没有拿过球拍，而且根本就不知道如何握住球拍，可能对她们来说球拍太重了。所以我们必须先教给她们技巧，如何投掷和接住一个弹跳球，在思考击球之前如何随着弹跳球来回移动。从我们做的研究来看，女孩们不像男孩那样太好胜、太吵闹、击球太用力，她们不喜欢。"

把一项运动分解成几小块并且假设参与者没有经验，这个理念非常重要。回想学校的体育课，我总觉得自己在某个地方错过了什么小窍门。男孩们似乎都知道该怎么做，而我甚至在小学的时候就已经落后了。在我看来，阻碍年轻女孩对体育感兴趣的最大障碍之一便是：她们被一股脑地扔进了体育运动中，只能期望能蒙混过关，难怪很少人会表现出色或乐在其中。朱迪的方法和坦尼所说的对身体素质的重视不谋而合，这跟雅基带着小女儿上早教课来为未来奠基也颇具共通之处。我数着月份，等我自己的女儿年满 5 岁，就可以加入朱迪的计划。我想她会喜欢的。"击球吧,女士"计划已经培训出了200名教练,朱迪说这正是计划的一个关键部分。"女教练们非常喜欢这个计划,那就是它只是为了女孩,也只为了她们。在网球运动中,作为女教练,我们经常寡不敌众。女人要么被排挤,要么被要求闭嘴,所以其实女教练仍是少数群体,她们没有信心发声或提问。"

朱迪亲身体会到信任女教练是多么重要,她也将这种信念灌输给了她的儿子们。安迪任命阿梅莉·毛瑞斯莫担任教练,一时间成为全球的头条新闻,人们很少看到女教练在男性运动的高层工作——即便阿梅莉在作为网球运动员的职业生涯中赢得过温网和澳网公开赛的冠军,也是如此。安迪好不容易从伤病中恢复过来的时候,起初并不顺利,但他坚决要保护自己的教练,让教练免受针对她的尖锐批评。他明白那些批评是什么:完全就是不加掩饰的偏见。他断定自己没有任何偏见。

2015年,安迪又迈出了非凡的一步,他为法国体育报刊写了一篇评论文章,为自己任命阿梅莉进行辩护。他写道:"我成为女权主义者了吗?如果成为女权主义者就是争取让女人受到和男人一样的对待,那么我确实已经是一个女权主义者。"安迪的言论是不可思议的,它让

"他为她"(#HeForShe)① 运动成为现实,而不仅仅是一个社交网络的话题标签。言论一出,安迪立刻赢得了更多女粉丝和评论员的尊敬。同年,在美国的男性运动项目中也出现了更多的女性第一人——圣安东尼奥马刺队聘请了贝琪·哈蒙(Becky Hammon),让她成为 NBA 历史上的第一个全职女教练;萨克拉门托国王队紧随其后,聘请南希·利伯曼(Nancy Lieberman),让她成为篮球史上第二个兼职女教练;在全美橄榄球联盟中,珍·韦尔特(Jen Welter)成为亚利桑那红雀队唯一的女性雇员;与此同时,萨拉·托马斯(Sarah Thomas)成为全美橄榄球联盟的第一个全职女裁判。但是安迪和阿梅莉的故事是更具人性化的,安迪会为阿梅莉辩护,去反抗那些批评者,并且当阿梅莉需要休产假的时候,安迪可以眼都不眨一下地让她去。朱迪说:"在某些方面,选择阿梅莉是一个勇敢的决定。因为在男子运动项目中,很少有女教练跟处于这种水平的运动员共事,但是另一方面,这么做也是一件理所当然的事,因为她对比赛有着相似的看法和感觉。她曾经处在顶尖水平,所以她知道选手的情

---

① 联合国妇女署发起的致力于女性发展、维护女性权益的运动。

绪，知道你有多努力，她不气自负气盛。阿梅莉就坐在那里，听着安迪说话，我想在安迪生命的这个阶段，这正是他一直追求的东西之一，那就是让自己对一切事物的感受更加开放。"

剥夺女性在体育运动中的机会是如此目光短浅，因为女人所能贡献的东西是独一无二的。尽管坚持旧的行事方式，逃避性别歧视问题，抵制在体育场馆里修建额外的女厕所，种种这些做法可能更轻而易举，但对运动来说不是最好的选择。我浏览过很多女性论坛和体育论坛，读了很多关于为什么存在性别不平等的文章。我听到的最常见的一种说法就是，女性不够自信。她们不会为事情做准备，她们不去求职，不要求加薪，也不要求升职。当然，这确实是事实。但这样的说法也是一种懒惰的判断，它刻画出的女性形象软弱无力、缺乏领导能力和成功所需的各种技能。倘若一个人没有掌握克服这些问题所需的能力，那么为什么你还要雇佣她？

在《哈佛商业评论》(*Harvard Business Review*)上，我读到过一个关于这一争论的不同观点，让我十分着迷。文章指出，社会认为成功是建立在男性特质的基础上的，但人们没有意识到，当男性领导人过于激进、过于冒险、盲目自信时，这些属性通常会让我们失望。为什么我们不重视女性身上的品质？为什么我们总是把一些品质看成弱点，就比如阿梅莉倾听安迪说话的能力？

在有生之年看到体育运动发生变化，我感到非常兴奋。当然，有时变化速度慢得令人沮丧。当体育机构习惯性地边缘化妇女和少数族裔时，我感到很恼火。但我对这一趋势的个别例外感到欢欣鼓舞。朱迪、安迪、阿梅莉、安妮、克丽丝，这些人都把决定权掌握在自己手中，他们把体育运动塑造成了一个女性想要参与的世界。他们齐心协力让事情变得美好，不仅仅是因为他们的做法在道义上是正确的，更是因为它是进化、创新、进步的一部分，也是推动体育运动达到新高度的一部分。他们正在使运动变得更好。我们必须庆祝他们的努力结果，最终更要加入他们的队伍。

第八章

女人在运动中的声音听起来像什么？

—— 我们什么时候可以不再假装是男人？

我第一次认识足球是在小学的操场上，当时我6岁，看着一大群男孩在水泥地上踢球，我记住了这个游戏，然后就像松鼠一样迅速蹿开了。我一边骑自行车一边想，踢足球显然是男孩们的事情，女孩们不会去踢足球。我不知道他们怎么学会这个游戏的，但我想，足球一定是男孩们与生俱来的一种天赋。所以我继续玩其他游戏，再也不去想它了。

在那之后，我就再也没有学过足球。因为我想，任何一项运动，要么是你内心深处想要掌握的，要么不是。

我 12 岁那年，中学体育课上引入了足球这个词，那时我已经认定，要学足球为时已晚。当一群女孩在大学里开始踢球赛的时候，我仍认为再开始学的话恐怕太晚了。当我的一些朋友在我们 20 多岁开始踢足球的时候，我坚持认为这是毫无意义的。在生命的每一个阶段，我都错失了学习足球的良机。

也许我根本就没有可能去学踢球。我是在伦敦北部的卡姆登镇长大的，当时那里没有兴起任何运动。在公路尽头的公园里，每年夏天都挤满了旅行者的大篷车，比起足球，当地的孩子们更喜欢把生姜当球踢来踢去。人们当时唯一的实况活动是在马路边的鹿头酒吧里打架、争吵、撞击、大喊大叫。在炎热的夏夜，卧室的窗户开着，凉风徐徐吹进来，我躺在床上听着醉酒者的闹剧。第二天早上，家门外会有碎玻璃，妈妈会出去用刷子和盆子把它们清理干净。

在我自己家里，运动几乎是粗俗的代言。我爸爸在对体育狂热的南非长大，在收音机里收听曼联队的辉煌战绩和板球比赛，但 1976 年他第一次观看英格兰足球比赛时，他对足球的兴趣就夭折了。当时他刚刚离开祖国，是为了抗议种族隔离法和种族隔离制度下的暴力，但他震惊地发现英国足球竟是流氓行为的温床。他来到了菲尔伯特街，在靠近体育场的路上，看到商店和房屋被木板封住，用来防止麻烦。他便发誓再也不去球场看球了。与此同时，南非被禁止参加国际体育运动，差不多过了20年，1995年时，南非举办了橄榄球世界杯并顺利夺冠，父亲才有机会为他的祖国庆祝。

从很多方面来说，成为体育迷的要求与参与体育运动本身并无异。如果在你学会走路之前，没有选定一个支持的球队，你就不会被视为一个真正的支持者。这就是个"要么在娘胎里就是，要么就不是"之类的难题。

这种书呆子求真理式的问题，实际上是男人专属的，其他一切都被认为是不该存在的错误。我猜，这就是女人在足球比赛中听起来如此怪异的原因。这也包括我自己。当人群高喊口号时，我嗓子里就会本能地发出声音，这种声音低得不能再低，就好像醉汉的声音一样含糊不清。偶尔我会在自己的音域内哼几个调调，但很快就结结巴巴了，发出一连串奇怪的吱吱声，就像适应变声期的小男孩发出的声音，断断续续的。所以，任谁都能听得出来，那种发音听起来是极不舒服的。

也许这是因为没有为女球迷提供一个合适的文化空

间。再以尼克·霍恩比标志性的足球回忆录《极度狂热》为例，这是一部有关阿森纳球迷的作品，内容精彩又激烈。这本书出版于 1992 年，当时每个人都对它赞不绝口，这本书迅速成为足球知识化和新中产阶级接受足球的图腾象征。作为一名阿森纳球迷，我知道我应该热爱这本书，但我并没有。因为这本书把女人描绘成喋喋不休、令人恼火的模样，说女人只是把足球当作娱乐消遣，那我怎么可能喜欢这样的书呢？去他的生殖理论！难道女人必须坚持要在终场之前生孩子吗？"如果在一场晋级赛事的最后时刻，女性仍然因坐立不安、过于激动而讨人厌的话，那么我怎么能对女性受到的压迫感兴趣呢？"尼克·霍恩比在书中发问。作为一个女人，我应该如何融入这幅看似现代化的足球图景？

这就是为什么在 21 世纪，女性会在比赛中脱颖而出。因为我们没有被写进故事里，所以当我们取得成就的时候，每个人都激动不已，开始讨论本该待在厨房里的女人们。出于这个原因，我对名厨迪莉娅·史密斯（Delia Smith）——诺维奇城足球俱乐部联合大股东深表同情。作为烹饪作家的杰出代表、英国国宝之一的迪莉娅，在足球比赛中拔高自己的声音时，居然遭到了严重的嘲笑。

迪莉娅至今被人指责的呐喊是在2005年的卡诺路球场，主场的诺维奇队和曼城队在比赛半场时打成了平手，迪莉娅为了释放激情，高声呐喊助威。"这对球迷朋友们来说是世界上最好的消息。"她的声音从麦克风里传出来，就像我所说的那种看球赛时女人发出的声音，"我们这里需要第12个人。你在哪？你在哪？让我们看见你，快来吧！"第二天，《太阳报》指责她好像喝醉了，《独立报》（*THe Independent*）说她是个傻瓜，《镜报》（*Mirror*）认为她把这个比赛弄得声名狼藉，应该被指控。与此同时，一些切尔西球迷歌唱："我们有罗曼·阿布拉莫维奇（Roman Abramovich），你们有喝醉了的婊子。"但他们并没有受到指责。

令人难以置信的是，直到今天，仍然有记者监控和评论迪莉娅的酒精摄入情况。从什么时候开始，在足球场上大喊大叫就意味着你是个酒鬼？这难道不是你应该做的吗？"在我的厨师职业生涯中，她们称我为伟大的人，"迪莉娅的话揭露了人们的虚伪，"突然之间，我只能在酒精的影响下说话了——这是绝对的胡说八道。"迪莉娅真的喝醉了吗？谁知道呢。也许她只是借着一点醉意，用女人的方式把男人在球场说的话重复了一遍。事实是，

第八章 女人在运动中的声音听起来像什么？

我们每个人都可能会那么做。正如迪莉娅当时所说："我只是真的，真的对足球太着迷了。"

这就是足球场中女人的情况：她们非常引人注目。同样的事件还有阿森纳的"海布里尖叫者"——一个因为球队失球而在球场上发出痛苦尖叫的女球迷——她高调的行为在网络球迷论坛上遭到了尖锐的批评。在一位博主列出的"破坏精彩比赛的10件事"中，"海布里尖叫者"被排在第7位——比流氓行为还糟糕。这位博主说："每当球员们靠近球网的时候，一声惊天动地的哭号就会惊动人群，震破你的耳膜。"在足球粉丝论坛上简单查阅一下，就能发现这种对女性的态度大行其道，还有很多的支持者们抱怨他们的女同事太"叽叽喳喳""需要给她们一拳"，他们希望女人最好都待在家里料理晚餐。

如果不信我的一面之词，不妨去找个男人问问吧，特别是以前是女人的男人。一个颇为流行的博客LadyArse.com的作者最近开始了变性历程，他现在的名字是李·赫尔利（Lee Hurley）。他的博客上也改了性别，名字也变成了"每日加农炮"。李告诉《每日镜报》（*Daily Mirror*），自从他改变了性别后，球迷们的反应就不同了。他的经历非常有意思。他说："当人们不同意我的观点时，他们只是不认同我，而不会攻击我的性别。当我作为女人在写东西的时候，我就会被称为'荡妇'和需要被关爱的'圣母婊''小娼妇''妓女''女同性恋者'，这些都是常见的侮辱词。但以男人的身份去写的话，这种侮辱就变得更加通用，并无性别符号。我成了'蠢货''白痴''笨蛋'，我在用女性身份写作时，也收到过所有这些称呼，但是唯独没有'愚蠢的女人'——这个原本意料之中的称呼。两个截然不同的一男一女，可能会出于很多原因忽视被辱骂时的差别。但如果是同一个人，那么辱骂的性质就发生了巨大的变化，这能证明什么呢？"

在我10岁那年，我们家的生活发生了翻天覆地的变化。得益于保守党政府的新房地产政策，全家搬去了伦敦北部的克劳奇区，摇身一变成了上流人士，这里绿树成荫，生活方式也丰富多彩。我的父母总算松了一口气——这里没有毒品、警察突袭、妓女、家庭暴力、伤痕累累的手腕、喊叫、苹果酒、"L-O-V-E / H-A-T-E"指关节文身或者像纸一样薄的墙——我们可以听到邻居们的电视声，甚至闻到他们的晚餐味。尽管有各种各样的社会丑象，我和我的哥哥却非常想念卡姆登镇。对我们来说，那才是我们的家。依赖公交出行的克劳奇区看起来离哪儿都有几百万英里的距离。

但是随着伦敦北部新区的出现，新的景象和声音也随之而来——其中最引人注目的是阿森纳的前主场海布里球场。搬家后不久，在一个阳光明媚的周六下午，我在卧室里玩耍，听到一声轰鸣。那是令人激动的人声合唱，声音逐渐增大，空气随着噪音而颤动。"那是什么？"我问父亲。"哦，阿森纳得分了。"他漫不经心地说。我迷上了这种声音。

"足球只是我们生活的一部分，"我最年长的一位校友克莱尔如是说，她在离海布里球场不远的地方长大，"足球从不是'男孩的专属'，它就在我们周围：躺在床上你可以听见足球，学校里的每个人都谈论足球，它是我们社区生活的一部分。"我喜欢克莱尔这样说，因为如果你遇到她，你根本不会认为她对体育感兴趣。她不谈论运动，不看体育节目，也不做任何运动。她讨厌学校里的体育课，而且因为她个子很高，教练们总是想让她去跳高。

25年过去了，她仍然记得《回到属于我们的地方》（"Back Where We Belong"）里的每一个字，那是1989年阿森纳队夺冠时的歌,当年保罗·戴维斯(Paul Davis)、托尼·亚当斯(Tony Adams)和李·狄克逊(Lee Dixon)穿着高腰休闲裤,尽情歌唱。"'我们回来了!'"克莱尔唱道,嘴里叼着在时髦的瓦哈卡餐厅点的玉米饼,"'回到属于我们的地方,我们只有一分钟,但我们就将奋进……'大家不知道这首歌吗?我认为它和约翰·巴恩斯(John Barnes)的说唱一样棒。"

毫无疑问,中学在激发我们对足球的兴趣上起了很大的作用。我的中学是一所女子学校,我们把老师叫作"女士"[1],我们学习了女权运动和女性主义。每个辅导小组都以历史上那些鼓舞人心的女性名字命名——从世界上第一个计算机程序员埃达·洛夫莱斯(Ada Lovelace),到19世纪的社会活动家安妮·贝赞特(Annie Besant)和奥运会金牌得主特莎·桑德森(Tessa Sanderson)。虽然并没有真正踢过足球,但我们确实痴迷于它。1993年阿森纳队赢得足总杯后的第二天早上,整个学校的人都为之疯狂,纷纷把围巾、衬衫和旗帜挂在窗户上。那天没有人完成任何工作,成千上万的女孩兴奋得无法自制。

---

[1] Ms,英文中不考虑女性婚姻状况的中性称呼。

那是一种美好的感觉,也是庆祝夺冠成就的一部分。

我的朋友露西最能代表我们这代人对阿森纳队的痴迷。如果什么东西上面印有阿森纳队的标志,她肯定会买下来——束发带、铅笔盒、围巾、上衣、徽章和贴纸——她全身都是阿森纳的周边。露西是尼尔·希尼(Neil Heaney)的粉丝。虽然他只打过九场一线队的比赛,但是露西总是忍不住赞叹:"他太帅了。我在等待着有一天我的钱包里能有他的亲笔签名,到时候我就用塑料膜把它封住。"

矛盾的是,对露西来说,足球运动是她认为的女性最安全的空间之一。露西说:"作为一个女孩去看球赛时,这些家伙不会看着你,他们看的是足球。这是你作为一个女人能去的为数不多的地方之一,而且很自在。当你走进人群之中时,比赛开始了,没有人会注意到你,也不会有人对你喊'嘿',但在其他地方可就不是这样了。我喜欢足球的这一面。90 分钟的时间里,你被男人包围着,却没有受到骚扰,这真的让人感觉耳目一新。"我明白她的意思。当比赛在进行的时候,好像出现了一个空当,感觉没有人注意到你是一个女人,所有的目光都集中在球场上。你可以融入一群男人,大家团结一致地去支持同样的结果。当然事情并不总是这样，可当它发生的时候，就会有一种非同寻常的感觉。你是一个"人"，人们只根据你的足球气质判定你，而不会在意你的性别。这对女性来说是很难得的经历。

对一个女孩来说，了解足球可以让你赢得男孩的尊重，这也会给你带来自信。让男孩子们完全顺从于你，对你高超的体育知识甘拜下风，这在青少年时期是非常酷的事。"我记得有一次看足总杯的比赛，阿森纳队在另一个组里比赛，"露西说，"因为对手是一个低级别的球队，他们的球衣背面没有球员的名字。我记得当时我的男朋友看到后评价：'那支球队太穷了，他们居然没钱把名字印在球服背后！'这是他的典型思维，对眼前的一切不屑一顾。我说：'嗯，难道不是因为他们不是英超球队吗？'我记得所有的男孩都面面相觑，感觉就像在说：'她说得很对啊，是吧？'然而他们都笑着说：'噢，不！刚刚有人告诉你了吧！'"。

露西那时候非常喜欢关于足球杂七杂八的一切。谁不喜欢呢？但对体育运动的全面了解是一种压力，因此很多女性不想把自己定义为体育迷。然而在球迷文化里，你不能只是喜欢运动，你必须证明自己是一个真正的球迷。如果想要得到接受，你的忠诚度、真实性、知识水平都要接受审视。当然，这种信条对男性和女性都有影响，但是女性——作为例外——通常受到更多的和更强烈的质疑。有时它会让人感到害怕。为什么一个心智健全的人会因为偶尔喜欢在电视上看一点体育节目而让自己受到如此严格的审查呢？难怪这么多女性感觉受到排斥。

但是事情是这样的：享受体育运动不应该像加入一个私人会员俱乐部一样，你需要得到担保，得有敲门砖，还要有一对睾丸。运动应该是每个人的乐趣，进球、停赛和命中率这些统计数据都不重要。不知道这些数据并不影响你成为一个球迷，如果你还记得巴恩斯利队把利物浦队赶出足总杯的戏剧性场面，你也记不起比分了。也许对某些人来说，这些很重要。但是体育运动不只是统计数据，它同样涉及戏剧性、人物、情节、阴谋、过失、英雄主义、激情、决心、运气，以及那些令人难以置信的人类能力和让人瞠目结舌的特殊时刻。你不需要生来得有一个足球年鉴才能欣赏这些元素，这就是我想给那些潜在的女性体育爱好者以及那些试图吸引她们的组织传达的信息。妇女和女孩并不仅仅依赖于粉色的仿

吃饭，流汗，玩耍

制球衣、俱乐部的徽章手套或者比赛中的鸡尾酒。她们同样可以穿厚重的大衣，带一瓶保卫尔牛肉汁来享受比赛。她们只需要感觉自己受到欢迎，被允许用自己的方式来享受运动，远离无聊的批判。

解决问题的一个关键部分是，确保女性可以参加体育运动，或许这意味着建筑师要在体育场馆内设计足够多的女厕所，也可能需要像切尔西队在斯坦福桥体育场那样为父母提供托儿所，或者还要为婴儿进入场地提供便利。在最近英格兰举办的橄榄球世界杯来临之际，我很高兴听到这么多的妈妈爸爸们迫不及待地要带着他们的孩子去观看比赛。他们联系了我，因为他们发现，如果怀中的宝贝没有门票，是不允许进入世界杯体育场内的——甚至很多父母在购买门票时还没有怀孕。他们成群结队地给客服打电话，结果却被告知，所有的门票都已经卖光了。或者他们需要支付超过200英镑的费用——来让一个孩子入场！我认为这种行为简直是疯了。正如一些家长指出的那样，这是一种歧视，尤其是对哺乳母亲的歧视。有些父母还是远道而来，很多来自新西兰、澳大利亚、美国、德国和法国。最初，当局对这种情况漠然不理。一位资深的体育界女性从业者告诉我："好吧，妈妈们只能待在家里了。"我当时极其震惊，不只因为这样做非常不公平，而且在于，阅读所有这些父母的私人电子邮件时，我看到的是一个非常可爱的家庭一起观看体育比赛的画面。他们告诉我，他们都观看多少年的比赛了，丈夫和妻子总是坐在一起，现在孩子也加入了这个家庭，所以他们想要一起来。一位母亲说，她很乐意把孩子留给外婆，但外婆已经在球迷区做志愿者了。显然，他们全家人都是橄榄球狂。我们怎么能让这些忠实的球迷失望呢？这似乎违背了我们在鼓励妇女和家庭参加体育运动方面所做的一切努力。

幸运的是，我认识世界杯的营销总监乔安娜·曼宁-库珀（Joanna Manning-Cooper），她帮助我和票务主管取得了联系。我可能快要把这个可怜的人逼疯了，就在这项盛大的比赛开始之前，我把那些带着小孩的橄榄球爱好者们近乎绝望的请求转达给了他。但所有功劳也都属于他：他向我保证，他们会确保没有一个人错过比赛，而且立即做出了其他安排，好让所有带小孩的父母都能在比赛当天拿到一张免费的票，让他们带着小宝贝们去观看比赛。这一决议让很多球迷高兴，他们渴望与最亲近的人分享这个特殊的时刻，如今他们的愿望终于得以实现。但我不禁要问，为什么这样的考虑并未被纳入所有体育运动活动中呢？我记得那是在 2012 年，我和当时 10 个月大的女儿一起去参加伦敦奥运会，偶然发现一个婴儿车的停车场时，我很欣慰地笑了。它不仅是一个出色的实用方案，可以帮助那些有小孩的家庭方便停放婴儿车，而且也给体育迷们传递了这样一个明确的信息：你们在这里都很受欢迎，为人父母这件事并不会给你带来不便。

我希望残疾人支持方案也能这样做。在"足球中的女性"董事成员乔伊丝·库克（Joyce Cook）的帮助下，一项旨在让身患残疾的体育迷能够进入体育场的运动已经持续了 10 多年。2014 年，20 个英超俱乐部中有 17 个俱乐部没有提供足够多的轮椅空间。相关报道称，进入场馆后，手杖和辅助设备会被收走，一个家庭中的残疾人和非残疾人还会被隔离开。你能想象当你把残疾孩子带到足球场上时，却被告知不能坐在一起吗？值得庆幸的是，兼任"公平竞争环境"组织主席的乔伊丝将她的沮丧公之于众，于是平等和人权委员会接手了这一问题。与此同时，议会也提出了这些问题。英超联赛现在已经承诺在 2017 年前将遵守《无障碍体育场进入指南》。

尽管还有很多无稽之谈，但几十年来，女性体育迷一直在为自己开辟空间、扩大影响——从蕾哈娜发表关于世界杯的社交媒体分享，到凯拉·奈特利（Keira Knightley）采访前曼联后卫加里·内维尔（Gary Neville）的天空体育节目。"他真是太棒了！简直太神奇了！"西汉姆联的球迷凯拉说，她在好莱坞的时候会在笔记本电脑上看足球比赛，她还买了一台电视，这样她回到英国后就可以看比赛了；还有"蛋糕女皇"玛丽·贝瑞，一个总是去赛场度过周六下午时光的橄榄球球迷；莉莉·艾伦（Lily Allen），她喜欢板球；J. K. 罗琳，从温网到橄榄球世界杯，几乎每一场比赛她都在网上发过帖子。我希望能够听到更多这些热爱运动的名人的消息。关于她们在红毯上的报道铺天盖地，不仅聚焦在她们迷人的服装，还会对她们的时尚选择或者爱情生活做出详尽分析，但是几乎没有一篇报道讲的是关于她们的运动兴趣。为什么不呢？在电视上看到 J. K. 罗琳关于体育的完整采访是多么令人振奋啊！或者多听些玛丽·贝瑞在赛场中为看比赛而尽可能裹紧衣服取暖的趣事，而不是猜测她在电视节目《英国家庭烘焙大赛》（*Bake Off*）中与谁调情最多。如果年轻女孩能看到最大牌的女明星兴奋地谈论体育运动，那必将会对她们自身也产生巨大的影响。它会把那些富有魅力的名流重塑成体育运动的核心，而不仅仅是体育明星恋情中的华丽配角。想象一下，如果凯拉被邀请参加一个体育知识竞赛节目，或者作为报道的一部分接受采访，会怎么样？克莱尔·鲍尔丁（Clare Balding）在BBC第四频道的赛马报道中做到了这一点，她在赛马场附近散步，偶遇明星时就和他们畅谈比赛技巧。我更希望看到体育运动的主流报道中出现更多这样的情况。

犯罪类畅销书作家瓦尔·麦克德米德（Val McDermid）在此方面可以说是一个了不起的受访者。她的父亲是拉茨流浪者队的球探，他发现了传奇中场球员吉姆·巴克斯特（Jim Baxter）——苏格兰最伟大的球员之一。瓦尔和她父亲一起在泥泞的足球场边看着矿工和造船厂工人踢球，就这样度过了她的成长岁月。"爸爸会帮我从妈妈的身边溜走，然后他再带我出去，"她大笑着说道，"我爸爸会在车里装一块木板，这样冬天我们就不会陷入深及脚踝的泥中。我们偶尔也会去斯塔克公园体育场。我记着第一次去的时候我是坐在栏杆上，冬天冷得要命，我就拿着一个热馅饼吃，肉汁从我的袖子里往下流，我边吃边想着：'哦，真是太好吃了。'"瓦尔咯咯地笑出声："拉茨流浪者队现在还有好吃的馅饼,这也是足球文化的一个重要组成部分。"当她说到吃通心粉、奶酪、烤豆子时,我都痴迷了。"你从来没有吃过豆子土豆馅饼吗?"她怀疑地问我,"你可真是白活了!"

瓦尔喜欢看足球比赛,但更多的时候,她往往会去娱乐一下自己——一个小说作家正在酝酿她的创作。"当我还是个孩子的时候,无聊就是我童年的一部分,真的。人们想不到孩子们一天中的每一分钟都会自寻娱乐。从很小的时候起,我就学会了运用想象力,用编故事来自娱自乐。"她说。

瓦尔的父亲去世时享年 64 岁,当时瓦尔只有 32 岁。损失是巨大的,但要说世界上有一个地方能让吉姆·麦克德米德(Jim McDermid)真正永存的,那就是拉茨流浪者队。《欲望都市》(*Sex and the City*)中的女演员金·凯特罗尔(Kim Cattrall)的父亲是一位热情的利物浦球迷,他在好莱坞明星和安菲尔德球场之间建立了一种令人惊讶又紧密的联系。像金一样,通过球队俱乐部,瓦尔跟父亲的关系越来越亲密。这样说并不是纯粹从感伤的角度出发,但吉姆的确在俱乐部里活了过来,因为流浪者队的球迷们不会忘记他。球迷们每次看到瓦尔,都会提醒她，她的父亲对他们有多么重要。

瓦尔说："不管我卖多少书，赢多少奖，都是吉姆·麦克德米的小女儿。柯科迪有一家很好的炸鱼薯条店，叫'瓦伦蒂'。那天我去了，店主约翰·瓦伦蒂（John Valenti）正在炸东西，他把一个员工叫过来问：'你支持流浪者队，对吗？'那个女员工说是的。然后他说：'这个女人（指我）的父亲发现了吉姆·巴克斯特！'而没说这个女人是国际上最受欢迎的女同性恋文化偶像。"瓦尔哈哈大笑又继续解释："哦，不，不。我很清楚我来自哪。苏格兰有句谚语：'吾知其父。'意思是'我认识他（她）的父亲'。这是为了让人们与他们的故乡保持联系。我想，对我来说，这也是同我的根重新联系。"

拉茨流浪者队的铁杆球迷戈登·布朗跟瓦尔取得联系，他想帮助俱乐部争取一些赞助。这种联系以一种实际行动的方式呈现了出来。她最终资助了一个看台和主场球衣。这一定是历史上第一个印有女人名字的男子职业足球球衣：ValMcDermid.com。这则消息到处传播，而瓦尔仍然感到震惊的是，赞助苏格兰足球冠军联赛俱乐部的球衣的事竟然受到了全世界的关注。"我的名字出现在电视上、报纸上、广播里，甚至《纽约时报》也打电话询问此事。从那之后,我注意到我在街上经常被中年男人拦住,他们说:'我不是你们俱乐部的球迷,但我觉得你们做得很棒,顺便说一句,我已经开始读你的书了!'所以这种联系起作用了,而且是双赢。"但这种联系不仅仅是一种经济上的联系。"它给了我一个不同的空间,一个被不同标准评判的地方。我喜欢它给了我另一个世界的感觉。作为一个作家,你总是在寻找来自很多地方的素材,它为我打开了通往另一个世界的大门,而在我原本的生活中,通常不会接触到这个世界。"

很难解释体育运动到底有什么特别之处或重大意义,但瓦尔在谈到为什么足球在如此多的人的生活中占据了如此重要的位置时,她的观点非常精彩。"我想,如果你能看足球比赛,保持乐观,你就有机会度过乐观的一生,"她笑道,"对人们来说,生活是艰难的,充满了失望。拥有一支你可以寄予希望的球队,每周六的主场比赛中你都和同样一群人坐在一起,他们和你有着同样的乐观情绪,也有着同样悲伤和绝望的时刻,每周都有这些坚定的球迷跟你在一起。生活中,我们都需要一个能感受到支持和团结的地方。"

我问瓦尔,身为一名女同性恋者和一个罕见的女导演，她在足球领域是否曾经遇到过敌意或者没有归属感。"我想，因为我手里拿着一张支票走进门，所以他们很高兴能看到我，"她开玩笑说，"球队支持者的普遍观点可以总结为：'你可能是女同性恋，但你是我们的女同性恋。'虽然从来没有人这么说过，但这就是我的感觉。就在不久前，我参与观看了一场主场比赛，当我回到南看台并唱着主场歌的时候，主场球迷对着场上的某人喊道：'你这个胖混蛋！'我走过去时，其中一个人引起了我的注意，他说：'我们说的不是你，瓦尔。'那时我感觉太好了！"

她说："我从来没有在比赛中遇到过恐同症或其他问题。我曾经遇到过这样的情况：一位导演同行走进会议室，跟我左边的男导演和我右边的男导演交谈，他的眼神从我身上掠过，就好像我不存在一样，我认为这是因为我是女人，跟别的无关。"球迷们觉得她平易近人，而且她也有能力为他们做出改变，即使是微小的改变，这让她感到高兴。她想起有一天在机场拦住她的一个女人，忍不住笑起来。"她说：'你是瓦尔·麦克德米德吗？如果条件允许的话我每周六都会去看流浪者队的比赛，我能不能告诉你，女厕所里从来没有肥皂！这真的是不太应

第八章　女人在运动中的声音听起来像什么？

该!'我把这个意见带到董事会上,说:'我竟然不知道女厕所里没有肥皂,真丢人。'现在,我们的女厕所里供应上肥皂了。"瓦尔笑道,"这些都是微不足道的事,但它对人们有深远的影响。"瓦尔的话一针见血,女厕所里的肥皂确实至关重要。它传递出这样一个信息:女性球迷的感受和男性球迷一样重要。我敢打赌,这位女士下次在斯塔克公园体育场的厕所里发现肥皂液时,肯定会很高兴。

我遇到过一些非常优秀的女球迷,她们几十年来一直去看球——从1966年英格兰夺得世界杯的荣耀开始,她们咬紧牙关熬过了流氓岁月,又不去理睬其他人对女性的看法。她们通常是俱乐部的中坚力量,比如凯特林镇足球俱乐部(非联赛)的球迷安妮和莫莉,她们经营着俱乐部商店(她们自豪地出售印有"我在罗金厄姆路进球"字样的短裤,每件3英镑)。莫莉告诉我:"安妮和我,我们就像铰链和支架二人组[①]、弗兰奇与桑德斯[②]。"

[①] Hinge and Bracket,是英国两位男演员乔治·洛根(George Logan)和帕特里克·法伊夫(Patrick Fyffe)所塑造的反串喜剧二人组形象。
[②] French and Saunders,英国1987—2007年一档小品系列电视剧,由唐·费伦奇(Dawn French)和珍妮弗·桑德斯(Jennifer Saunders)喜剧二人组编写并主演。

安妮和莫莉从可以翻墙的年纪开始就一直在看球，她们共同见证了保罗·加斯科因（Paul Gascoigne）上任39天后就被卸任了主教练一职。我喜欢她们近乎莽撞的自信，嘲笑自己的丈夫胆小怕事。安妮说："我丈夫是个球迷，但我从不让他来看比赛，如果他来，球队就会莫名其妙输掉比赛，所以我就禁止他观赛。他只要能看电视就不介意，因为天气通常会很冷。男人们是看天气行事的支持者，不是吗？我们才是风雨无阻的真正支持者，绝对是的！"我很羡慕她们俩在一起的快乐感觉，在我们的采访过程中，她们一直咯咯地笑着，一起回忆美好或糟糕的时光，她们的友谊持续这么多年，足球一直是这段友谊的核心。还有无与伦比的埃斯梅·斯托克斯（Esme Stokes），她现在80多岁了，她曾在当地足球比赛的中场时段举办婚礼，还在天空体育节目中庆祝60周年结婚纪念日，为俱乐部做了茶和果汁饮料。"我敲敲更衣室门，然后说，不管你在不在洗澡我都要进来了。"这些女性的存在挑战了这样一种观念——女球迷在运动中是一个现代现象。其实不然。我只希望我们能有更多这样的女球迷，给她们一个平台，让她们为那些原本迟疑的年轻一代的妇女和女孩做出榜样，否则她可能会望而却步。

第八章　女人在运动中的声音听起来像什么？

我很想知道在比赛中，人们对一个女人的声音有何看法。特别是 2007 年，在英国标志性集锦足球节目《每日赛事》(*Match of the Day*) 上，雅基·奥特利成为第一位女解说员所引起的轩然大波，他们是什么看法。在被质疑喝多了的迪莉娅之后，我们或许会看到类似的情况再出现，但说实话，我并没有看到。现在我和雅基聊天时，都会为自己曾经的天真而发笑。我永远不会忘记，她在一个阳光明媚的春日给我打电话，告诉我她得到了一个电视比赛解说的机会，我在电话的另一端疯狂地欢呼。对她来说，性别歧视不过是一闪而过的想法。"我记得，在第一场解说前我对《每日赛事》的编辑顺口说了一句：'我想知道是否会被选中……'"我们纵情大笑，"这听起来很傻，但从性别的角度来看，我真不认为这是件大事。"

雅基最难接受的事情之一，就是到了现在也很少有人赞扬她为这份工作付出的辛勤劳动。她从医院广播台一路走来，进修了新闻专业的研究生学位。报道非联赛的实况时，因为没有记者席，她只能站在大风之中用手机发表评论。她在 BBC 第五频道直播台获得了全国性赛事解说的经验。雅基是我在足球领域中遇到的最勤奋、最专业、最认真的人之一，她能够把准备工作做到万无一失的地步。我一直期待着她的广播解说，她的任命在我看来完全合情合理。但是在她初次亮相的前几天，一些讨厌鬼却将这一信息泄露给报社，于是一场全国性的辩论随之展开。

她说："一切都很正常，直到即将解说那周的星期二。这篇小文章被刊登在《每日邮报》上，其中一小段写道，我是第一个在《每日赛事》工作的女人。我记得当时在想：'噢，不，它居然在星期六之前就被刊登出来。'但即便如此，我也没有认为它会引起这么大的反响。我乘飞机从意大利回来时，身边坐着第五频道直播台的主持人埃莉诺·奥尔德罗伊德（Eleanor Oldroyd）。我记得当时和她讨论这件事时我的心情不太好。我坐在那里，眼睛直盯着前方，心想：'哦，老天，我希望这不是什么大事。'"第二天，《每日邮报》就以整版的报道讨论是否应该准许女人在足球比赛中做解说。到了星期四，这样的讨论已经登上了《每日电讯报》的头版头条。"当时《卫报》刊登了一张大照片，标题是'面对雅基，足球准备好了吗？'。我在想，天哪，现在已经是2007年了，不管怎样，这是什么意思？是足球准备接纳我这位女解说员了吗？可当时我已经在电台做这项工作很多年了。"

"我的收音机闹钟设定在第五频道直播台开播前。星期三的早晨，我记得被闹钟吵醒时，听到留言里我的好朋友蕾切尔·伯登（Rachel Burden）正在读头条新闻的标题。这一小时的重要话题就是讨论是否应该允许女人在《每日赛事》节目中做解说。当时我躺在床上想：'我的天啊，我自己工作的广播台居然在讨论是否该允许女人在《每日赛事》做解说！'我简直不敢相信，甚至是大吃一惊，我在想：'我一直就在为你工作啊！'我处于这场风暴的中心，感到非常孤立无援。那真是一种奇怪的感觉。"雅基说。

接下来的几天，雅基的电话不停地响。对于一个需要做准备工作的人，这种持续不断的骚扰简直是一场噩梦。而且，她还有其他的事情要考虑。有一天，她正给在住在伍尔弗汉普顿的妈妈打电话，她听到妈妈那边有敲门声。"我妈妈说：'等一下亲爱的，门铃响了。'我听到她礼貌地拒绝了，然后她回到电话里说：'哦，对不起，亲爱的，是《世界新闻报》（News of the World）的人，他们想要你小时候踢足球的照片。'"同时，雅基的朋友也接到了记者的电话。一家小报的记者问："雅基是不是同性恋者?"

这是个之前从来没有"讨论"过的话题。女人的声音适合做解说吗?前温布尔登足球俱乐部主教练戴夫·巴西特(Dave Bassett)甚至对足球的声誉感到担忧。"也许BBC正在尝试突破性的创新,但我认为让女人解说会破坏这个节目的可信度。她在周末做解说,我不会去看,"戴夫说,"我从来不赞同我们的工作中有女同事,我也从来不认为应该安排女解说员。我妻子也这么认为。"

卡梅伦·卡特(Cameron Carter)在为足球杂志《周六时分》(*When Saturday Comes*)撰稿时称,雅基的首次亮相就像"一名小学竞赛冠军带着颤音的感言",同时,他也注意到网上也有很多博客表达不满,包括"男性的耳朵不太适应这种女性的高音调"。这是一件很奇怪的事,他的意思是说所有女性的声音都让男性感到不适吗?可悲的是,甚至一些女人也发表了类似观点。朱莉·韦尔奇(Julie Welch)作为全国性报纸的首位足球女记者,她自己也是一位女性先驱,却说:"雅基只有让我们忘记她是女性,才能取得成功。"

那么足球世界中的女人究竟应该是什么样子,让她们乔装成男人吗?我认为这些是在男性主导的环境中，对女性文化态度的可怕指控。反观时尚界，没有人说拉夫·劳伦（Ralph Lauren）或乔治·阿玛尼（Giorgio Armani）不应该从事女装设计，我们只去欣赏他们的作品。那反过来对于从事男子运动的女人，情况不应该是一样的吗？雅基的加入使得《每日赛事》节目进入了21世纪，让人们对比赛解说的未来有了更多的期望，在过去，比赛解说经常被斥为陈词滥调。我们欣喜于英超足球在过去20年中取得的进步，无论是比赛的速度、球员技术还是整体身体素质。我们当然希望在比赛解说员方面也能取得进步。

当代足球研究界的一个伟大创新，来自加里·内维尔对天空体育的比赛录播分析。他所描述的比赛细节给人们带来了非同寻常的观赛视角。他的评论让多年来厌倦老生常谈式解说的人们耳目一新，可以说加里给人们带来了激动人心的全新的收听方式。2014年，我最喜欢的一个镜头之一就是看到他从座位上站起来，挽起西裤，模仿利物浦守门员西蒙·米尼奥莱（Simon Mignolet）蹲在地上，演示他假设的姿势。作为一名记者，雅基在足球报道中，开创了她自己的突破性时刻。她在2014年为《每日赛事》而对阿尔塞纳·温格所做的赛后采访就是一个很好的例子。雅基面对温格这样的资深主教练，问出了一些同事都不敢问的问题，人们纷纷赞扬她在新闻业务上既勇敢又有才华，但遗憾的是，这仍然未能阻止人们在社交媒体上对其发起铺天盖地的谩骂。虽然有加里·林克尔（Gary Lineker）和皮尔斯·摩根（Piers Morgan）这样的人为她辩护，但也有一些人对她大加指责，然而他们的批评根本不在点上。体育和体育报道的蓬勃发展离不开创新，我们越是欢迎创新，就越能打造高质量的节目。可悲的是，对于很多观众来说，雅基的女性身份仍是他们无法逾越的障碍，他们不能敞开心胸，欢迎她的声音。

"观众仅仅强调，他们并不相信一个女人可以做好这项工作，或具备做好这种工作的热情、知识和经验，"雅基在她《每日赛事》的节目首秀中说，"如果当时有社交媒体的话，他们就会知道我大概每天能都在推特上发布关于足球的消息。也许他们只是认为，我只在进入解说室时才会激动大喊'雅库布（Yakubu）'。人们的很多观点都很有意思。你会明白很多人对足球运动中的女人抱有的真实想法是什么，但好在时代已经有所变化。"

那么，真的发生变化了吗？BBC旗下的足球节目中没有出现过女性解说员,甚至在BBC第五频道的足球报道中也从未有过。雅基创造历史的首次《每日赛事》解说资料被保存在了曼彻斯特国家足球博物馆。雅基说,自此,她的个人生活也发生了巨大变化。她觉得自己更受业内人士——教练、球员、记者的尊重了。"也许我获得如今的认可是因为我已经坚持了很久,但是我认为我被观众认可的原因之一是,我转行做了主持人,而不是一直坐在演播室进行解说。目前仍然存在的一个问题是,很多人,不只是男人,他们不想听到一个女人解说。这就是所谓的认可——他们怀疑,女性解说员真的知道自己在说什么吗?我能相信她告诉我的,哪位球员表现好,而哪位不好吗?这是观众固有的一种偏见。人们想知道,你参与过这项运动吗?戴夫·巴塞特有一句名言:'我一辈子没踢过足球,我也能笑傲球场。我之所以改行是因为我不得不放弃踢球,但我仍是一个合格的教练。'他也只是做了个假设!"雅基说。

雅基希望下一个在《每日赛事》节目做解说的女人能够不再面临难堪的境地,因为到时候她已经不是第一位女性解说员了。不过,她怀疑会有哪个女人愿意面对这种工作所伴随的尴尬局面。她说:"不幸的是,我认为,任何想做解说员的女人都会自问，自己真的愿意承受这样高强度的压力吗？自己愿意承受观众的谩骂吗？即使她们很优秀，仍会有一大批观众站在所谓的公共立场上出言不逊。那么，这是她自己想要的工作吗？的确，这对她们来说是一个棘手的问题，需要有足够勇气才可以胜任。"

谢莉·亚历山大致力于改变这一现状，她是BBC女性体育栏目的主编，同时负责为该体育栏目挖掘新人。谢莉记得她在第一次见到雅基时的"兴奋"心情，看到雅基发来的部分在利兹电台的非联赛解说后，她非常欣赏雅基的才华。虽然谢莉在足球节目领域有着坚定的立场，但是接下来发生的事情还是让她动摇了。她告诉我："我们知道这对足球界和BBC来说将会是一个重要时刻，但是雅基的解说受到了严格的审查和毫无根据的批评，对此我们非常震惊。这不仅对雅基的职业发展有重大影响，同时我也预见，如果有其他女性想要追随雅基的脚步，将会遭遇的巨大阻碍。"谢莉曾为BBC设计实施多项引进新人才的计划，其中一项就是致力于鼓励年轻女性投入体育事业的计划，通过地方选拔机制，让女性参与地方电台体育节目中。她说："这些女性解说员要学习专业知识,就像雅基在早期阶段一样,她们需要接受培养,更需要获得曝光的机会来取得进步,毫无疑问,我为未来感到兴奋。'地方电台女解说员计划'希望最终她们当中能有人成为解说员,同时她们的知名度也会激励其他年轻女性考虑这个职业。"不仅仅是足球运动,我们的工作本身也需要女性参与。一个女人在体育节目中解说是十分罕见的。英国体操队的主教练克里斯廷·鲍梅克既解说男子体操,也解说女子体操,但你很难在其他体育节目的解说员中见到女性名字。目前的女解说员包括:艾莉森·米切尔(Alison Mitchell)在板球运动中为女性摇旗助威,萨拉·奥查德(Sara Orchard)在橄榄球运动中为女性呼喊,凯瑟琳·梅里(Katherine Merry)解说国际残疾人田径锦标赛——而在健全运动员参加的田径运动中,虽然男性和女性都参赛,但是几乎没有女性解说员。

谢莉计划中的一位女性最终可能会成为《每日赛事》的下一个女解说员,这可能需要几年的时间来实现。如果真能实现的话,我们会接受吗?对于体育迷来说,女性的声音还是不能出现吗?谢莉突破偏见,直奔要点:"她们需要做到几点,才能跻身顶尖,她们需要进行准确、清晰和富有辨识度的解说——要能够描绘比赛画面,将足球比赛的激动人心的时刻呈现给观众。这一点在进球的那一刻尤其重要。在此，解说员面临着一项艰巨的挑战——既能够富有激情并饱含信息量地解说，同时又不使语调提高太多。这是男女解说员都需要学习的技巧，且只有通过训练和实践，才能使之改善。"

谢莉的分析中最重要的一点是，她没有提及解说员的语调应该是高还是低。问题不在于解说员传达的是什么内容，而在于他们在传达信息过程中对声音的掌控，这种掌控就体现在如何表达一个进球、一次尝试、一次打击、一个比赛获胜点。评论员必须有技巧地用语调传达当时的兴奋，但又要有充分的权威性和控制力，来引导观众或听众关注赛事本身。解说的要点在于如何使用一个声音，而不在使用哪种声音。至关重要的是，这些与解说员的性别并无关联。

谢天谢地，我们正在取得进展。2013年，英国广播公司的夏洛特·格林（Charlotte Green）成为第一个在广播中播报足球比赛结果的女解说员，而丽贝卡·洛（Rebecca Lowe，现在在美国国家广播公司任职）成为足总杯决赛的首位女主持人。2014年，英国前板球运动员艾莎·古哈（Isa Guha）成为参加《测试赛特别赛》体育广播节目的首位女总结员,而我的同事埃米·劳伦斯(Amy Lawrence)、英格兰国家队和切尔西队前锋埃尼奥拉·阿卢科成为《每日赛事》节目的首批女性专家,虽然是在其分支节目。同时,在赫特福德郡的一小块土地上,BBC记者艾玛·桑德斯(Emma Saunders)已经在为沃特福德足球俱乐部担任英超赛场播音员了。英国甚至有了全女性播音员的播客《越位规则》(The Offside Rule),这些女播音员是:海利·麦奎因(Hayley McQueen)、林赛·胡珀(Lynsey Hooper)和凯特·博尔赛(Kait Borsay)。

这些女性播音员的履历中,很多都没有从事顶级体育行业的经历。她们只是普通的女性,但她们对体育充满激情,有天赋,有独特的声音,有去表达的决心。她们可能不认为自己是行业变革的领导者,但对年轻女孩来说,她们的存在无疑是鼓舞人心的。对于那些持怀疑态度的人来说,她们的成功进一步规范了女性在体育运动中的话语权——无论是关于追求职业的道路,还是简单地给出自己对足球的看法。

在美国,体育媒体长期以来缺乏真正的女性声音,导致女性的反应更加强烈。2014年9月,在全美橄榄球联盟暴力危机最严重的时候,福克斯体育节目主持人凯蒂·诺兰（Katie Nolan）发布了一个视频博客，批评自己所在的行业——以及她的雇主——称其在体育运动中是厌女文化的支持者。诺兰的这个视频博客达到了37万次浏览量。"此外，我无法忍受，史蒂芬·A.史密斯（Stephen A. Smith）、迈克·凯恩斯（Mike Cairns）、丹·帕特里克（Dan Patrick）和基思·奥伯曼（Keith Olbermann）等体育新闻播报界的男性名人就当下话题发表意见时，我们只是在一旁微笑，然后就进入广告时间。很多人在评判女性在体育媒体中的角色时喜欢这样说：'她们从来没有参加过这项运动，所以她们没有资格发表评论。'但是，换成如家庭暴力、种族主义和腐败之类的话题呢？让（解说员）布默·埃西亚森（Boomer Esiason）来处理这些问题吧。是时候改变谈话方式了，或者至少要改变那些参与谈话的人。由男人占据的解说座席上，是时候给女人一席之地了。而且，这不是一个噱头或一个概念，而是一个恰好挺着乳房的人在她喜欢的运动和知道的话题上发表自己的观点。"凯蒂的话很能说明问题，她向整个行业以及她自己的老板发出了挑战，要求改善现状："因为事实是，只要媒体不有所反应，全美橄榄球联盟就永远不会尊重女性及其意见。你准备好的时候我也已经准备好了,福克斯。"

哥伦比亚广播公司推出了一档全女性阵容的体育节目《我们需要谈谈》(*We Need To Talk*),这档节目的推出呼应了凯蒂的话。节目的片名就遭到了抨击,这档全部由女性工作人员拍摄并导演的节目看起来必然会全面受挫。节目中有12位女性,包括前奥克兰突袭者队首席执行官埃米·特拉斯克(Amy Trask)和世界拳击冠军莱拉·阿里(Laila Ali,穆罕默德·阿里的女儿),她们从独特的女性角度,对当今男性和女性的运动问题进行辩论。该节目的协同制片人之一——埃米莉·多伊奇(Emilie Deutsch)向《体育画报》解释了这个节目不必多费脑力的原因:"因为我希望这个节目能让全国各地的小女孩们走向成功,她们会和爸爸妈妈坐在一起看棒球比赛,她们可能希望进入这个行业——我说的这些话都是经过仔细斟酌的。现在,是时候让女人拥有一个真正的平台了。我发现,谈论这些问题会让我们反思,让我们想到这些问题将如何影响下一代。作为一个妈妈,我下定决心不能让我自己的女儿经历当今这个局面。永远不能让女儿把体育看作她不能谈论、不能参与或不能追求的职业生涯禁地。"

坦白说，正是这种观念让女性对体育失去了兴趣，让那些本来可能是足球迷的女人宁愿选择避开这项运动。就像我的朋友索菲·洛伊·肖（Sophie Loi Shaw），她从小就喜欢阿森纳队，喜欢穿着球衣并唱他们的歌，但她最终还是沮丧地彻底放弃了这些爱好。但出乎意料的是，2014年巴西世界杯期间，她兴奋地给我打电话，说她还是非常喜爱足球。"我差点忘了自己有多喜欢足球，"她说，"这太好了，不是吗？这真的是一个让人兴奋的运动。但遗憾的是，我并不喜欢其中一些解说员胡说八道。金钱、媒体、偏执——如果没有这些，我们就可以好好享受足球了。就像奥运会……为什么足球不能更像奥运会？"

问题是，它可以！我们没有理由必须附和那些男人的声音，也没有必要去适应他们。女人们常常很紧张地希望没有人注意到赛场上的自己，如果有人注意到了，就会羞愧得脸红，还要被迫忍受那些愚蠢的强奸口号。迂腐的足球营销部门甚至认为，只有当所有的足球俱乐部都把球衣做成棉花糖粉色来批量生产，女人才会去购买。还有世界杯期间的关于足球寡妇话题的刷屏，以及印着"越位规则"的手袋和鞋。够了！女人喜欢足球，女人喜欢运动！我们从不想改变任何关于足球的好的方面，只是我们当中有一些人很想改变那些可怕的方面。如大家所知，就是那些我们永远也不想让我们的女儿或儿子听到的令人尴尬的方面。我们只是想让大家都更能享受其中。通过注入我们的声音——让我们也参与其中——我们可以拥有自己的运动空间，自己的体育声音。这就是我们想要的。无论这是否意味着，我们会在进球时尖叫，在防守时发表意见，还是只是闲聊一下加里·莱因克尔的新胡须。这些都是有意义的。

定义我们女性声音的机会就是现在。我们要以自己希望的方式成为体育迷——也许我们不想记住所有四个职业足球联赛的周末成绩；我们可以单纯享受比赛，而不去证明自己的球迷属性；也许我们还会带些人一起去，让她们觉得一切都很新奇。在 21 世纪，女人应该有足够的勇气和智慧来坚守自己的立场。让我们享受自己的声音吧，让我们共同运用女性的声音，宣称体育是一个让我们都能加入的对话：在露台、在酒吧、在咖啡馆，当然，还有广播节目中。

吃饭，流汗，玩耍

第九章

女人的运动：改变比赛

    克莱尔·鲍尔丁曾说：2015 年是改变女性运动的一年。事实的确如此：美国女足世界杯夺冠后，前总统奥巴马说："像女孩一样踢球，简直太棒了"；澳大利亚赛马骑师米歇尔·佩恩（Michelle Payne）因赢得墨尔本杯而一夜闻名，她痛斥赛马比赛中厌恶女性的人，说他们是"吃饱了撑的"；英格兰的女子板球运动员转为职业选手；英格兰和威尔士板球委员会（ECB）透露他们将计划推出第一个有组织的国家级女子联赛；英国最伟大的橄榄球女明星玛吉·阿方斯（Maggie Alphonsi）成为男子橄榄球世界杯的首位女性权威评论员；网球比赛中，美国网球公开赛女子决赛的门票首次在男子决赛前售罄，这要得益于塞雷娜·威廉姆斯（虽然最后她没有参加决赛）。然而，在这场女性运动革命中，美国终极格斗锦标赛的雏量级冠军龙达·鲁西对男子当权的局面进行了最伟大的革新。

我第一次听说龙达是在 2015 年，当时我作为体育先锋论坛的一员做了一个演讲，该论坛旨在为旧秩序注入新活力。观众中有戴维·艾伦（David Allen），他是终极格斗锦标赛的副主席，离开的时候，他给我讲了女拳击手龙达·鲁西的故事，戴维说龙达的付费格斗比赛比男子的卖得还好。我简直不敢相信。他说，龙达非常特别，在 6 个月的时间里，每个人都知道了她的名字。她登上了每一家美国电视台，每一个杂志封面，甚至出现了一个跟她名字有关的色情作品《龙达唤醒我》（*Ronda ArouseMe*）。很快市面上就出现了龙达的自传——实际作者是她身为体育记者的姐姐。龙达也开始成为好莱坞大片主演，如《明星伙伴》（*Entourage*）。在不到五年前，美国终极格斗锦标赛的主席达纳·怀特（Dana White）曾说过，女人永远没法参加世界级综合格斗比赛，但让他没有想到的是，龙达这个女运动员竟能成为他最大的收入来源，也成了所有男女运动员中最耀眼的明星。

龙达像旋风一样席卷了整个时代——她为女运动员重塑规则。但她经常被当作性的象征，而且她也确实拍过很多比基尼照片。大多数时候龙达对扮演漂亮女孩不感兴趣，她在拳击场上从不化妆，上场比赛时总是把头发束起，肌肉充血，面色通红，有时还流着血。甚至当她为一家美国快餐连锁店（有着难以置信的性爱广告的历史）拍广告的时候，还改写了脚本：她咆哮着吃完早餐三明治，其间穿插着她在赛场上的画面。她有着斗士一般的身体——粗壮的躯干，强壮的手臂，有力的双腿。她说话也像斗士一样，大骂拳击手弗洛伊德·梅威瑟（Floyd Mayweather）是个垃圾。弗洛伊德试图用些侮辱性的语言回击，假装从来没有听说过她，然后吹嘘自己赚了多少钱。但弗洛伊德每次反倒是提醒了我们，龙达多么机智。我喜欢龙达在跟弗洛伊德争吵时说的话，她说："我不知道如果弗洛伊德被女人打一顿，会是什么样的感受。"指的是在龙达击败他而获得年度卓越体育表现奖（ESPY）的最佳拳手奖后，他被指控家庭暴力这件事。又或者是："他说：'你每晚挣3亿美元的时候，可以给我

第九章 女人的运动：改变比赛

打电话。'我计算过,我想实际上自己比他每秒多挣两三倍。所以,当他学会读书写字时,他可以给我发短信。"尽管两人有不快,但当龙达在那场震惊四座的比赛中被霍利·霍尔姆(Holly Holm)击败后,弗洛伊德居然为她的失败辩护,对抗七嘴八舌的嘲讽,这让所有人都感到惊讶。或许龙达在最不可能的人身上赢得了尊重。

龙达对主流文化也产生了重大影响,碧昂斯在演唱会中加入了一段龙达的演讲视频——"无所事事的婊子"。龙达的声音从人群中轰鸣而出,在舞台上闪闪发光,然后,碧昂斯的歌曲《迪瓦》("Diva")震撼开场。世界上最有影响力的流行歌星在她的节目中提到了女子体育,这是前所未有的。但或许也可以说是碧昂丝在攀附龙达的名气。"我觉得,如果人们说我的身体看起来像男性的话,那就太好笑了,"龙达在那场激动人心的演讲中说,"听着,我是为了成为百万富翁而锻炼身体,但这并不意味着我要把身体锻炼得像男人一样。我认为说我女人味十足的人也是混蛋,因为我的身体上没有一块无用的肌肉。我不是一个无所事事的婊子。"龙达的这句话被印在T恤衫上,迪赫希心理健康服务中心按照适当的价格出售,迪赫希心理健康服务中心是加利福尼亚南部的一家慈善机构。这就是典型的龙达：利用自己的名气，同时促成一件好事。

由于所有这些举动，龙达被誉为体育界影响力最大的女权主义者，她成功地从美国终极格斗锦标赛的标题和赛场的介绍中去掉了"女性"这个前缀——这也是有史以来第一个这样做的体育赛事。她在墨尔本的一场比赛之前说："我认为我们需要竭尽所能把'女人'这个词去掉。在男子比赛记者招待会上，我没有听到有人说'男人的这个，男人的那个'。人们今天在这里齐聚，不是因为他们爱女人，而是因为他们热爱格斗。我们是斗士。这不是'女子雏量级终极格斗锦标赛'，我就是雏量级冠军，她就是重量级冠军，观众来到这里是因为他们喜欢观看格斗，而不是看女人。"同时，她还昭告那些关注自己私生活的性别歧视者，她悦纳自己的身体，包括她的"菜花耳"。她还批评像金·卡戴珊这样的女人，瞧不起她为了把斯凯奇运动鞋卖给十几岁的女孩，不惜通过泄露性爱录像增加自己的曝光。

但并非每个人都像粉丝一样喜爱她。龙达在自传中描述她曾殴打过一个前男友，因为她发现前男友一直在偷拍她的裸照。龙达声称前男友不允许她离开家，她觉得自己被困住了，所以打了他。于是有人说她是个伪君子，因为当她自己犯下罪行时，她会扯出弗洛伊德的家庭暴力来当挡箭牌。她说变性运动员法伦·福克斯（Fallon Fox）不应该跟女性搏斗，因为她占据明显的优势，尽管这一点在科学上还没有得到证实。她参加的是一项比拳击更激烈的体育项目，而且面对体育运动中的性别薪酬差距问题时，她并不同情女运动员，因为她认为女性赛事所吸引到的商业投资比男性运动员少很多。龙达在澳大利亚的一个新闻发布会上说："我认为你得到的薪水应该和你创造的价值有关。我之所以能够成为坐拥最高收入的全美终极格斗赛选手，不是因为达纳和洛伦佐·费尔蒂塔（Lorenzo Fertitta）想要为女士们做善事，而是因为我能赚最多的钱。我认为一个人赚的钱应该和其能带来的收益成正比。"

当然从表面上看，龙达是对的，但她没有提到，数百年来女性在体育运动中面临的歧视、障碍和压迫。体育一直是一个女权主义的问题，无论女运动员们是否愿意承认这一点。

2015年《体育画报》年度最佳运动员奖颁奖典礼上，塞雷娜·威廉姆斯发表了一篇振聋发聩的演讲，让所有人都大吃一惊。像塞雷娜这样的运动员完全可以选择安稳度日，不再利用她的影响力为变革发声。无论是男运动员还是女运动员，很少有人会再这样奋进。但是，在龙达看来，塞雷娜不像其他运动员。她无所畏惧，英勇果敢。她选择利用自己在聚光灯下的时刻，向那些经常被忽视和打压的女运动员，特别是有色人种妇女，传递出强有力的信息。

令人难以置信的是，塞雷娜是30年来第一个赢得《体育画报》年度最佳运动员奖的女运动员，也是有史以来第一次以个人身份获奖的女运动员。她在获奖演说中突出强调了这一事实，而且她也没有掩饰她为了得到认可而付出的努力。她说："人们看不起我，是因为我不像他们——我看上去更强壮。因为我的肤色，我被别人歧视；因为我是个女人，批评我的人说我会在第七名的时候止步，永远不会赢得大满贯。但是今天我站在这里，我已经获得21个大满贯冠军，并且我要继续赢得更多的冠军。"

演讲结束时，塞雷娜引用了诗人玛雅·安吉罗（Maya Angelou）的诗作，从《我仍将奋起》（"Still I Rise"）中节选出了一些有关奴隶制和种族歧视历史的诗节，其中描述了妇女被奴役和歧视的历史所困扰，听着她高声朗诵，我不禁潸然泪下。她似乎在说，你受到的侮辱和山丘一样古老，充斥着奴隶制和美国民权运动的斗争。在塞雷娜看来，自己的成功直接关系到使有色人种妇女摆脱压迫所做的努力。人们期望名人能说出最逢迎事态的话，期望他们的路线能够符合公关计划、大众吸引力和利益的台词，在这样的世界里，塞雷娜的确显得太过诚实。

塞雷娜没有读玛雅·安吉罗的另一首诗，诗句中说黑人女性的性符号是对白人社会的侮辱，但是她不需要了解这些。她已经在《体育画报》封面上摆好姿势，她光着一条腿，将腿随意地搭在王座的扶手上，做出被美国媒体形容为"妓女"一样的表情。她不需要说出来，但潜台词很清楚：已经设定了的游戏规则让她不可能赢。前一分钟，她被指责过于男性化，说她的身体给了对手不公平的压迫；而下一分钟她又是如此的女性化，看上去更像一个性工作者，而不是世界上最伟大的女网球明星。

我们只能感谢塞雷娜选择了这个行业。体育行业是让女权发生变革的重要平台。为抗议美国种族不平等，美国短跑运动员汤米·史密斯（Tommie Smith）和约翰·卡洛斯（John Carlos）在1968年的奥运会上行黑权礼。联合国已经宣布，在 21 世纪，体育行业将在争取两性平等的斗争中发挥主导作用。如果每个运动员都能用他们的声音来促进这一变化，世界就会变得更美好。克莱尔·鲍尔丁也认同这种观点："女子体育有助于打破妇女在其他领域的许多障碍。学校体育运动是妇女获得身体自由的开始，在今天仍然非常重要，特别是对中东妇女来说更加重要。如果你不被允许在公共场合跑步或流汗，那么你的一部分自由就被侵蚀了。更别说想要被允许去参加奥运会，随着女性年龄增加，社会的阻力只会越来越大。体育行业是社会变革的催化剂之一。是否得到允许跟个人的天赋有关，也与服饰文化有关。如果你回顾一下英国的历史就会知道，女性被允许在学校里运动意味着她们可以换衣服，她们不可能穿着长裙和紧身胸衣到处跑。"

克莱尔强调了历史中女性如何追求权利平等，因为女性历史的改写是这一切讨论的重要组成部分。长久以来，妇女的体育成就一直未被载入史册。虽然我在学校里了解妇女参政论者，但我并不知道，没有每周能赚取 30 万英镑的女版韦恩·鲁尼的真正原因是，这个国家 1921—1971 年禁止女子足球比赛。早在这个禁令颁布之前，即1920年，5.3万人到古迪逊公园体育场观看女子足球赛。纵观历史，直到步入21世纪，妇女还是一再被禁止参加体育活动。这里说的不仅仅是发展中国家。在西方，我们也才为女子滑雪运动员争取到一个参加冬奥会的名额，因为彼时的国际滑雪联合会主席吉安·弗朗哥·卡斯珀（Gian Franco Kasper）坚持认为这项运动对子宫有害。英国只有两尊女运动员的雕像被公开展出——网球选手多萝西·朗德（Dorothy Round）和五项全能选手玛丽·彼得斯（Mary Peters）。2013年，英国皇家邮政发行了一系列只印有男性足球运动员的邮票，以庆祝足球运动的150年诞辰。

塞雷娜曾告诉我们，她的成就得益于其他女性之前的付出，但我们大多数人可能不知道，几个世纪以来妇女体育发生了多大的变化。很少有人知道古希腊的启蒙运动与奥运会对妇女体育的影响，在斯巴达，人们曾鼓励女人去摔跤；在中世纪的英格兰，修女们会打板球；安妮·博林（Anne Boleyn）王后在被捕并被带往伦敦塔的当天还在观看网球比赛；苏格兰女王玛丽是一位才华横溢的高尔夫球手；在20世纪，传奇时装设计师香奈儿打破了女装时尚规则，她标志性的时装设计受到网球和运动服装设计的影响。

经常有人对我们说，体育对妇女来说是不符合常规的，向来没有妇女参与体育的历史，甚至没有女性会对体育运动感兴趣——女人跟男人不一样。但是，尽管前进路上困难重重，女人们仍然试图打破这些障碍。当我们回顾过去的时候，也更应该重写女性运动的现在，真的庆幸有那些热爱体育运动的女明星的存在——玛丽·J.布莱姬（Mary J. Blige）热爱跑步，海伦·米伦（Helen Mirren）支持女足。我们越是让妇女与体育的关系正常化，我们就越有机会去改变现状。

在重新界定女子体育运动的范围时，最令人兴奋的机遇之一就是，如今妇女可以与男人同台竞赛。2015年，米歇尔·佩恩在墨尔本杯获得历史性的胜利就是最好的例子，这是澳大利亚有史以来首次由女骑师在大型赛事上夺冠。米歇尔利用这次机会证明了自己的观点：女骑师和男骑师是平等的——如果她们足够幸运并得到适当的支持。但米歇尔的成功不是特例。就在几个月前，三名女骑师在阿斯科特举行的赛马项目中赢得了谢加尔杯冠军，她们是艾玛-杰恩·威尔逊（Emma-Jayne Wilson）、萨米·乔·贝尔（Sammy Jo Bell）和海利·特纳（Hayley

Turner)。与此同时,传奇人物鲁比·沃尔什(Ruby Walsh)的妹妹凯蒂·沃尔什(Katie Walsh)成了第三位赢得爱尔兰国家越野障碍赛马大赛冠军的女骑师。对凯蒂来说,与男人一决高下的时刻是值得享受的。"这是赛马比赛的独特之处,我可以在一个公平的环境中竞争,"凯蒂对我说,"有这样个体独立性较强的比赛真是太好了,每个人都是为了自己而战——而不像女子网球或女子高尔夫。在那一天,别人和你同样优秀,你只需要发挥出自己的水平。我认为能做到这样,实在令人非常欣喜。"

"赛马不仅仅关乎骑师的技艺,也跟马的优劣相关,不管你有多优秀,如果我骑上一匹可能比对手更好的马,即便骑手是露比,她也不会获胜。如果我骑了一匹更好的马,我就可能会赢。"凯蒂说。

对女骑师来说,骑马比赛仍然存在阻碍,凯蒂在BBC的一篇特别报道中采访了英国赛马学校的老师迈克尔·特布特(Michael Tebbutt),直接听到了一些女骑师在这项运动中受到的偏见。采访过程中,那位老师诋毁女骑手,说她们的体力和脑力都比不上男骑师。作为"赛马女人"组织的大使,凯蒂对此感到愤慨。创始人兼主席萨莉·罗利-威廉姆斯(Sally Rowley-Williams)解释了为什么迈克尔的话不能被当作笑话——尤其是当女骑师获得和男人一样的机会却仍然面临着艰难的挣扎时。"目前还没有老板会雇用女骑师。无论是平走或跳马比赛，这对女骑师来说很难，因为她们得不到最好的骑术训练。要改变人们的想法还有很多工作要做。"

维多利亚·彭德尔顿（Victoria Pendleton）曾两次获得奥运金牌，成为赛马项目的业余骑师指导教练，希望她的故事能给女骑师们带来一线希望。当然，这项运动正处于不断变化之中。如今，女教练的人数比以往任何时候都多，而英国赛马管理局是第一个宣布董事会成员男女性别比例各为 50% 的大型体育委员会。

一切都进展得还算顺利，但是在机会全面出现之前，女性运动员的薪水永远比不上男性。最终，龙达和其他女运动员需要明白，当女性在体育运动中的报酬与男性不一样时，并不是因为她们没有挣到钱，而是因为她们并没有从体育史几十年的特权、发展和投资中受益。大多数体育迷认为，韦恩·鲁尼比英格兰女足队长斯蒂芙·霍顿（Steph Houghton）收入更高是合理的，因为男足可以赚更多的钱，所以工资反映出这一点。当女子体育吸引更多的投资时，女运动员自然也将获得更高的薪水。但是，一旦你开始对这些数字感到失望，内心充满了黑暗，便不再那么容易接受这种说法。例如，美国女足赢得了女足世界杯，收视率超过了观看男足世界杯，并得到200万美元的支票，而美国男足则在前一个夏天的淘汰赛出局，并为自己赚了800万美元！两者相比较，怎么可能合理呢？你可以把市场力量说得天花乱坠，但这根本说不通。

显然，如果我们要对薪酬和妇女运动进行明智的讨论，就必须明白，市场力量不能成为解决问题的出发点，我们需要考虑更多因素。海伦娜·莫里西（Helena Morrissey）是牛顿投资管理公司的首席执行官和"30%俱乐部"的创始人，当她开始投资女子体育项目时，直接把那堆复杂的电子表格扔掉不用。我喜欢听她讲述那个故事——一些无能的机构给她提供老一套无聊的男性体育投资机会，她冷冷地说："通常就是让人花一大笔钱只买一件橄榄球衣，我们见多了。"大多数公司都争相在男性体育精英的球衣上写上自己的名字。但海伦娜并不认同，她觉得这样做毫无意义。因为你付了那么多的现金投资后，你实际上得到的财务回报并不多，相反，她要求该机构调查他们的投资是否对一项运动产生真正的影响。她选择投资女子赛艇比赛，她看上的两个队伍没有资金支持，没有背景，也没有曝光度。海伦娜听了队伍的介绍后，当即投资了她们。在投资3万英镑之后，她同时在牛津和剑桥的女子队大赚一笔。她没有等着看接下来会发生什么，而是跟随着内心行事。

她听说这些女队员从来没有像她们同龄的男子选手那样被允许在泰晤士河上比赛。她走进各个院长的办公室，想要知道原因。"他们会发出哼声，居高临下，不停地把一条腿翘到另一条上，嘲笑和看不起女子比赛，"她笑着说，"然后有人对我说：'你知道这不是你应该问的问题吗？'"但是好在比赛地点正式改变了。然后她问，为什么BBC不能与男子比赛一起直播女子比赛，尽管在将摄像机及时送回起点的实际操作上仍有争论。但后来，BBC也屈服了。不久，克莱尔·鲍尔丁放弃了英国国家越野障碍赛马大赛的主持，以便能在BBC现场主持这一场具有历史意义的活动。由此，女子赛艇比赛一下子成为一周最热的体育新闻，从完全默默无闻变成了头版头条新闻。更重要的是，对海伦娜来说，牛顿投资管理公司成了家喻户晓的名字。这证明了英国之前仅拿出0.4%的赞助用于女子体育运动，不仅骇人听闻、尴尬迂腐，而

第九章　女人的运动：改变比赛

且相当短视。海伦娜告诉我,她的经济回报是最初投资额的10倍。"对我来说,这似乎是件相当明智的事。"正如海伦娜所言,问题在于,女子体育需要一种新的思维方式。"一个愿景,而不是一个数字,因为女性运动需要女人去创造一些新东西,去竞争,而不只是坐在角落里。"

海伦娜的话是我试图传达给每一个人的心声。对我来说,这是解决如何让投资者把钱投入女性体育领域的关键所在。海伦娜的话描述了一个不断发展的行业所带来的欣喜,以及积极参与并塑造历史的机会。相比之下,在男子球队的球衣上贴上公司名字的做法似乎是一项相当被动的投资。女性体育的奇妙之处在于,大多数参与的人并不是首先看表格里的数字。通常,他们甚至不在乎钱。因为如果在乎,他们就不会参与其中了。他们之所以参与是因为女人们充满激情和投入,这是一种非常特殊的力量。这些人想要海伦娜说的东西:一种聪明的方法,一种发展女子运动的格局,一个赢利的计划,但这首先依赖于创造力,而不是投资。因为虽然可以将投资男性运动的资本投入女性运动中,改变运动员的生活,但光靠这一点永远不足以真正改变女性体育的现状。

在2015年世界杯上，英格兰女足运动员经历了一场不可思议的比赛，BBC的数据显示，200万观众观看了女子比赛。雅基·奥特利就是渴望这项运动最终实现其市场价值和投资潜力的坚定支持者之一。她认为观众要素是确保女性体育长期保持活力的关键。她说，只要女足不是自负盈亏，就总有人担心泡沫会破裂，会回到以前的样子。她说："也许总不至于让球员付钱去打球，但总是担心女运动员会回到半职业球员的状态。"

在为《魅力》杂志撰写的一篇专栏文章中，奥特利敦促女人们离开沙发，去现场观看女性运动。她说，如果你相信女性体育运动，那么你必须积极支持它。她告诉我："我们仍然没有人去看女子足球，所以说要想让人们改变社交娱乐习惯，不可能一蹴而就。但我仍然认为，从营销的角度来看，我们可以做很多事情。从我们得到的收视数据看，女子比赛正在成为电视上受观众喜欢的运动，但我们需要人们去看现场比赛，让人们知道在哪里买票。"为此，雅基总是在推特上谈论比赛开场时间、在哪里买票、票价和交通方式等。她相信，因为英格兰国家队和切尔西队的前锋阿卢科和其他人这样做都有效果，但除此之外还有更多的工作要做。最重要的是，她满脑子都是解决办法。她说:"成功不仅仅来自媒体的曝光度,足球协会还把钱投入了女超联赛中——实际上是在付钱给俱乐部,但很多人并没有意识到这些俱乐部的存在。他们向英格兰足球女子超级联赛的每个俱乐部支付了7万英镑(核心基金),这些俱乐部的水平必须与之匹配;又向英格兰女子冠军联赛的每个俱乐部支付3.5万英镑,但它们必须能自我维持,这就是我对市场营销和俱乐部总是做得不够感到困惑的原因。我认为他们没有足够的主动性和创造性,没有充分利用推特上的信息,也没有派像约翰·特里(John Terry)这样的男球员到斯坦斯(切尔西女子球场)签名。很多切尔西球迷甚至不知道这些女人在哪里打球,这真让人沮丧。要使女子体育现状发生逆转,还需要做很多工作,这是可以做到的,但我们做得还远远不够。"

一些更棒的解决方案感觉在体育产业之外。就像在世界杯期间,露西·布龙泽(Lucy Bronze)带领英格兰队进入半决赛并赢得铜牌后,疯狂地进行海报宣传活动一样。2015年,当时英国各地的孩子们都在花园里踢球,并假装自己是露西,因为孩子们认为露西是天才。这项活动很成功,因为它告诉我们一些关于妇女运动的新内容。它并没有把女子运动打造成一种更纯粹、更贤良、道德风尚更高的男子运动版本——女性运动往往就是这样变得乏味的。相反，它只是告诉我们：这是最酷的事情，甚至男性都这么想。因为他们真的就像斯派克·李的电影中假装成莫内·戴维斯的男孩们一样。这个活动采用了一种非常具有现代适应性的思维方式，这使得女子体育的影响力越来越大，每个人都想成为其中的一部分。

谢天谢地，我们有像雅基这样的女人。除了克莱尔·鲍尔丁，我真的想不出有哪个电视节目主持人像雅基那样卷起袖子来推广女子体育。她为什么要这样做？"不公正，我痛恨不公正，"她告诉我，"当谈论足球的公平性时，这么说听起来有点宏伟。但看看（英国球星）凯莉·史密斯（Kelly Smith），她是多么有天赋，可她必须去美国以某种标准打球，才能获得她本应得的认可。真可惜，因为这种标准的限制，她不能在这个国家参加很多比赛。当她为阿森纳女队比赛时，现场仅有80人观看。那已经是标准人数！对我来说这是不公平的。可能她在这个国家的大街上走路时，大多数人都不知道她是凯莉·史密斯，一位全国有史以来最伟大的女运动员。我很恼火，为此感到非常沮丧。现在那一切都过去了，我们

第九章 女人的运动：改变比赛

已经看到了她最好的一面。再看看蕾切尔·扬基（Rachel Yankey），她假装是一个叫雷的男孩，只是为了让自己能参加比赛。你只希望新一代能得到更好的待遇，比如弗兰·柯比（Fran Kirby）在世界杯上进了一个球而得到的认可，她的工资很高，现在也不用再做其他的工作。真的希望这样的情况保持下去。"

人们历来认为体育媒体并不支持女子体育，2013年，只有2%的国家报纸在体育版面刊登女子体育讯息。女性杂志的日子也不好过。这个以迷恋美貌、时尚和性为特征的领域，至今不愿改变自己对女子体育的态度，直到《魅力》杂志的编辑乔·埃尔文（Jo Elvin）做出一个大动作，流行趋势才发生了重大改革。2015年初，《魅力》发起了一场活动："对体育界的性别歧视说'不'"。

就在伦敦时装周如火如荼的时候，我去丽晶街的《魅力》杂志办公室见乔。她那明亮的办公室里堆满了名牌服装和包，打扮得漂漂亮亮的女人们端着咖啡，在办公室之间来回走动。但是乔做事风格非常脚踏实地。作为一个在学校里讨厌运动的人，她告诉我她是那些"脾气暴躁的人"之一，害怕伦敦奥运会的到来，并安排假期以逃离首都。"但我每晚都在电视上看比赛，"她笑着说，"看杰茜卡·恩尼斯-希尔和莫·法拉，她们让我在电视机前流泪。我本人甚至不是英国人！我是澳大利亚人！为什么我要关心英国队？我还记得我的感觉，我知道，当这场举世瞩目的体育赛事结束的那一刻，她们就又会退居次要地位，连背景资料介绍都没有。我不知道为什么，但这真的让我很生气。"18个月后，英格兰足球运动员法拉·威廉姆斯（Fara Williams）被曝出在职业生涯巅峰时期无家可归的故事。"这让我更为愤怒，"乔现在说，"我们就此进行了内部集体对话，并决定采取一些措施。我们是最畅销的女性杂志，在奥运会之前，我们还没有真正把注意力放在体育上。我们一直用一个版块来列举年度最佳女运动员，但觉得应该可以在此基础上再接再厉。虽然我抱怨没有媒体报道女子体育，但我知道我也是没有报道女子体育的那些人之一。"

乔引用了过去5年中女性主义的巨大转变，即女性杂志如何报道身体形象和锻炼等问题，而体育运动似乎是这种转变的合理延伸。尽管乔认为自己并无作为，但我还是非常钦佩乔，因为她承担了当时被认为是巨大风险的任务。毕竟，如果女性真的不喜欢运动，那么当看到它占据了她们期望的时尚版面时，她们会作何反应？

令乔吃惊的是，读者给出了积极反应。"我们以前做过尝试，但从来没有这样的反应，"乔告诉我，大多数读者都喜欢运动或健身。他们曾收到一封信，里面说："非常感谢你们的报道，我曾经因为喜欢足球而觉得自己不像女人。"乔和海伦娜的故事均证明，在女子体育运动中被认为具有商业风险的操作，实际上往往是有回报的，甚至可以说是一种压倒性的胜利。她们是变革的先驱者，但我希望其他人能从她们的经历中振作起来，开辟女性体育运动的道路。

作为其承诺的一部分，《魅力》现在每一期都报道女性体育，并且已经推出了自己的女性体育奖，以抗衡BBC的体育名人奖项，后者经常因未能认识到女性体育天赋的广度和深度而受到指责。

但是，如果媒体报道不断增多，公司投资者终于重新考虑他们的方向，那么球迷呢？难道让座位上的流浪汉成为改变现状的关键部分？《魅力》正尽其所能将女性体育推广到女性身上，但男性也应该对此感兴趣吗？每当有争论的时候，流行的观点似乎是，妇女自己应该成为改变现状的人。那这不就成了一个沙文主义式的女权主义？我们为什么不让男人也看女人的运动呢？我们为什么不鼓励所有的体育迷观看女子体育赛事,而仅仅去要求女人这样做呢?

可悲的是,对于那些关注女性体育的男人来说,这并不是最容易做到的事。社会对妇女运动的信心如此之少,以至于人们无法理解男人为什么会对女性运动感兴趣,但的确也不排除有人真心喜爱的情况。足球记者托尼·莱顿(Tony Leighton)多年来一直在报道女子比赛,现在新的一代也加入了他的行列。基兰·瑟伊万(Kieran Theivam)开始是为当地报纸撰写关于沃特福德足球俱乐部的文章,但对英格兰球星凯莉·史密斯的采访激发了他对女子比赛的兴趣。"对我来说,观看女足比赛是对男足的一种逃避,"他说,"我是个老家伙,看不惯沃特福德过去总是在培养学院派球员。2014—2015赛季为了能进入英超,我们花了很多钱签下了13名球员。人们对男人的运动越来越不满,转而投向女性和少数民族体育。作为一名记者,我发现女性比我采访过的许多男性足球运动员更开放、更聪明、更清晰、更有趣。"

基兰在2013年推出了英国首个女子足球的播客。他说:"我从来没有冲着钱做这件事情,我之所以这样做是因为自己喜欢它。我不否认这是一项艰苦的工作。每天下午6点完成工作后,大多数晚上我都在做播客或写文章。它占用了我很多时间,但我不会采用任何其他方式来做这件事。"基兰在报道这项运动时身无分文,他自费参加了加拿大世界杯,他在那里写的文章没有赚到一分钱。"有些人认为我疯了。"基兰耸了耸肩。

我喜欢基兰对比赛的热情,也尊重他的学识。他害羞地告诉我,作为一个30出头的年轻人,他偶尔会被一些笑话和暗示弄得尴尬,比如他为什么要采访某位女运动员,或者他为什么要报道一场有十几个女孩在场的比赛,听到这些话时,我不禁为他感到气愤。基兰却平静地说:"人们只是在开玩笑,当然这是种偏见。我知道有些男性支持者就出于这个原因而不去看比赛。"

但为什么有些女人为男子运动倾注了长时间的关注却仍旧遭受批评?作为一名体育记者,我见过很多这样的评论。读者会给我们的报社来信,声称我的最佳男选手的评选依据是以性感为基础的,还有博客评论说我只是因为想嫁给一个足球运动员才做这份工作。

在这个支持女性运动的勇敢新世界里,我认为我们需要摒弃这种态度,欢迎男性的参与。基兰也希望能够有更多的女性支持女子比赛。"我知道很多女性支持者都跟随沃特福德男队，但不会看女子比赛。一种观点认为，只有男性才对比赛持偏见，其实女性也是一样。"有问题的不仅仅是球迷。基兰参加了阿森纳女足在伯翰姆伍德球场的大部分比赛，他说记者席主要被男人占据。我曾与几位女性体育记者交谈过，她们不愿意报道女子体育运动，因为她们害怕被人取笑。

克里斯·斯科特（Chris Scott）曾是一位女性体育博客博主，现在也在这个行业工作。他告诉我："社会需要男人支持女性运动，以证明它不是少数人的运动，也不是一个特殊的兴趣群体。"特别是，在克里斯的成长环境中，他身边的女人比他认识的男人更爱运动。"真是不可思议，我当时并没有意识到体育运动中存在性别不平等的问题，可能是因为我的朋友中有能力的女运动员比男运动员多得多。女性参与运动且表现出色在我看来很正常。这也就是为什么我经常说，女性体育运动应该获得跟男性平等的平台——包括平等的资金，平等的报道，平等的参与。当人们不同意我的观点时，我觉得很沮丧，因为我从来没有想过人们会跟我想得不一样，这让我想一头撞在桌子上。"克里斯的经验证明，我们对女性运动的态度深受成长环境的影响。而且有时，不同的环境还会产生意想不到的结果。

有关少数民族体育，我饶有兴趣地和哈达萨（Hadassah）聊了起来，她是四个孩子的母亲，来自伦敦北部斯坦福德山的东正教犹太社区——那里是一个邻里关系紧密的传统社区，在性别角色上有特定的文化要求。我曾听一位朋友说，在犹太学校，女孩们会定期上体育课，尽管她们穿着不太方便活动的长袖服装。相比之下，犹太男孩可能更缺乏运动，因为他们的目标是尽可能多地学习律法。哈达萨说："犹太人的生活方式通常是久坐不动的。在当地，体育通常不会受到鼓励，因为它与美化身体和崇拜偶像有关。"但是，随着社区糖尿病和肥胖症发病率上升，人们决定做出改变。"运动和锻炼现在开始被理解为出于健康原因而要做的事情，此前被视为律法中的戒律。我记得10年前，我和一个社区组织的负责人谈话，她告诉我：'运动不是我们必须要做的事，我妈妈总是告诉我，我们可以通过擦洗厨房的柜台来锻炼身体。'但现在她的团队给人们提供锻炼方案，因为运动被公认为是对精神健康有益的项目。"

然而，体育在社区中仍然是一个较为陌生的概念。哈达萨说，尽管靠近奥林匹克公园，伦敦北部犹太社区的大部分人群并不看主流报纸、广播或电视，而且大多数人几乎没有参与观看 2012 年伦敦奥运会。虽然学校里的女生可以每周上一堂体育课，但一旦成为女人，她们的重心通常就会放到管理家庭以及兼职工作上。哈达萨对此表示："我们社区里，一般家庭有 6 个孩子，频繁生育会对女人的身体造成很大损害。"不过，人们对女人的态度正在发生变化，犹太社区开设了男女分开的健身中心，还投入建设了社区游泳池。健身房和游泳池这两个重要的设施让犹太妇女可以游泳、打网球、跳健美操，而这些都是女性专享的，哈达萨告诉我。哈达萨的一个朋友最近沿着利河散步时，有个住在船屋的女人把头伸出窗外，问拉比[①]是否可以下令让妇女步行锻炼身体，因为她在过去一年里看到很多妇女在那里走来走去。哈达萨笑道："你看，即使在我们的社区，情况也确实在发生变化。"她告诉我，她很幸运有一个来自阿姆斯特丹的丈夫，他赞成女性骑自行车。每个星期五早晨，孩子们上学的时候，夫妇俩就会骑自行车到河边一个安静的地方，一起享受骑行的乐趣。

---

① 指犹太人对师长和有学识者的尊称。

让我感到欣慰的是，即使在一些最传统的社区和文化中，妇女和女孩也在寻找运动锻炼的途径。更重要的是，寻找本身就是一项宝贵的活动。我们社会的主流文化中有多少情侣一起骑车或一起参加体育活动？我很羡慕哈达萨星期五早上与丈夫在一起的时光。在欧美文化中，妇女谋求纯粹运动的乐趣必然会遇到很多阻碍，但我们也有很多机会接触运动和锻炼。关键是，我们不能将这些阻碍视为理所当然。

去年我遇到的最令人振奋的故事来自中东，那里的妇女和女孩正大踏步前进，而这些地方的文化对她们参与运动充满敌意。通常情况下，令人沮丧的故事往往会获得最多的专栏报道：伊朗室内五人足球队的队长妮卢法尔·阿达兰（Niloufar Ardalan）无法参加亚洲锦标赛，因为她的丈夫拒绝签署允许她续签护照的文件（根据伊朗法律的要求）；在伊朗，法律规定禁止妇女在伊朗体育场观看足球或排球比赛；沙特阿拉伯建议举办男子奥运会。但是也有很多成功的女性体育故事，如阿拉伯女子自行车队赢回了一枚亚洲锦标赛的奖牌；2016年U17女足世界杯比赛在约旦举行，该国首次在一场全球性比赛中规定了女教练和女医生的配额；或者再往东，在巴基斯坦地区，社交媒体中的热门话题"达巴斯女孩"（#GirlsAtDhabas）下，有很多女人在街头玩板球的视频和图片，她们公然挑战社会规范；还有一位在阿富汗完成马拉松比赛的年轻女子，她是有史以来的第一位以女性身份在国内参赛的人，不顾旁人的目光，也无惧不时的辱骂和暴力，旨在向别人传达一个信息：女人能成就一切，女人是坚强的。在比赛之前，她在位于巴米扬的自家后院里训练，因为在没有保护的情况下上街跑步太不安全。这些关于决心和正能量的故事并没有在主流媒体上被广泛分享。这是个遗憾，因为通过这些故事，我们可以从其他地方妇女的成就中学到很多东西，学习如何克服困难、追求激情、找寻快乐的精神。

在这本书中，我最后采访的对象是两个伊拉克女足教练。在距英国数千英里外的伊拉克北部苏莱曼尼亚省，因提萨尔·纳瓦夫（Intisar Nawaf）和塞拉卜·哈桑（Sarab Hassan）坐在雇用她们的慈善机构"足球精神"的办公桌前。我们通过网络电话交谈，一名翻译坐在她们之间。让我震惊的是，尽管相隔3 000英里，文化背景迥异，我们居然能够共同探讨足球和女权主义。

塞拉卜和因提萨尔告诉我，她们跟许多在伊拉克长大的女孩一样,父亲因为担心她们的名声而阻止她们参与体育活动。我问,那她们是怎么开始从事足球教练这个职业的。故事让我们回到了2014年,当时"伊拉克和黎凡特伊斯兰国"(ISIS)开始袭击伊拉克东部的贾劳拉市,那里是因提萨尔的家园。炮弹像雨点般落下,人们徒步逃跑,因提萨尔说:"除了丈夫和三个孩子,我什么也没带走,我们离开家后十分沮丧。多年以来我们努力的一切、建造的一切,都只得忍痛割舍。那真的太困难了。但最后我想明白了,家人的安全才是最重要的,其他的牺牲与之相比都是微不足道的。"

现在贾劳拉市已经结束动荡了,但是因提萨尔和她的家人都不能回家。这座城市已成为全国闻名的鬼城。"我们回不了家,因为在城市里到处都是炸弹和炸药。现在除了警察,没有人住在那里。愿上天保佑我们有朝一日能够回家。国家和平后,某天我回去了,只为了看一眼房子。我在房子里面发现了一个盒子,盒子里有一个我不认识的电加热器,那不是我的东西。我报警后才发现那是一个伪装成加热器的炸弹,所以去那里住真的是不安全的。"因提萨尔说。

塞拉卜点点头说:"我们生活在充满战争的环境中。"

她列举了从20世纪80年代的两伊战争，到2003年的海湾战争，再到今天的恐怖组织，30年来冲突不断。战争遗留下来的是几代饱受创伤的儿童，他们当中数以千计的人由于残留的地雷而致残。另外，许多人住在难民营和给境内流离失所者准备的临时落脚点。库尔德斯坦的难民营没有自来水，没有电，也没有卫生设施。帐篷很破旧，下雨时会漏水。居民间的气氛十分紧张，每家每户都在争夺稀缺资源。

塞拉卜和因提萨尔的工作是探访难民营，让孩子们踢踢球，享受几个小时的乐趣，让那里的孩子有一个算得上快乐的童年时光。但教练们有一个额外的人道主义作用：告诉儿童关于战争遗留炸药的危险。塞拉卜解释说："某些地区在被恐怖组织袭击后，遗留了很多地雷和炸药，这对孩子特别危险，因为他们喜欢玩耍，好奇心强，喜欢捡东西。他们是受这些炸药影响最大的人。我们告诉他们，千万不要在路边捡玩具，因为那可能是一颗炸弹。"根据联合国报道，近100万名伊拉克儿童受到过地雷和其他未爆炸装置的伤害。因提萨尔知道这些装置有多危险。有一次，她看见一个孩子捡起一颗炸弹，误以为是玩具，然后炸弹就在他面前爆炸了。

担任足球教练改变了她们的生活。她们现在不仅每天都能从事体育活动，以此谋生，而且作为一名负有人道主义责任的有偿教练，她们的工作在那些曾经质疑过女性运动的人眼中是值得尊敬的。塞拉卜解释说，家人对她的态度也随之发生了转变。"因为现在大家都处于伊拉克经济危机之中，而我们正在努力赚钱。此外，这份工作不仅仅是足球，也是人道主义工作。何况有了工资，我就能够养活我的父母和兄弟姐妹——如果他们需要的话。因为我的工作很成功，我的丈夫和全社会都为我感到骄傲。"

因提萨尔也告诉我，因为有了教练这份工作，她现在也是家里的主要经济支柱。当家人离开贾劳拉的家时，丈夫也失去了他的店铺。过了很长时间他才重新找到工作。他后来在一家小商店工作，但薪水很低。"足球精神"为因提萨尔提供了稳定的工资，也帮助这家人搬出了难民营，住进了自己租来的房子。"我丈夫支持我的工作，"因提萨尔说，"我的孩子们为我感到高兴和自豪。我女儿总是模仿我，假装当教练，说：'现在你坐下，我来当教练。'早上我去上班的时候，丈夫和孩子会帮我准备这一天要带的物品。我和丈夫正在共同努力，让我们的孩子们梦想成真，确保他们能够上学。我们生活在一个以男权为中心的社会，一个集体意识极强的社会，但这些都没有阻止我当教练。我每一天都感谢上天能够让我帮助妇女和儿童。我总是会给难民营中的家庭讲述我的故事，因为我也曾是流离失所的人。"

就像里姆拉·阿赫塔尔在英国穆斯林妇女运动基金会的工作一样，塞拉卜和因提萨尔成功的关键在于，作为女教练，她们让女孩能够参加体育运动。塞拉卜说："在工作中，人们总是对我的女性身份感到惊讶。但是把女儿交给我们训练的大多数家庭都全心全意地接受我们，因为我们是女教练。如果一个男人训练他们的女儿，情况会大不相同，那也是不允许的。当家长们看到我们是女教练时，他们特别高兴。我们告诉女孩们，她们有和男孩一样的运动权利，因为有时我们遇到的女孩很害羞，甚至连动都不敢动。这往往是她们第一次接触足球。"

后来塞拉卜说了一些非常特别的东西，也是这本书所要讲述的核心。"我觉得那些女孩生活一个封闭的圈子里，她们逃不出去。"她平静地说。我知道她说的是她所在的社会，但我觉得这对全世界的妇女和女孩都适用。"通过体育运动，我们为女性开辟了一条道路。在我们的社会里，女孩需要自信来实现自己的目标，这不仅仅是关于足球的问题。有时女孩子们很害羞去追球，但我们尽量鼓励她们。我们跟她们说：'如果你羞于追逐一个球，又怎么能追逐自己的梦想呢？'运动使你感到自由。它让你觉得自己可以做到任何事情。"塞拉卜说。

在我的一生中，我一直羞于追逐一个球。作为一个成年人，当你大声地说出这句话时，貌似很愚蠢，但如果你用另一种方式来想，其实是件很严肃的事情。因为如果女人紧张得没法去追一个球，那说明我们在身体、思想和自由上是多么的压抑。我不认为每个女人都必须为了快乐而参与运动，但我相信这个星球上的每一个妇女和女孩都有权自由地、快乐地活动自己的身体，且不受别人的抑制、评判、压迫，用任何自己想要的方式运动。我认为这是我们解放女性的关键。我们越早打破这些障碍，妇女们就越快乐、越平等——我们会等到这一天。

后　记

那么，我们如何在自己的生活中创造变化呢？与节食、训练营或者体育俱乐部无关，我说的是可持续的、渐进的变化。改变是可行的，改变会让我们感觉良好——能去适应新的生活方式，而不会被额外的压力所淹没。

改变有时只是对你的大脑里的想法做一点微小的调整，让你去适应新事物。就像我丈夫问我要不要打一局台球时，我说好，而不是像平时那样因为担心打得太糟糕而拔腿就跑。于是我们打了一局——两个人都哈哈大笑。我们俩打得都很糟糕，当球杆落在我的手指上时，我的手颤抖不停，把白球打到了空中，错过了最容易的进球。我开玩笑说："我们一定是有史以来体育记者中最差的台球选手。"

打着打着，自然而然发生了一些有趣的事。因为我玩得很开心，于是逐渐放松了下来。我上一次打台球还是在十几岁的时候，一晃20年过去了，我手里握着球杆，想出了一个新主意——我把球随手射了出去！我感到非常惊奇！我对空气打了一拳！"你是在耍我吗？"我丈夫大笑着问道。于是游戏开始了。我们射球、躲球、一起打趣、哈哈大笑，玩得很开心。

当我挺着六个月大的孕肚，在绿色球台边上跟丈夫你来我往地对打时，我突然想到了斯诺克运动员雷安妮·埃文斯（Reanne Evans），她是一位非常励志的女性，曾10次获得世界冠军，一直为争取女性在斯诺克运动中的平等而努力奋斗——她还曾在怀孕七个半月的时候赢得世界冠军。那天她会感觉多么得意啊！2015年初，她告诉我："我这么做是为了我和孩子两个人，那场比赛比分是二比一……"最后，我丈夫在技术上取胜了，他射出了黑色球，而我还有三个球在桌上。但是没有关系，我们只是一起玩了一个游戏，一直在跟彼此竞争，这个游戏让我们都笑了。

写这本书帮助我转变了思路。当女儿让我跟她一起在街上跑时，我没有像以前那样不假思索地说："不行，因为妈妈肚子里有个宝宝……"相反，我说的是："没问题……一起来赛跑吧。"我们跑得上气不接下气，屁股酸痛，购物袋在身边撞来撞去，我跑累了就懒洋洋地跟着女儿走。我们笑得前仰后合，肚子里的小宝宝也很好。有时我们会在公园里，埃拉疯狂地蹬着她那辆装着粉色稳定轮的自行车。我穿着冬天的靴子跟着她慢跑，有时我会和丈夫一起在冬雨中追在女儿后面奔跑，我们三个人都很开心。每一次我都不禁感叹，身体活动能带来如此纯粹的快乐，这是任何事情都无法比拟的。

圣诞节期间，我越来越清楚地感受体育运动与家庭和睦的每一次联系。比如，我丈夫在电视上看托特纳姆的比赛，而我，一个阿森纳球迷，居然也看得心潮澎湃。埃拉在这场比赛中也很高兴，因为她看到爸爸妈妈支持不同的球队，各有忠心。她会依偎在我丈夫身边，偶尔为阿森纳队叫好，只是为了看看当时她爸爸脸上的表情。她也问了很多问题，想要知道发生了什么事，最令她着迷的是，成年人必须遵守规则，裁判会对违规者进行处罚。"爸爸，我想当裁判，"她对我丈夫说，"或者守门员也行。"

我意识到电视上总是播很多男子体育节目，缺少我女儿可以效仿的女性榜样，于是我带她去了当地的田径场，在那里，我们见到了精英教练克里斯廷·鲍梅克，一位赛场上罕见的女教练，她邀请我们参观她的训练课程。我下定决心要确保我的女儿能够使自己的身体和运动建立起更好的联系，她要做得比我好。我们一起看着妇女和女孩们在室内弯道边大喊，看着她们跳上拳击台，跳进沙坑，在举重室练习力量，我的内心充满了激动和敬畏。在室外，我们勇敢面对12月的天气，看着多次获得金牌的克里斯廷·奥胡鲁古在寒冷的空气中做百米冲刺。"那就是克丽茜·O.（Chrissy O.），"我告诉女儿，"她赢得了很多奖牌，她就是这样做到的，这里没有人观看，没有人群，也没有电视摄像机，有的只是辛勤努力，一遍又一遍地在赛道上奔跑。"这是体育教给我们的一课：如何实现一件事，无论是跑步、写作还是读书。在你欢庆胜利之前，必须要经过刻苦的练习和长时间的辛苦付出。我很高兴埃拉看得如此专注入迷。

克里斯廷·鲍梅克的女儿们正在室内做作业。克里斯廷手里拿着秒表和记事本喊道:"告诉我的女儿们,她们可以和埃拉玩了,否则她们不敢自作主张。"我们走进室内,坐在那里的是8岁的"大"埃拉(Ella)和10岁的印迪亚(Indya),她们正在本子上奋笔疾书。我转达了她们妈妈的话,这对姐妹高兴得像是得到了特赦。她们穿着运动套装,配上粉红色的运动鞋,姐妹俩告诉我们她们每周的活动——篮球、体操、足球、芭蕾舞、无挡板篮球,当然还有和妈妈跑步。我的小埃拉立刻非常崇拜她们,想模仿她们的一举一动,很快她们几个就成了一伙。看着克里斯廷的小组在室内跑道上练习拦网动作,姐妹俩向埃拉展示了蹲踞式起跑的技巧:"各就各位,预备,跑!"她们展示了不同的训练,以练习协调步伐——混合这么多的形式就是为了好玩。埃拉累了,印迪亚带着她去休息。她们分享零食,到处乱跑。而从始至终,克里斯廷都在专注于她的课程。

我回想起人们大惊小怪地说女教练——特别是做了母亲的女教练,不能胜任工作。残奥会运动员索菲·克里斯滕松(Sophie Christenson)雇用了一位刚生了宝宝的妈妈做她的教练,于是她要为自己的决定辩护。因为人们普遍认为,母亲将不得不在家庭生活和精英教练之间做出选择，二者永远不可兼得。我看着克里斯廷的孩子们表现得无可挑剔，一次也没有打扰到她们的母亲，而克里斯廷也能一丝不苟地处理运动员的各种需求——从顶级运动员克丽茜·O., 到运动新星、克丽茜的妹妹薇姬（Vicky），再到刚开始步入体育事业的初学者们。这份工作需要一个具备多任务处理能力的人。你需要让大脑同时想着不同的事情，而做母亲就是最好的训练。难怪克里斯廷在面对重重困难时，依然能够让事业蓬勃发展。

埃拉和姐妹俩在一起玩的时候我就在想，我们被这些活跃的小女孩包围着，会感觉到多么有力量。我不禁设想，如果跳上车，沿着路一直开下去，找到同样出色的女性大概也没有多难。不，她们不像我们想的那样只存在于电视上，这些令人难以置信的女性角色在身边也确实存在，而且用一种简单的方法就可以把她们带入我女儿的生活中。这是值得的，因为我明白女儿有多喜欢。回到家后，埃拉不停地谈论着克里斯廷和她的女儿们，她还不断问："下次我还想跟她们一块儿跑跑跳跳，可以吗，妈妈？"

在接下来的几个星期里，我要确保埃拉有合适的跑鞋和运动装备。她兴奋地选了一双浅蓝色的运动鞋，说：

"它们就像（电影）《冰雪奇缘》(Frozen)里的衣服，妈妈！"她还选了一条彩色跑步紧身裤。商店的一块牌子上写着："穿着裙子踢腿很好看，跳舞吧！"我微笑。好吧，虽然这个文案还不够好，但这只是一个开始。你看，甚至连零售商也在慢慢改变。我女儿喜欢穿着她的运动鞋。最棒的是，这意味着她能跑得超快。

我需要做这一切，因为我女儿4岁了。她没到上学的年龄，还没有上体育课（无论好或坏），而大多数的孩子们就是从五六岁开始发展他们的运动兴趣的。孩子们在很久以前就会对世界做出决定，甚至在蹒跚学步的时候，他们就会意识到自己想要扮演的性别角色。除非我们向非常年幼的女孩表明，体育运动和身体锻炼对她们来说是有益的，否则她们有可能从很小的时候就已经放弃体育运动。从我们一起做的几件事中，我已经可以看到女儿身体上的自信在增长：跑步、跳跃、踢皮球、疯狂地尝试手倒立、跳舞、和她爸爸打架等。我很高兴看到她身上的光芒。

然后我想到了我自己在其中的作用。除非我也参与其中，除非我也很活跃，否则所有这些都是毫无意义的。美国运动员阿莉西娅·蒙塔尼奥因为怀孕八个月时参加比赛而出名，她在推特上写道："为了孕期的健康，妈妈们需要得到像奥运会运动员一样多的支持。"她的留言是对美国障碍赛冠军艾玛·科伯恩（Emma Coburn）的回应。科伯恩在跑步机上贴出了自己和怀孕九个月的妹妹一起为里约奥运会训练的照片。妈妈们需要的支持应该和奥运会训练得到的支持一样多，我对自己说：哇，试想一下，如果我们的卫生当局看到了这种情况，女人们会有什么变化。

在那之前，我们不得不主要依靠自己和彼此。在过去的六个月里，我花了很多时间在办公桌前写积极锻炼的重要性，而坦率地说，其实我自己相当不积极。另一方面，我害怕在怀孕的时候推拉自己的身体。这种感觉仿佛是迷了路，从马车上摔了下来，不知道怎么再上车。我联系了一位健身教练，专门从事产前和产后锻炼，她一直在就这本书的内容提供建议。我请她帮忙——这次是给我提供建议。我还参加了孕前瑜伽课，老师告诉我们所有人："每个人都说，'哦，你怀孕了，要放轻松，多注意休息'，但是他们错了，你需要增加肌肉的张力，强健身体来应对因怀孕而不断增加的体重。"听见这样说我非常激动。如果主流健身机构能采取同样的授课方法就好了。

2016年1月初,丈夫带我去乡村享受一个没有孩子的假期。我们一起走过泥泞的森林,爬阶梯——他惊奇地发现,虽然我怀孕了,但仍然可以轻松地迈开腿——还可以大笑,气喘吁吁地爬上小山坡。在室外恒温游泳池里,我决定冒险一试。我抬头看着1月的天空和树上的叶子,呼吸,振奋。我以前在伦敦和朋友们一起做过这种事,那时的锻炼也更容易。我们一年四季都会游泳,但冬天游泳总是最特别的,当别人不敢的时候,当眼前就有游泳池的时候,就只有铁杆游泳者敢于尝试——他们当中许多人比我们年长,彼时头顶上还有乌鸦和光秃秃的树枝陪伴。一个神奇的圣诞夜,我们在雪中游泳。几年后,我回到这里,再次在最寒冷的冬天游泳。现在感觉和那时一样奇妙。只要游一会儿,跑一小段路,走一小段路。这就是所需要的,你就在那里,你没有迷路。那种感觉并没有消失。只要你准备好抓住它,它就在那里等着你。

致　谢

我和丈夫初次见面以来，他就一直鼓励我写书。10年过去了，书终于写就。衷心谢谢我的丈夫利昂——帮助我走了这么远：是你一直和我探讨女性与运动这个话题，照顾我们的女儿，给我打气，甚至在我捉襟见肘的时候帮我付房租。切实的支持有让人惊艳的力量。你发自内心地喜欢并且相信这本书，这让我由衷欣慰。我爱你。

谢谢我的女儿埃拉，冰雪聪明，接受"我的妈妈要写书"这件事。你每天都激励着我，我很荣幸能看到你沉着地成长，勇敢地面对这个世界。我爱你极深，也很自豪能做你的妈妈。

非常感谢我的父母。几十年前来到这个陌生的地方，先是因为子孙后代，现在又因为一本在现实中出版的书而在这里扎根终老。谢谢你们的爱、兴趣、想法、谈话和支持。谢谢你们看到运动本身之外的意义。感谢我的哥哥斯特夫，他让我从来没有支持过托特纳姆，我每天都想他。感谢弗兰基在芝加哥熊队接受的教育，为我们传达了一种对田径运动的共同热爱与分享，展现了运动在生活中任何时候都是伟大的这一重要观念（即使是在八九十岁人生的下坡路）。

非常感谢那些在我写作时帮忙照顾埃拉的人——主要是我的爸爸妈妈、公公婆婆和幼儿园的老师。儿童保育本是个了无生趣的词，但你们都已经证明，花时间和一个小家伙在一起并不是要拖着一个累赘，而是要建立关系、享受乐趣。离开我的女儿去写作，我从来没有感到担心或内疚。作为一个职业母亲，我意识到自己的地位是多么的优越。

感谢我那些了不起的朋友，他们大多不是体育迷，但给了我所有的热情、想法和反馈，以及啦啦队长级别的支持。坦姆静·戴维斯（Tamzin Davis），每一杯茶、每一次聊天都意义非凡，谢谢你，作为朋友，如此诚挚地支持我。感谢克莱尔·奥德里斯科尔（Clare O'Driscoll）、索菲·洛伊·肖和露西·欧文博士（Dr Lucy Irving），谢谢你们的爱，也谢谢对阿森纳的共同回忆。埃莱娜·穆尔（Elaine Moore）和马德琳·布雷廷厄姆（Madeleine Brettingham），谢谢你们供以作家视角的见解、建设性的批评和在困境中共同跋涉的勇气，你们是了不起的女人！索菲·玛克苏德（Sophie Maqsood）、埃米·波蒂利亚科夫（Emmi Poteliakhoff）、玛莎·戴维斯（Martha Davis）、安贾娜·加吉尔、埃米·劳伦斯和凯特·斯特里特（Kate Streeter），感谢你们让我可以在锻炼和做母亲这件事上借鉴到智慧。还要谢谢我丈夫的姐姐娜塔莎·曼（Natasha Mann），她不遗余力地支持我——差点把我介绍给玛丽·布莱姬。我的天哪！万岁！

无论过去还是现在，我都要感谢"足球中的女性"董事成员中的那些优秀女性，早在这本书问世之前，她们就鼓励我寻找自己的声音。还有许多体育行业的女性和男性，他们抽出时间接受采访，或者帮助我找到优秀的受访者——我非常感谢你们。特别感谢雅基·奥特利、谢莉·亚历山大、朱迪·默里、凯莉·索瑟顿、玛丽莲·奥科罗、乔安娜·曼宁-库珀、休·莫特（Sue Mott）、乔·博斯托克（Jo Bostock）、克里斯廷·鲍梅克、米歇尔·穆尔，凯特·博索沃斯（Kate Bosomworth）、梅利萨·高尔（Melissa Gaul）和西蒙·哈维，还要感谢拳击班的妈妈们。同样要感谢马克·巴登（Mark Barden）在我工作休假需要上的理解。

感谢那些让我踏上体育写作之旅的人——非常优秀的大牛——埃基（Eggy）和《观察者报》体育专栏旧团队、《卫报》以及《观察者报》体育专栏组的每一个人，自从我在业余时间写这本书，他们就一直默默支持我。还要感谢一直慷慨热心的唐·麦克雷（Don McRae），是他把我带到柯蒂斯·布朗出版集团和我可爱的经纪人理查德·派克（Richard Pike）那里，他又引荐我认识罗宾·哈维（Robin Harvie）和麦克米伦出版公司职员等这些伟大的人。感谢你们把这本书从不可能的概念变成了现实，让我在怀孕的时候也能安心写作，最重要的是，你们让写作成为一种愉快的经历。

最后，感谢世界各地的妇女和女孩，从几个世纪前，到未来几年，你们都想着去采取行动。我向你们致敬。

授权致谢

本书得以出版，要特别感谢于获得以下材料版权方的复制许可：

'Avon Calling As 200 Runners Join Women-Only Marathon', John Cunningham, *Guardian* (2013); 'The mothers of Africa', Afua Hirsch, *Guardian* (2012); ' "What's a Uterus?" Health Illiteracy Could be the Death of Us', Ranjana Srivastava, *Guardian* (2015); 'How Laura Trott Became the Face of the Women's Institute', Anna Tyzack, *Telegraph*, 26 July 2015 © Telegraph Media Group Limited 2015; from *Financial Times*, 7 March 2008; 'Power Games', George Parker © The Financial Times Limited 2016. All Rights Reserved; Kiran Gandhi, 'Sisterhood, Blood, Boobs at the London Marathon', kirangandhi.com, 26 April

2015 © Kiran Gandhi; Lee Hurley, 'You Won't Believe the Sexist Abuse STILL Aimed at Female Football Fans. I Do Because I Used To Be A Woman', *Mirror*, 3 April 2014 © Mirrorpix; Emma Bridgewater, reproduced by permission of Hodder and Stoughton Limited; from *The Nation*, 14 July © 2015 The Nation. All rights reserved. Used by permission and protected by Copyright Laws of the United States.

参考资料

1. Allison Glock, 'The Conversation with Actor/Writer/Director/Producer (And Runner) Lena Dunham,' ESPNW, 21 September 2015.

2. Anna Kessel, 'Martina Navratilova battles the test of time', *Observer*, 4 July 2010.

3. Anna Kessel, 'Mel C: I'm scared of the bike. You can really hurt yourself if you fall off', Small Talk, *Guardian*, 9 May 2014.

4. Claudia Rankine, 'The Meaning of Serena Williams', *New York Times Magazine*, 25 August 2015.

5. Dave Zirin, 'Serena Williams is Today's Muhammad Ali', *The Nation*, 14 July 2015.

6. Anna Kessel, 'The Star Next Door', *Observer Sport Monthly*,

23 November 2008.

7 Naomi Alderman, 'There's No Morality in Exercise: I'm a Fat Person and Made a Successful Fitness App', medium.com, 11 February 2015.

8 Juliet Macur, 'Fighting for the Body She Was Born With', *New York Times*, 6 October 2014.

9 Roberta 'Bobbi' Gibb, 'A Run of One's Own', runningpast.com.

10 John Cunningham, 'Avon Calling As 200 Runners Join Women-Only Marathon', *Guardian*, 1 August 1980.

11 Anna Kessel, 'Liz McColgan-Nuttall is Introducing Girls in Qutar to the Joys of Running', *Observer*, 21 December 2014.

12 Anna Kessel, 'Olympic gold and unbeaten rowing success a close thing for Helen Glover,' *Observer*, 16 November 2014.

13 George Parker, 'Power Games', *Financial Times Magazine*, 7 March 2008.

14 Anna Kessel, 'Goalball – the Silent Sport Changing Visually Impaired Women's Lives', *Guardian*, 28 August 2014.

15 Mark Hodgkinson, 'Wimbledon 2009: Jelena Jankovic Suffers Dizziness in Defeat by Melanie Oudin', *Telegraph*, 27 June 2009.

16 'Serena Says She's Suffered From Migraines for Years', ESPN.com, Associated Press, 11 April 2015.

17 Kiran Gandhi, 'Sisterhood, Blood and Boobs at the London Marathon 2015,' kirangandhi.com, 26 April 2015.

18 Joe Fassler, 'How Doctors Take Women's Pain Less Seriously', *The Atlantic*, 15 October 2015.

19 Anna Kessel, 'The Bedroom Olympics', *Observer Sport Monthly*, 3 February 2008.

20 Ronda Rousey TV interview with Jim Rome, *Showtime*, 29 November 2012.

21 Suzi Godson, 'He can't keep up with me in bed', Body and Soul section in the *Sunday Times Magazine*, 17 October 2015, p. 8.

22 Jennifer Quinn, 'The Myths of Sex Before Sport', *BBC Online News Magazine*, 12 August 2004.

23 Emma Bridgewater, *Toast & Marmalade: Stories from the Kitchen Dresser, A Memoir*. Salryard Books, 2014.

24 Anna Kessel, 'Emma Croker: England's Mother of Multi-Taskers', *Observer*, 28 October 2012.

25 Anna Kessel, 'Jill Ellis Feels At Home Plotting Path To World Cup Glory For USA Big Names', *Guardian*, 8 June 2015.

26 Afua Hirsch, 'The Mothers of Africa', *Guardian*, 20 July 2012.

27 Ranjana Srivastava, ' "What's a Uterus?" Health Illiteracy Could be the Death of Us', *Guardian*, 8 September 2015.

28 Anna Tyzack, 'How Laura Trott Became the Face of the Women's Institute', *Telegraph*, 26 July 2015.

29 Nick Hornby, *Fever Pitch*, Gollancz, 1992.

30 'Delia Smith interview', BBC Radio Norfolk, reproduced on BBC online, 2 March 2005, www.bbc.co.uk/norfolk/content/articles/2005/03/02/sport_delia_smith_interview_20050302_feature.shtml

31 Lee Hurley, 'You Won't Believe the Sexist Abuse STILL Aimed at Female Football Fans. I Do Because I Used To Be A Woman', *Mirror*, 3 April 2014.

32 Anna Kessel, 'Gascoigne Off To A Winning Start', *Observer*, 30 October 2005.

33 Cameron Carter, 'A Female Commentator on the BBC', *When*

Saturday Comes, Issue 244, June 2007.

34 Katie Nolan, 'Why Boycotting the NFL Because of Ray Rice is not the Answer', Youtube, 9 September 2014, http://www.youtube.com/watch? v=HaHlzlXrS0w

35 Richard Deitsch, 'CBS Sports Network to Debut Weekly All-Female Sports Talk Show', *Sports Illustrated*, 30 September 2014.

36 Anna Kessel, 'Paid To Play: Levelling the Field for Women's Professional Sport', *Observer*, 31 May 2015.

37 Anna Kessel, 'Reanne Evans Aims to Bridge Gender Gap at World Snooker Championship', *Guardian*, 5 March 2015.

出版后记

小时候与同伴们比赛"跳房子""追人游戏"等活动时你是否乐在其中？进入学校接受体育教育是否让你感觉自己单纯被贴上了"擅长"或"不擅长"的标签？跑步时的气喘胸闷、穿上泳装的身材凸显是否让你渐渐告别这些运动？女生来月经时要不要做运动？怀孕时要怎么继续坚持锻炼？孕后身材是否能够恢复？女性运动员面临经期和怀孕等问题是否能够寻求有效解决途径？或许你不常或从未思考上述这些问题，但读完本书，相信你会逐渐重视起运动在我们生命中的意义。

运动是生命活跃的外在展现，也是自我价值的满足手段，不可忽视更不可或缺。而在娱乐至死的年代，运动似乎不可避免地成为话题流量的一方热土。自媒体、名人公关都在试图以运动健身制造话题，获取商业价值，引领大众审美，殊不知那些完美的腹肌、马甲线、翘臀使人们疯狂追求统一标准，失去运动的本真，否认自我的真实，也忽视了与运动有关的更重要、更日常、与我们更切身相关的命题。本书作者安娜·卡塞尔以体育记者的身份，将多年来行业、生活中观察到的不平等、不真实在书中一一铺开，揭示世界静默却已在涌动的一角，呼吁我们抛开外界强加给运动的定义，使身心成为运动的主角，让运动如"吃饭，流汗，玩耍"一样简单且更有意义。

书中没有提供具有针对性的解决方案，也不会给出相关锻炼计划或训练日程，它只是通过一个个触动人心的事实、一桩桩不为人知的案例提醒你，哪些人曾拥有怎样的经历或影响，哪些推动我们自身与运动关系的事件正在发生，世界范围内的动态究竟怎样等。本书的目的也不是督促你立刻投身运动，不成为健身或体育达人不罢休，而是开始或重新回归运动之前，你要做好面对挑战的心理准备。这不是耸人听闻——瘦胖子体质、身体畸形恐惧征、腹直肌分离征、女性独自出门运动遇到的危险、对女性运动员的苛待，等等——这些就发生在身边，影响着我们每个人对运动的态度与选择。

我们的形体可以不完美，或许也无法练就得那么无可挑剔，我们的耐力、速度、敏捷度可能都有限，达不到运动员级别的高水准。每个人在运动中可能都经历过难过、失望与痛苦，但我们的精神不该因此溃败，要学会解放自我，解放真正的美！

服务热线：133-6631-2326　188-1142-1266
读者服务：reader@hinabook.com

后浪出版公司
2024 年 9 月

EAT SWEAT PLAY: HOW SPORT CAN CHANGE OUR LIVES
by ANNA KESSEL
Copyright © 2016 by Anna Kessel
This edition arranged with C&W, part of the the Curtis Brown Group of Companies - U.K. through Big Apple Agency, Inc., Labuan, Malaysia.
Simplified Chinese edition copyright: 2024 Ginkgo (Beijing) Book Co., Ltd.
All rights reserved.

本书中文简体版权归属于银杏树下（上海）图书有限责任公司。
著作权合同登记图字：22-2024-067号

图书在版编目（CIP）数据

吃饭，流汗，玩耍 /（英）安娜·卡塞尔 (Anna Kessel) 著；费智华译. -- 贵阳：贵州人民出版社, 2024.12. -- ISBN 978-7-221-18554-9
Ⅰ.G883
中国国家版本馆CIP数据核字第2024109JF0号

CHIFAN, LIUHAN, WANSHUA
吃饭，流汗，玩耍

[英] 安娜·卡塞尔（Anna Kessel） 著　费智华　译

出版人：朱文迅	选题策划：后浪出版公司
出版统筹：吴兴元	编辑统筹：王 頔
策划编辑：杨 悦	特约编辑：张冰子
责任编辑：徐 晶　王潇潇	装帧设计：墨白空间·曾艺豪
封面插图：MonkeyWang	责任印制：常会杰

出版发行：贵州出版集团　贵州人民出版社
地　　址：贵阳市观山湖区会展东路SOHO办公区A座
印　　刷：天津雅图印刷有限公司
经　　销：全国新华书店
版　　次：2024年12月第1版
印　　次：2024年12月第1次印刷
开　　本：889毫米×1092毫米　1/32
印　　张：11.5
字　　数：190千字
书　　号：ISBN 978-7-221-18554-9
定　　价：45.00元

后浪出版咨询(北京)有限责任公司　版权所有，侵权必究
投诉信箱：editor@hinabook.com　fawu@hinabook.com
未经许可，不得以任何方式复制或者抄袭本书部分或全部内容
本书若有印装质量问题，请与本公司联系调换，电话010-64072833

贵州人民出版社微信